戦争をなくすための平和学

寺島俊穂 Terajima Toshio

法律文化社

はじめに

　第二次世界大戦の終結から70年が経つが、日本人のあいだではアジア太平洋戦争の記憶は風化し、ナショナリズムが強まっているように思われる。その間、世界では多くの戦争や紛争が起こり、戦争は決して過去の出来事になったわけではなかった。21世紀になってからもアフガン戦争、イラク戦争が起こり、2014年にはウクライナや中東では新たな紛争が勃発している。「戦争のない世界」の実現こそ、人類最大の願望であり、努力目標であるにもかかわらず、その道筋は明らかではない。

　一方で、1990年代から顕著になった、経済・通信・文化のグローバル化によって、先進産業諸国では相互依存が増し、戦争が起こりづらい構造ができつつあることも事実である。かつては幾度となく戦争を行なったヨーロッパ諸国も、第二次世界大戦後は統合が進み、欧州連合（EU）諸国のなかでは、現在、戦争が起こりえないようになっている。この歩みは長い時間をかけたものであり、「不戦共同体」は域内に限定されるが、経済や文化の緊密化が戦争廃絶の一つの道であることを示している点で、注目される。

　他方で、グローバル化のなかで、資本主義化、画一化・規格化が進み、経済格差が広がり、貧困の問題がクローズアップされている。平和学のなかでも、貧困や差別、環境問題が、取り上げられることが多くなっている。平和学において、戦争よりも暴力が重視され、暴力の克服として平和が捉えなおされてきた。

　それにもかかわらず、本書が「戦争をなくすこと」に焦点を当てるのは、戦争こそが最大の暴力であり、戦争の克服を科学的に考究することから平和学が始まり、「戦争のない世界」の実現の支柱となる理論構築が平和学の最大の課題だからである。「核のない世界」の実現も「戦争のない世界」の探求をとおしてもたらされると考えられる。というのも、戦争を正当化したり、肯定したりする言説を克服し、戦争が起こりえない地球社会の構築が核廃絶の前提になる、と考えられるからである。

もちろん、平和の概念自体、歴史的に変化してきたのであり、平和学の対象を戦争に限ることはできない。しかし、暴力や差別は規範的には禁止され、犯罪とみなされるのに対し、戦争が合法化・正当化されてきたのは通時的に見られる現象であり、人類社会における最大の矛盾であり、克服せねばならない課題であることに変わりはない。

　平和学は、自然科学、哲学、歴史学、政治学に比べはるかに新しい学問である。ほかの学問は主知主義的関心から探究されることも多いが、平和学はその多くが実践的関心から行なわれる学問分野である。もちろん、学問である以上、客観的な認識に到達しなければならないし、研究主体の実践的関心にも濃淡がある。平和学は、核戦争の回避という問題によって推し進められた経緯があるので、専門分野化せず、各分野の研究者が協力して取り組むという性格が強い。したがって、当然のことながら、平和学のテキストや概説書は、共著のかたちをとるのが通例である。平和学が対象とする問題が多岐にわたっており、一人の研究者がさまざまな領域を掘り下げるには限界があるからである。しかし、その結果、全体をとおして何を主張したいのか、明確に伝わらない構成になりがちである。もし一人で平和学を論じることに利点があるとしたら、広がりのある問題を一つの嚮導概念によって探究していくことができる点にあるように思われる。

　また、平和が学問的対象であるだけでなく、一人ひとりの人間の希求であったという点に留意するなら、専門用語を駆使した理論の構築によって専門家にのみ理解できるような議論を組み立てることは、避けるべきある。市民一人ひとりが平和創造、平和構築の主体であり、民族や国家を超えて協力し合うことによってのみ平和は実現できるのだから、紛争や暴力についての専門化した議論は避け、日常世界のことばで語ることを心がけたい。

　第二次世界大戦後に生まれた平和学は、急速に発展し、裾野を広げ、平和学において平和は暴力と対置されるようになってきた。戦争が暴力の極限形態であり、戦争の研究が平和学の中心的テーマであることに変わりはない。本書が「戦争をなくす」という実践的課題に取り組もうとするのは、一般市民の平和ということばのイメージが戦争を軸に形成され、どのようにして平和を実現していくかという問題に深く関わっており、平和学はその問題に答えていく責務

はじめに

を負っていると考えるからである。平和学が実践的な学問である以上、本書が拠って立つ立場を明らかにしておきたい。本書では、一つには、非暴力に注目するだけでなく、非暴力主義の立場から戦争をなくすための理論構築を行なっていきたい。もう一つには、相互理解や民際交流という、誰でもできる活動形態が市民レベルでの平和構築につながるという視点を明らかにしていきたい。これらの視点を重視するのは、市民が平和創造の主体となるために最も重要なテーマだと考えられるからである。すぐさま戦争をなくすことはできなくとも、人類が確かな歩みを踏み出すための方向性を示すことができれば、と考えたからである。

Ⅰ部では、「平和とは何か」ということを意識して、平和学の歴史と対象、平和の概念、平和主義の概念を明らかにする。平和が論じられてきた態様を思想的・歴史的に明らかにすることによって、平和学の現代的課題を示したい。Ⅱ部では、「非暴力の思想と運動」という観点から、非暴力闘争が政治変革の有効な手段となりうることを論証したい。マハトマ・ガンディーやマーティン・ルーサー・キングは非暴力運動の範例的重要性をもつので、これらの二人の非暴力運動は取り上げるが、非暴力は「声なき民」によって古今東西、実践されてきたのであり、20世紀において戦略的有効性が証明されてきたことにも注目したい。Ⅲ部では、「戦争をなくすための思想と構想」という観点から、世界連邦、非暴力防衛、地球市民社会という三つの構想を、戦争をなくすための道として取り上げ、その実現可能性と課題を検討する。

もちろん、戦争廃絶への道筋について確定的な答えを出すことはできないが、方向性を示すことができればと考えている。テーマの設定上、構造的暴力の問題については詳しく論じることはできないが、戦争という最大の暴力の原因やメカニズムを明らかにすることによって、ほかの社会病理と通底する問題も明らかにできるはずである。本書は、非暴力を積極的原理として捉え、その潜在的可能性に注目し、平和学の新しい地平を切り拓いていくことをねらいとしている。

目　次

はじめに

Ⅰ部　平和とは何か

1章　平和学とはどのような学問か……2
1　平和学の誕生（2）　　2　平和学の根本問題（5）　　3　平和学の独自性（9）　　4　平和学の学び方（13）

2章　平和概念の歴史的展開……21
1　平和概念の性格（21）　　2　古代の平和概念（23）　　3　中世の平和概念（25）　　4　近代の平和概念（28）　　5　現代の平和概念（33）

3章　平和主義の概念……40
1　平和主義への視点（40）　　2　平和主義の基軸（41）　　3　平和主義の諸類型（48）　　4　平和主義の核心（54）

Ⅱ部　非暴力の思想と運動

4章　非暴力抵抗の進展……60
1　平和主義と非暴力（60）　　2　暴力と非暴力の概念（62）　　3　市民的抵抗の展開（68）　　4　民主体制下の抵抗形態（74）

5章　ガンディーの非暴力主義 …………………………… 79
　　1　歴史的転換の位相（79）　　2　非暴力の思想的基盤（81）
　　3　非暴力不服従運動の展開（87）　　4　非暴力主義の核心（93）

6章　M.L.キングと公民権運動 ……………………………… 98
　　1　人種差別の歴史的背景（98）　　2　キングの非暴力思想の形成（101）　　3　公民権運動の展開（106）　　4　非暴力主義のディレンマ（112）

7章　ジーン・シャープの非暴力理論 ……………………… 117
　　1　戦略的非暴力の理論家（117）　　2　非暴力行動の理論（119）
　　3　市民的防衛論の展開（125）　　4　非暴力革命の理論（129）

Ⅲ部　戦争をなくすための思想と構想

8章　戦争はなぜ起こるのか ………………………………… 136
　　1　戦争の概念（136）　　2　戦争発動のメカニズム（137）
　　3　現代の戦争の特徴（143）　　4　戦争克服への道（151）

9章　世界連邦思想の検討 …………………………………… 157
　　1　恒久平和の条件（157）　　2　世界政府論の展開（159）
　　3　世界連邦の実現可能性（164）

10章　非暴力防衛の可能性 …………………………………… 176
　　1　非暴力防衛とは何か（176）　　2　非暴力防衛というオルタナティヴ（178）　　3　非暴力防衛への転換（185）

11章　日本国憲法の平和主義 ………………………………… 192
　　1　平和主義の問題状況（192）　　2　平和憲法の論理構成（194）

　　　　3　平和憲法の思想的背景（197）　　4　戦争放棄から戦争廃絶へ
　（204）　　5　日本国憲法と戦争廃絶への道（207）

12章　**地球市民社会と平和構築**……………………………… 214
　　　　1　地球市民社会への注目（214）　　2　地球市民社会の形成基盤
　（217）　　3　地球市民社会の基本理念（221）

あとがき
索　　引

I部

平和とは何か

1章 平和学とはどのような学問か

1　平和学の誕生

　古代から平和を求める考え方は存在しており、平和はつねに積極的な価値として肯定されてきたが、平和学として学問の対象として平和を扱うようになったのは、第二次世界大戦後のことである。というのも、原爆投下によって人類の壊滅的危機が実感されるようになったからである。平和学誕生の背景には、イデオロギーの対立を背景にして米ソの緊張が高まり、1962年のキューバ危機に見るように、核戦争が実際に起こりかねない状況が続いたという、時代状況があった。

　1964年12月に平和研究者がロンドンに集まり、国際平和研究学会 (International Peace Research Association：IPRA [イプラ]) が設立された。日本平和学会は、1964年に日本学術会議を基盤として設立された日本平和研究懇談会を前身として、1973年に設立された。1992年7月には日本平和学会は、日本学術会議との共催で、京都で国際平和研究学会を開催した。このように平和学は、1960年代から次第に社会的に認知される学問分野になり、これまで平和をつくるという実践的問題関心のもとに平和についてのさまざまな研究が進められてきたと言えよう。

　とはいえ、次章で明らかにするように、平和の概念自体が多義的であり、歴

史的に意味内容が変化してきたので、平和研究の対象も戦争や紛争をはじめとして、差別や抑圧、貧困、ジェンダー、環境破壊や核など、非常に多岐にわたってきたので、問題が拡散しがちである。しかし逆に、さまざまな専門家が共同研究することで解決の糸口を見いだし、よりよい世界、より平和な世界をつくっていこうとする未来志向が実践運動に結びつく可能性も高く、市民一人ひとりにとって実践知を提供することができる学問である。

学際的・総合的探究の必要

もう少し広いスパンで平和学誕生の背景を考えてみると、一つには、核兵器や生物化学兵器の開発に示されるように、科学技術の発達が人類の絶滅を可能にする段階にまで至ったので、科学技術を人間が制御していかなければ、人類の未来はないという認識が生まれたことがある。人間の生存に反する反人間的な研究は止めなければならない、という認識である。道具の発明は文明の進歩をもたらした反面、文明を破壊したり人類を壊滅したりすることも可能になる、という二面性をもつことが明らかになり、倫理的・規範的視点の重要性が増してきたのである。

もう一つには、専門分化した近代科学のあり方に対する批判である。専門分化した個別科学では、平和な世界の実現というマクロな問題の解決は図れないという認識が生まれてきたことがある。自然科学、社会科学、人文科学を大きな枠としてさらに経済学、法学、哲学、歴史学、社会学、言語学、文学、物質科学、生命科学などの学問分野に細分化し、それぞれの学問分野のなかでもさらに狭い専門分野に分かれ、専門を極めることが研究者としての出発点であり、終着点でもあるという、学問の専門職業化が進んできた。そのなかで事象の全体的連関を見失っていく傾向が生じ、核戦争の回避という問題に対して一つの専門分野だけでは立ち向かえないことが明らかになり、学際的な学問として平和学が生まれたのである。これは、環境学、生命学、女性学など、1970年代以降に生まれ、発展した学際的・総合的な学問分野についても言えることだが、人類の生存や人権の進展に関わる諸問題に専門分野を超えて協力していく必要が出てきたのである。

市民科学としての特徴

　平和学が現代世界の諸問題の解決には、学問分野を超えた協力が必要だという現代的要請から生まれたとしても、平和学を担う主体は誰なのか。もちろん、平和学は科学として客観的なデータや冷徹な現実認識に裏打ちされていなければならず、専門分野での訓練を受けた研究者によって行なわれている場合が多いことは事実である。しかし、その場合でも、平和研究者は、市民感覚をもって研究対象に取り組み、ふつうの市民にとっても理解可能なことばで研究成果を公表していく責務を負っていると言えよう。

　当然のこととして、研究と価値判断は区別しなければならないが、価値とは無縁でないというのが科学に押しなべて言えるとしても、平和学の場合、平和の実現という価値意識に支えられており、学問のための学問ではありえない。平和学が市民科学であるという場合、その裾野は広く市民に開かれており、市民運動や市民活動から学びつつ、研究を進めていかねばならない、ということを意味している。平和学と自称しなくとも、さまざまな場で、多くの人びとによって平和についての研究はなされているのであり、多様な学問分野でなされている平和研究を総称していると言える。

　もう一歩議論を進めると、平和学は平和を探求する市民一人ひとりが構築し、創造する学問であり、生きていくなかで実践し、確かめていくことのできる知の体系であらねばならない、ということもできる。学問を職業とする者だけでなく、むしろ学問を職業としない人びとの知的活動によって構築されていくものである。実際に、NGOやNPOを基盤にしてなされる研究も、平和学の一翼を担っているのであり、専門家ならざる市民の認識が新しい学問的地平を切り拓くこともある。現状を批判し打破することから新しい実践的地平が拓けてくるのであり、生きていくなかで現実とフィードバックしながら、研究を進めていく性格をもつことに特徴がある。そのような意味で、市民一人ひとりが平和学の研究主体になりうるし、平和学を創造していくことができるのである。

2　平和学の根本問題

　平和学は、平和を探求し、平和実現のための実践知を提供しようとする学問だが、平和をどのように規定するかによってその内容は異なってくる。さまざまなかたちで平和に関する研究は行なわれてきたし、行なわれうることは確かであり、それを平和学と称しても構わないのであるが、1960年代以降に発展を遂げた平和学の中心となっているのは、戦争と暴力の問題である。

戦争と暴力の克服——積極的平和と消極的平和

　平和学は、「戦争や紛争の諸原因と平和の条件を探究する学問」と規定できるように、戦争の問題が平和学の基軸にあった。戦争の原因の探究は科学的、客観的に行なわねばならないが、平和の条件の探究には規範的・価値的な側面が含まれる。日本平和学会の設立趣意書に「研究は客観的、科学的であるべきであるが、研究の方向づけにおいてけっして道徳的中立性はありえない」[1]と記されているように、平和研究が価値中立的でないのは「平和な世界の実現」という価値を共有しているからである。

　平和研究者のあいだで「平和な世界」の具体的なイメージについては見解が分かれているとしても、「戦争や暴力の克服」として平和を動態的に捉えていかねばならないという認識では一致している、と考えられる。「戦争その他の暴力」（war and other violence）[2]という表現もなされるように、戦争は、最大規模の破壊と暴力の形態であり、大規模な集団殺人でもあり、人を殺し自分も殺される状況に身を置き、通常は罰せられる殺人を合法化・正当化している点で、人間社会最大の矛盾である。「戦争のない世界」の実現は、人類史の大きな目標の一つでもあるから、平和学において第一義的に取り上げられねばならない、と考えられる。

　「戦争のない世界」を目指すというのは、平和主義の立場だが、客観的分析に基づく平和学は、戦争の原因を科学的に解明するところから始まった。その意味で、アメリカのクインシー・ライトの『戦争の研究』（*A Study of War*, 1942）は、現代平和学の嚆矢と言えよう。この本は、戦争を平和主義の立場か

ら批判するのではなく、戦争が起こるメカニズムをナショナリズムなどとの関連で論じ、「科学的」平和研究の先駆けとなったからである。

「積極的平和」(positive peace) と「消極的平和」(negative peace) という概念は、ライトが『戦争の研究』のなかで初めて使ったものだとされる。「消極的平和」とは、「戦争の不在」であり、戦争を回避することを意味しているが、「相互依存的な世界では、孤立主義、中立、絶対的平和主義の宣伝は、平和の名のもとで誠実に追求されるとしても、戦争の原因となってきた」とライトが述べているのは、戦争の恐怖を強調することが、平和意識の創出につながるのではなく、逆に、戦争への関心を刺激し、軍事的対抗意識の増大につながるという認識からである。反対に、「積極的平和」とは、平和を積極的につくっていく動態として理解されている。つまり、「平和は、正義を維持し、世界的諸問題を協力して解決する世界社会に向けての合理的な歩みとして理解されねばならない。戦争は、そのような歩みに対する不合理な妨害として理解されねばならない」というように、積極的平和とは「恒久平和の樹立」に向かう動態と規定されるが、そのような動きも少数の国家でのみ行なわれる場合は、戦争の蓋然性を増大させることになると認識されている。ライトは、「世論と戦争」という章のなかでこれら二つの概念を使っているのであり、それらは戦争の原因を探究する文脈で用いられていた。

ライトは、実効的に戦争を予防し、平和を創造していく国際的な仕組みを探求しているのであり、消極的平和は「戦争の不在」、「積極的平和」は「平和の樹立」を意味し、いずれにおいても平和は戦争に対置されている。平和の樹立とは、戦争を防止することから成り立つので、二つの概念は対立するよりも相互に連関している。また戦争を防止するには、政治、社会、教育、法という多面的な取り組みが必要であり、勢力均衡、経済の分断化、一国による他国制圧という政策は戦争につながる、と見られる。このようにライトは、戦争の問題に客観的、かつ総合的に向き合った点で、平和学の創始者の一人とみなされる。

現在では、積極的平和は、「構造的暴力の克服」として捉えられているが、そのような捉えなおしを行なったのは、ノルウェー出身の平和学者のヨハン・ガルトゥング（Johan Galtung, 1930-）である。ガルトゥングは、オスロ国際平

和研究所を設立し、1964年に『平和研究ジャーナル』（*Journal of Peace Research*）を創刊し、平和学の国際的展開に多大な影響を与えた平和学者である。ガルトゥングは、「構造的暴力」という概念によって平和学を活性化したのであり、ライトが作った「積極的平和」と「消極的平和」という概念を捉えなおし、平和学のキーワードに練り上げた。

　ガルトゥングにおいて積極的平和は暴力と対峙され、構造的暴力は世界の不平等な構造が生み出す間接的暴力の形態であり、具体的には貧困や抑圧や無秩序というかたちをとって現れる。構造的暴力は、行為者が特定できず、緩慢に作用すると捉えられる[6]。構造的暴力は社会的不正義とほとんど変わらないが、ガルトゥングは暴力概念を広げることによって平和研究の範囲を広げたと言える。

　こうして、消極的平和とは、戦争や紛争がない状態を指し、波風を立てず、平穏な状態、という静態的な平和を意味している。しかし、「帝国」のもとでの安定には、抑圧・差別・人権侵害が隠蔽されている、というように否定的に理解される場合が多い。これに対し積極的平和とは、暴力、差別、抑圧をなくしていくことを意味し、非暴力的で平等主義的な社会を構築していくことを指す動態的な平和概念である。貧困や環境破壊の克服も含んでおり、平和学の対象が広がり、平和を動態的に捉えなければならないという点では、積極的平和概念が大きな貢献をしたことは間違いない。

　とはいえ、積極的平和の状態はさまざまに構想しうると言えなくもないし、社会正義の実現のために暴力手段を肯定することになれば、「戦争をなくすための戦争」というレトリックと同じように、矛盾したことになる。たとえば、マルクスが思い描いたような、支配も搾取もなく、貨幣を物神崇拝することもなくなり、皆が豊かになり、分業もなくなり、各人が全人的能力を発展させ、「朝には狩りをし、午後には釣りをし、夕方には牧畜を営み、そして食後には批判をするということができるようになる[7]」という共産主義社会の理想も積極的平和の実現した社会と見ることもできる。逆に、積極的平和の強調は、帝国主義戦争は否定するが、革命的暴力は肯定するというように、理想社会に到達するための暴力の肯定につながる可能性もある。実現すべき平和の内容に違いがあり、正義の実現のためなら限定的な武力行使、戦争を肯定するという言説

は今日でも後を絶たない。正しい目的は正しい手段で追求するという非暴力主義が重要なのは、このような理由からである。

非暴力の重要性

　積極的平和と消極的平和は表裏一体の関係で考えねばならない。消極的というと否定的なイメージが強いが、「戦争のない世界」や「直接的暴力の克服」は積極的な価値である。また、戦争の実相を捉えることによって、実現すべき社会のあり方が浮き彫りになってくるのだと思われる。戦争は、人間の生命を否定するだけでなく、自然環境を破壊し、民主主義や市民社会を否定する。戦争を遂行する軍隊では、秘密裡に指令が決められ、命令を遂行するためには共通語が必要であり、かつてのソ連軍ではロシア語が用いられ、北大西洋条約機構（NATO）軍では英語、フランス語が公用語となっている。このように軍隊が多言語主義を否定するのは、通訳を介していたら戦争を遂行できないからである。

　また戦争は、市民的礼節や市民社会を否定し、人間相互を敵と味方の関係に分断する。軍隊は上意下達の社会であり、民主的な討論はなされない。公開性や対等性を否定し、秘密保持や一元性を隊員に強いる。戦争は、共感、友情、連帯、協力などの人間的価値を根底から否定する。したがって、戦争がつくり出す状況を反転させることによって、平和の実像が見えてくるのではないか、と思われる。本書で、戦争に焦点を当てることは、決して積極的平和に無関心なわけではなく、逆に、戦争や暴力をどのように克服していくかを明らかにすることこそ平和学の最大の課題だと考えるからである。

　「戦争は望ましくない」という価値の共有は、少なくとも平和研究者のあいだではなされているが、あらゆる状況のもとでも戦争を否定すべきかどうかについて、平和研究者のあいだに合意があるわけではない。正戦論や人道的介入など、戦争を正当化する言説の紹介・研究が平和学においてもなされており、非暴力的手段への確信が共有されているわけではない。もちろん、研究の自由は否定されてはならないし、限定的な武力行使は国連での手続きを経れば国際社会自体が認めるところもあるが、戦争に代替する非暴力闘争に対する研究が十分に蓄積されてきたとは言えない。

もっとも、欧米ではナチス支配下でも非暴力抵抗を行なった歴史的経験があり、戦争を非暴力手段による防衛に置き換えようという研究が積み重ねられてきた。ジーン・シャープを中心とする市民的防衛論がそれであるが、近年は非暴力革命が一般化したこともあり、非暴力の市民的抵抗にも大きな注目が寄せられてきた。ガンディーやキングの率いた非暴力運動が市民運動だけでなく、平和学に与えた影響も大きい。

　非暴力とは、暴力とはっきり区別されねばならない概念である。「暴力的」というレトリックは学問にはなじまず、何が暴力であるかを明らかにしていかねばならない。非暴力とはたんに暴力を使わないだけでなく、生命を尊重し、多様な生き方を認める態度や規範でもある。非暴力主義というのは、徹底して非暴力を実践していく態度や行動であり、これまで暴力で解決されていた事象を非暴力的解決に置き換えていくことを目指している。われわれは日常的には非暴力的に暮らしているわけだが、戦争や犯罪というかたちで暴力に巻き込まれることもある。正義の実現が暴力を正当化することもある。このような事態に対処するには、非暴力の有効性を高め、非暴力によって現状を変革し、不正と闘っていく方法とその潜在可能性を明らかにしていくことが重要であり、非暴力研究は平和学の重要課題である。非暴力的な社会の構築自体が、積極的平和の重要な側面である。

3　平和学の独自性

　市民一人ひとりが平和学の担い手だとしたら、平和学はほかの諸科学とどのような違いがあるのだろうか。平和学の特徴として言えるのは、実践的問題関心と客観的探究を組み合わせている点である。平和学においては、問いをもつことが重要であり、日常的な実践とのフィードバックをとおして、問題を探究していくことが重要である。

学際から総合へ

　問いは、個人によって違うし、多様であるべきである。多様な問いが存在してこそ、平和学という学際的な学問が発展していくことができるからである。

実際に、これまでの平和学の歴史を見ても、平和学はきわめて学際的な学問であることがわかり、さまざまな学問分野の研究者が集まって研究交流することで、そこで得られた知見を自分の研究にフィードバックさせてきたことがわかる。平和学は、国際政治学、国際関係論、経済学、政治学、国際法学、憲法学、社会学、心理学、人類学、教育学、宗教学、倫理学、哲学などを専門とする多種多様な研究者によって担われてきたからである。ガルトゥングのように平和学を専門とする研究者も現れてはきているが、多くの場合、ほかの専門分野をもちながら、平和研究を行なっているのが、実態である。

「学際」ということも必要だが、「総合」を行なっていくには物事をマクロな視座から見る必要がある。マクロな視座とは、歴史的には長いスパンで見ること、地域を限定するとしても世界的連関のなかで理解することを意味している。そのような作業は一人ひとりの内的な営みとしてなされていく。事実適合性ということが真理の保証であるのだから、事実を徹底的に調べていくこと、自分の目で見て確かめていくことが肝要である。その意味で、平和学の方法は、個別科学の方法と変わらない。しかし、平和学が学際的であるには、専門分野に閉じこもらず、専門分野を越境し、他分野の人たちと交流する、という開かれた態度をもつ必要がある。また、現実に起こっている問題を追究するにせよ、時代を超えた認識を求めていかねばならない。その点で、普遍的な問いとの関連をつねに意識しておく必要があると言えよう。

問いの性格

一人ひとりが学問的総合を行なう主体だとしたら、その問い自体が多様であることは当然であるが、先に述べたように、戦争と暴力に対抗する地平を切り拓くことが平和学の最重要課題である。本書は、このような問いの一環として、「戦争廃絶はどのようにしたら可能なのか」という問いに答えようとしている。と同時に、「戦争はなぜ起こるのか」、「正義の戦争はあるのか」、「攻められたらどうするのか」、「日本国憲法9条の人類史的意義とは何か」、「戦争を起こさないようにするにはどうしたらよいのか」というような問いにも答えようとしている。

戦争の原因とは何か、というような問いは簡単に答えられるものではない

し、戦争廃絶への道を明らかにすることも難しいことではある。しかし、戦争においてふだんは禁止されている殺人が肯定されるだけではなく栄光になる、という矛盾を克服することは、人類社会の最大の課題である。もちろん、自衛のため、大量殺害を防ぐためという正当化がなされてきたわけだが、戦争は文明の進展のなかで克服されねばならないという前提に立って、そのための思想と構想を検討していきたい。

平和学の特徴

　平和学においては、方法を学ぶよりも、取り組むべき問題をもつことが重要である。平和学自体が、専門分野化しているわけではなく、専門分野化すべきではないだろう。それは、学際と総合という観点からも言えるが、方法に対する問題の優位という点からも言えることである。方法は、それぞれの個別科学で用いられているものを使用しても構わないが、異分野を専攻する人にも一般市民にも理解可能なかたちで、できる限り専門用語を使わずに表現していくことが求められる。

　とはいえ、平和学にも、基本的な文献はあり、学問的蓄積もある。たとえば、貧困の問題にアプローチするにも、もちろん経済学や社会学の方法を用いてもよいのだが、構造的暴力という視点から取り組むところに独自性がある。あるいは、前述した、積極的平和や消極的平和という用語にしても、平和学のなかで造られた用語である。しかし、これらの用語を使わなければ平和の問題にアプローチできないのではなく、取り上げるべきテーマが戦争や暴力に関することなのかということと、生命や人間の尊厳を肯定し、対等性と多様性に基づく文明の発展に役立つ研究であることが条件であり、一定の方法を不可欠の前提とするわけではない。

　逆に、非暴力抵抗や平和構築など、現実政治のなかで創られ、平和学の主要概念となっていった概念があることからも明らかなように、平和学は政治的・社会的現実とのフィードバックを必要としている。とくに、紛争解決、紛争予防、紛争転換などの研究は直接、政策に応用することを目指している。非暴力研究は、市民的実践につながる素材を提供しうるし、平和教育の研究は実践と密接に関わっている。そのような意味で、平和学は、政策科学、実践科学の側

面を合わせもっている。

　たとえ大きな問題を探究し、確定的な答えは出せないにせよ、暫定的な結論を出す必要はある。もちろん、研究主体の置かれた時代状況、文化によって研究対象が制約されるのは当然であり、一定の答えがあるわけではないが、逆に、自分が生きている時や所に特有の問題を取り上げることによって独自の視点から普遍的な認識につながる道を拓いていくことは可能であり、そういった自覚に立って研究を進めるべきである。日本における平和学が、「広島・長崎・沖縄を横軸に、憲法9条を縦軸に展開され」[8]てきたと言われるように、住んでいる地域に密着した問題を取り上げ、世界に発信していく必要がある。もちろん、その場合でも、研究の核心は、個人の視点であり、普遍的な問題関心にある。

　本書が目指すのも、普遍的な認識の構築であり、とくに次の二つの点に注目したい。

　第一に、非暴力の有効性に注目したい。社会的不正義を是正したり公正な社会を構築するために暴力を用いたり、戦争が起こらないような体制をつくるために戦争を起こしたりするのでは、矛盾したことになる。非暴力が重要な意味をもつのは、非暴力手段によって現状を打破し、暴力を極小化していくことができれば、人類は、このディレンマから抜け出すことができる、と考えるからである。暴力には暴力でしか対抗できないと考える思考の惰性を打ち崩していく必要がある。戦争を肯定する文化があることは事実なのだから、戦争発動のメカニズムを明らかにするとともに、戦争のオルタナティヴとしての非暴力闘争の潜在可能性を明確化したい。

　第二に、言語と道具の両義性に注目したい。言語によって、人間は相互理解できるとともに、他人の意識を操作することもできる。言語は、ほかの動物との種差であり、他者と意思疎通するだけではなく、思考したり判断したりする能力でもあり、人間が人間であるための本質的要件である。

　言語は他者と相互理解するために不可欠な媒体であると同時に、言語を操作することによって事実をねじ曲げて伝えることもできる。人びとの意識は、時の政権によってつくられた言説によってたやすく動かされてしまう傾向がある。一方、道具としての武器の発明によってほかの動物からの安全を確保する

とともに、ほかの人間に対しても用いることによって、人類を破滅させることもできる兵器を作り出すに至った。核兵器がそれであり、もっぱら人間を殺傷するだけに用いられる、ほかの兵器も含めてこれらの兵器の製造は「工作人」（homo faber）としての人間の負の側面である。

このような両義性に注目することによって、戦争のメカニズムの一面を明らかにすることができ、人びとを「戦争はなくせない」とか「核兵器はなくせない」という固定観念から解放することができるはずである。

4　平和学の学び方

平和学をどのように学ぶのかにも一定の方式があるわけではない。したがって、ここで示すのも一例にすぎない。日本においても、平和学が大学の教科に採り入れられ、高校で平和学習がなされており、その数は増加している。教科科目の履修をとおして学習を始めたり、関心を深めたりする場合も多いと思われる。しかし、一人ひとりが平和学の担い手だとすれば、学びの機会は多様に存在するのであり、実生活のなかで平和学の諸問題を思考する素材に事欠かない。むしろ、大学以外のところでヒントを得ることが多いのが、その特徴である。

平和学部について

とはいえ、平和学を集中的に学ぶには、大学に平和学部や平和学科が創設される必要があるのだろうか。平和学は学際的な分野であり、専門分野化になじまない傾向があり、学部が形成されるのは稀であるが、それでも平和学が大学の学部組織として制度化された事例は存在するから、そこでの研究教育の実態を概観しておきたい。

1972年に、ブラッドフォード大学とイギリス・フレンド協会は、設立費用を折半するかたちで、平和学部の設立を決めた。73年に米国のハーバード大学教授のアダム・カール（Adam Curle, 1916-2006）を学部長として招へいし、ブラッドフォード大学平和学部が発足した（School of Peace Studies、のちにDepartment of Peace Studiesと改称）。アダム・カールは、キリスト教のなかでも

最も平和主義的な宗派の一つであるクエーカーの平和活動家で、マハトマ・ガンディーやマーティン・ルーサー・キングの非暴力抵抗思想や非暴力文化の研究者であり、78年まで学部長を務め、同学部の基盤を築いた。1974年に平和学の修士課程が開設されたが、修士課程のほうが学部よりも先に設立されたのは、「政治学、経済学、社会心理学、歴史学などを学部で専攻し、修士課程で平和学を専攻するということが十分可能だと判断されたから」[10]であるが、逆に、さまざまな個別分野を学んだうえで学際的・総合的な科学の訓練を受けることが望ましいという事情もあるように思われる。

ブラッドフォード大学平和学部の場合、3年のコース制で、講義、セミナー、チュートリアル（個人指導）というサイクルで少人数教育が徹底されている。また、筆者が客員研究員としてブラッドフォード大学に滞在した2006〜07年当時の平和学のカリキュラムでは、平和学、紛争解決、国際関係という三つのコースがあり[11]、学生のニーズや予算獲得という環境変化によって平和思想研究から紛争解決に次第に重点がシフトしてきていることがわかった。これは、南の国々での貧困や抑圧にも研究対象を広げていった1970年代以降の平和学の現状に見合ったことと言えるのかもしれないし、つねに時代の動きに敏感にカリキュラムを組みなおしてきた結果とも言える。

ともあれ、研究教育の中心は紛争研究のほうに移ってきたようであるが、世界の平和研究や平和教育の最先端を歩んできたブラッドフォード大学平和学部の研究教育システムは、大学における平和教育の一つのモデルとなっている。「平和学入門」や「国際政治学」などの基本的な科目から学び始め、具体的なテーマで研究論文を書くというカリキュラム構成になっている。ブラッドフォード大学の中央図書館には、コモンウィール・コレクションという、膨大な数の非暴力関係の書物やパンフレットなどの文献を収集し、置いてある部屋がある。大学院での研究活動も盛んで、国際機関やNGOの職員や研究者も数多く輩出している。イギリスの大学に共通していることだが、留学生も多く国際交流の機会に恵まれている。ブラッドフォードはパキスタン系の住民が最も多い、多民族の移民社会からなる都市であることから、平和研究が身近なテーマとして感じられる環境にもなっている。英語で学べるということも、大学卒業後や大学院修了後の進路決定に有利に働くので、留学生にとっては魅力的な

のであろう。

国際社会の文脈のなかで平和が語られることが多い以上、ブラッドフォード大学のように、平和学にとって好都合な国際的・歴史的・地理的・文化的条件がないと、なかなか平和学部の創設は難しいと思われる。平和ということばのイメージに乗って、実体を伴わない学部をつくっても、意味はないであろう。平和学を学ばなくとも平和研究者になれることが平和学の一つの魅力だとはいえ、平和学の学問的蓄積から多くを学ぶには、なんらかの制度化も必要だと思われる。

写真1　ブラッドフォード大学図書館前の彫像

出征し行方がわからなくなった夫を妻が探し歩き、ついに再会できたときの喜びを表している。筆者撮影

平和学習の場

日本の場合、戦争を直接体験した人が少なくなり、戦争の記憶は風化している。生きている体験者から直接、話を聴くという聴き取りが重要なことはもちろんだが、文書として残された体験記や戦争文学を読むことも、平和学習に含まれる。戦争の写真や映像（映画も含む）を観ることは、インパクトがあって平和を考える契機になるだろう。想像力によって、犠牲者の立場に立って考えることは可能であり、戦争の実相に近づくこともできる。

戦争に関する集合的記憶を保存し、伝承する場として平和博物館も平和学習の場を提供している。日本は世界で最も多くの平和博物館がある国だが、その多くは戦争の被害を伝えるものである。なかでも1955年に開設された広島平和記念資料館（原爆資料館）や1966年に開設された長崎原爆資料館は、原爆の被害を伝え、多くの来場者に強い印象を与えている。また、1989年に大阪府と大阪市の出資によって設立され、1991年に開館した大阪国際平和センター（ピース大阪）、1992年に設立された立命館大学国際平和ミュージアムのように、日本の加害の視点を含めて戦争の実態を展示する博物館もある。平和教育を通じ

I部　平和とは何か

写真2　ブラッドフォード市内中心部の地表にある広島・長崎のモニュメント

上段に HIROSHIMA 6.8.45、下段に NAGASAKI 9.8.45と広島、長崎への原爆投下日が記されている。筆者撮影

て、近隣諸国との和解に役立たせようという趣旨からである。平和博物館の研究者、ピーター・ヴァン・デン・ドゥンゲンは、「これらの平和博物館の努力は、平和教育の枠を超え、平和創造の側面を担っている」と高く評価しているが、近年は、自治体の財政悪化やナショナリズムの高揚によって厳しい運営を迫られていたり、展示内容に変更を迫られたりする場合もある。

　現在、日本においてアジア太平洋戦争を体験した人は少なくなってきたが、もし身近にそういう人がいれば、直接、戦争体験の話を聞き、戦争の実相を理解することが、戦争を考える貴重なきっかけになるだろう。戦争体験を思想的に継承していくために、そういった機会は自ら進んでつくるべきである。また、日本は戦後、戦場での戦闘行為に参加しなかった国であるが、第二次世界大戦後の世界では200をこえる武力紛争が起こったので、戦争や紛争の当事者たち、たとえばベトナム戦争やイラク戦争の帰還兵士やパレスチナ住民らを講演会やセミナーに招いてじかに体験談を聴くということも大切である。

　戦争体験に限らず、児童虐待やDV（ドメスティック・バイオレンス）、マイノリティ差別など、著しい人権侵害を受けた人たちや差別と闘う運動に携わっている人たちの話を聴く機会も生きた学習の場となる。こういったことはもちろん大学や学校ででもできるが、学校以外のところで自発的に選び取って参加することによって、より大きな刺激を受けることができる。ソーシャル・メディアが発達した現在では、YouTube（ユーチューブ）などで映像を観たりすることも、学びの場になるだろう。もちろん、映像では伝わらないものもあり、自分のもつ感覚器官を用いて、事実を確かめ、「立ち止まって考える」必要がある。

関係性を問いなおす

　平和学において、見たり聞いたり、調べたり考えたりすることも大事だが、日常生活のなかで平和を問いなおしていくことが必要である。平和学は実践的な側面が強く、一人ひとりが生きていくなかで学んで自らの認識を広げ、新たな地平を創造していくことが枢要である。非日常的な体験から学ぶことも重要だが、日常の場から平和の意味を問いなおしていく必要がある。

　その際重要なのは、関係性を問いなおすということである。平和な状態とは、紛争のない、対等で協力的な関係であり、そういった関係が自分の身近な世界で構築されているのかを点検していくことである。つまり、家族、職場、クラブ、市民団体、地域社会という基礎的コミュニティのあり方を問いなおしつつ、問題があれば変えていくという、実践のなかで学んでいく姿勢が求められている。理想とされるのは、対等で非暴力的な社会であり、他者を対等な人格として尊重していく生き方である。

　平和教育、市民性形成のうえで重要なのは他者感覚を養うことである。他者感覚とは、他者の立場に立って考えたり、感じたりする能力のことであり、逆に言えば、自分のなかに他者をもつということである。自分のなかの他者と絶えざる対話を続けることである。過去は変えることはできないが、未来はつくっていくことができる。これまでの生き方は変えることができ、自己変革していくことも可能である。

　他者というのは、①自分以外のすべての人間、②異言語、異文化を背景とする人びと、という二つの意味で使われることばであり、自分とまったく同じ考えや感じ方をする人はいない、という前提に立つ必要がある。他人と他者はどう違うかと言うと、家族は他人ではないが他者ではあるというように、自分の子どもであれ、他者として接し、対等なパートナーシップを築いていく必要がある。そのような意味で関係性を問いなおしていくことが、平和学の実践にもつながっていく。

　とはいえ、平和学である以上、世界につながっていく必要がある。自己内対話であれ、異文化間交流であれ、鍵となるのは「交流」である。私たちが個人としてできることは、他民族や外国の人たちと交流し、相互理解を深めることである。こういった活動自体、平和学習、平和活動の一つであり、生涯にわ

たって続いていく過程である。多言語主義・多文化主義を前提にして、共通の地球文化を形成する営みに参加しているのだ、という自覚をもつ必要がある。スカイプを使って世界中の人たちとリアルタイムで情報交換・意見交換することもできる。市民団体に入って、そこでの活動や相互行為をとおして平和について考え、不正に対峙していくこともできる。個人レベルでも、国境を越えて交流・連携・協力のネットワークを築いていくこともでき、そういった活動自体が学びの場になるのであり、さまざまな経験をとおして実践的主体が形成されていくのである。

　抽象的に平和を論じるのではなく、むしろ身近な問題にこだわることによって世界との関連性が見えてくることもある。たとえば、在日コリアンはなぜ差別されてきたのか、なぜ英語が堪能だとグローバル人材なのか（そもそもなぜ人間を「人材」と呼ぶのか）、正社員に比べて著しく低い待遇で雇われるパートタイマー、アルバイト、派遣社員、契約社員が増えているのはなぜなのか、といった問題である。あるいは、正社員であっても、長時間労働や過酷な労働を強いられるのはなぜなのか。これらは、近代国家、資本主義の発展、グローバル化に関連している問題であるのだから、個人の努力だけではどうしようもない現実や社会の矛盾を敏感に感じとって、徹底的に調べたり、考えたりすることによって、平和学の第一歩を踏み出すことできる。要するに、「何かおかしいのではないか」と疑問に感じたら、解決法まで含めて考えていくのが、平和学である。社会通念や常識も疑ってみて、より平和な世界、より公正な社会をつくっていくのに必要な条件を探究するのが、平和学だと言える。

　有史以来、世界のどこかで戦争や紛争が起こってきた。なんの罪もない人びとが戦争やテロの犠牲になってきた。その歴史的背景は事例ごとに違い、さまざまな要因が絡み合っている場合も多いので、解決の糸口を見つけるのは難しいが、世界中の人びとがすでにグローバルに交流し、相互依存している事実に注目すべきである。もっとも、経済や文化は相互浸透しているのに、人間の相互理解はそれと同じようには進んでいないのが現実である。国境の壁、ことばの壁、ナショナリズムの再燃が人びとを遠ざけているからである。こういった状況のなかで軍事力に依拠しないソフトパワーを強化していくために、市民に何ができるか考えていかねばならない。市民として一人ででも何ができるかを

考えていかねばならない。「戦争のない世界」、「核のない世界」は望ましいし実現可能である、という前提のうえで、どのようにしたら戦争をなくすことができるかを考えていくのが、本書のテーマである。

1) 「日本平和学会設立趣意書」（1973年9月）、日本平和学会ホームページ http://www.psaj.org/（2015年3月31日アクセス）。
2) Gene Sharp, *There are Realistic Alternatives* (The Albert Einstein Institution, 2003), p. 2.
3) Quincy Wright, *A Study of War* (University of Chicago Press, 1964 [1942]), p. 266.
4) *Ibid.*, p. 267.
5) *Ibid.*, p. 394 参照。
6) 岡本三夫「平和学とは何か」、吉田康彦編『21世紀の平和学――人文・社会・自然科学・文学からのアプローチ』〔第2版〕（明石書店、2005年）所収、18-20頁参照。
7) マルクス、エンゲルス『〔新訳〕ドイツ・イデオロギー』服部文男監訳（新日本出版社、1996年）44頁。
8) 「平和学とは何か」16頁。
9) Department of Peace Studies は、「平和学科」と訳すこともできるが、ブラッドフォード大学の場合、独立したカリキュラムをもち、実質的に「学部」的性格は変わっていないので、「平和学部」と訳すのが通例である。
10) 岡本三夫『平和学――その軌跡と展開』（法律文化社、1999年）244-245頁。
11) 2015年時点では、国際紛争の分析と解決、開発と平和学、国際関係と安全保障学、平和学、政治学、戦争・平和とメディア学という6コースから構成されている。
12) Peter van den Dungen, "Peace Museums in the Twentieth Century," in *Peace Museums Worldwide* (United Nations Publications on Peace, League of Nations Archives, Geneva in Association with the Department of Peace Studies, University of Bradford, 1998), p. 3.

【文献案内】

平和学の研究書としては、岡本三夫『平和学――その軌跡と展開』（法律文化社、1999年）が最も詳しく平和学の歴史・方法・展望について叙述している。著者は、日本の平和学の先駆者であり、日本平和学会において指導的な役割を果たした。

概説書としては、岡本三夫、横山正樹編『平和学の現在』（法律文化社、1999年）は、平和学の現代的課題に応え、構造的暴力や積極的平和の概念についてもわかりやすく説明している。吉田康彦編『21世紀の平和学――人文・社会・自然科学・文学からのアプローチ』〔第2版〕（明石書店、2005年）は、人文・社会・自然科学という学際的な視点から編まれた、平和学の概説書である。君島東彦編『平和学を学ぶ人のために』（世界思想社、2009年）は、戦争の根本原因から人間の安全保障ま

で、平和創造のための指針を示している。ヨハン・ガルトゥング、藤田明史編『ガルトゥング平和学入門』(法律文化社、2003年)は、平和学の先駆者であるガルトゥングの平和理論の全容を概説している。日本平和学会編『平和を考えるための100冊＋α』(法律文化社、2013年)は、平和について考えるための基本図書をテーマごとに選んで、評者の視点から掘り下げて論じている。大芝亮、藤原帰一、山田哲也編『平和政策』(有斐閣、2006年)は、平和構築のさまざまな主体や形態について具体的に論じている。

　Quincy Wright, *A Study of War* (University of Chicago Press, 1964 [1942])は、戦争を客観的に分析する理論を提示している。Johan Galtung, *Peace: Research, Education, Action: Essays in Peace Research*, v. 1 (C. Ejlers, 1975)は、ガルトゥングの平和学の基本的な枠組みを示している。Glenn D. Paige, *Nonkilling Global Political Science* (Center for Global Nonviolence, 2002)は、「人を殺さない政治学」として、地球的諸問題の非暴力的解決を目指す政治学を構想している。

2章 平和概念の歴史的展開

1　平和概念の性格

　平和ということばは、文化や言語によって重点の置き方は違うが、古代から現代まで存在する。平和の概念には「戦争の不在」という静態的な意味から、「正義の実現」という動態的な意味まで含まれ、世界平和や国内の安定というマクロなレベルから家族円満や心の静穏さというミクロなレベルまでさまざまなレベルで使われる。いずれの場合でも、平和ということばは肯定的な意味で使われる。

　それゆえ、一つには、平和がシンボルと化して、政治的な目的で使われることも少なくない。平和の実現のために暴力を行使するということは、通時的な現象であり、また、平和がシンボルとして用いられてきたのは、平和ということばに肯定的なイメージが染みついているからである。実際には戦争であっても、平和のために最低限の武力行使を行なっているとか、人びとを隷従から解放して真の平和をもたらすというように、平和とは正反対のことをしていても、平和ということばが用いられる場合がある。したがって、平和ということばが使われているからといって騙されずに、しっかりと意味を確定していく必要がある。平和と言いながら軍事力に依存する言説には、矛盾したところがあると疑ってみないとならない。つまり、平和は追求される目的であるだけでは

なく、手段の問題でもあることを認識しておく必要がある。

　もう一つには、平和ということばが日常語となっているため、日常的に使われる意味と学問的概念の共通点と相違点について考えておく必要がある。たとえば、日本語で「平和に暮らす」と言ったら、「争いごともなく、心安らかに暮らす」というような意味を連想することができる。社会・人文諸科学の用語の多くが、近代以降の翻訳語であるのに対し、日本語において平和を表すことばは古代からあった。ほかの言語でも同じようなことが言えるが、そのことは、平和が、抽象的なことばでありながら、基本的な語彙の一つであることを指し示している。もちろん、日常用語としての平和概念は、平和学の用語としての平和概念の基底にあり、相互に行き来して形成された概念だと言えるが、日常語としては「静穏な状態」や「戦争や争いごとのない状態」を指すことが多いのに対し、平和学において平和は暴力と対比して用いられることが多くなっているのが特徴である。

　しかしながら、そもそも平和に当たることばは、言語によって違っており、文化的・歴史的背景によって意味内容も異なっていることに注意する必要がある。西洋のなかにおいても、そのような違いが生じている。20世紀において平和学が発達したことにより、平和概念自体が変化してきた。たとえば、積極的平和と消極的平和の区別とか、「構造的暴力の極小化」としての平和概念がそれだが、その原型のような考え方は古代世界においても見られた。つまり、平和を「正義の実現」として見る捉え方は古代から見られるが、社会正義の実現の仕方についての議論においては、第二次世界大戦後、ガンディーの影響を受けて大きな変化が起き、平和を実現する方法として非暴力が強く意識されるようになっていったのである。

　とはいえ、変わらないで残っている核心部分も存在し、それを類型化していくことによって平和の概念は見通しのよいものになるであろう。したがって、西洋における平和概念の歴史的展開をたどりながら、現代における論点にも注目して、平和の概念の核心を明らかにしていきたい。

2 古代の平和概念

　平和観は、歴史的、文化的に異なった様相を見せている。戦争に当たることばが古代から存在したのと同様に、平和に当たることばも、古今東西存在している。その意味内容は、「正義の実現」から「心の平穏」まで幅があり、静態的概念と動態的概念との双方がすでに古代において見られた。それらの基盤になっているのは宗教と政治であり、平和の精神的次元についての議論は古代世界に発し、その大枠が規定されたと言える。

古代ユダヤ教の平和概念

　古代ユダヤ教において、平和を表すことばはシャロームである。ヘブライ語のシャロームとは、「元来、全きこと、傷なきこと、健やかなことなど、共同体および共同体内における個人の生活を支え促す全面的な幸福を意味する[1]」とされる。一方で、シャロームは、幸福、繁栄、安全を意味し、神意による正義の実現も含んでいる。挨拶のことばとしても使われるのは、他者との関与と交わりの意思を表し、「相手がこちらの安全、平穏、宿泊など〈平和〉の領域に受け入れられることを象徴している[2]」からである。

　「戦いのシャローム」という表現もあるように、シャロームは、本来的に、戦争に対立する概念として用いられてきたわけではなかった。シャロームは、平時においても戦時においてもすべてがうまく進んでいることを意味し、むしろ平和は戦闘行為によって実現されるものとして認識されていた。このような宗教的基盤から「聖戦」という観念も生まれ、「神が〈万軍の主〉としてその民のために闘い、民はまたその守りのもとに神のために闘うということは、古代イスラエルの信仰告白にほかならない[3]」という。つまり、神（ヤーウェ）は、民の背後にいて、その名のもとに戦争が行なわれ、神が平和をもたらすと考えられるのである。この場合、神は「見えない実在」であり、実際に指揮するわけでなく、実際には王が神から与えられた「公平」と「義」によって戦い、民に平和をもたらすので、人間は神の意志に仕えなければならないという関係が成り立っていた。

重要なことは、平和概念の現代における広がりの原型は、すでに古代ユダヤ教のシャロームに見られたことである。その広がりは、内的世界から外的世界に、学問的概念から日常的概念に、消極的概念から積極的概念に、静態的概念から動態的概念に及んでいる。とくに重要なのは、平和が「正義の実現」という積極的な意味をもっていたことである。しかも、それは、武力の肯定という軍事的伝統と結びついていたのである。

古代キリスト教の平和概念

新約聖書における平和の意味は、旧約聖書における意味を根底的に転換する契機をもっていたのであり、平和主義の原型を形づくっているとも言えよう。キリスト教は、創始宗教であり、その創始者イエスの教えと行動のなかに平和の価値理念が現れている。この点でとくに重要なのは、山上の垂訓のなかのイエスのことばである。「あなたがたも聞いているとおり、〈目には目を、歯には歯を〉と命じられている。しかし、わたしは言っておく。悪人に手向かってはならない。だれかがあなたの右の頬を打つなら、左の頬をも向けなさい」(「マタイによる福音書」5章39節)という、「復讐するな」という教えである。また、「あなたがたも聞いているとおり、〈隣人を愛し、敵を憎め〉と命じられている。しかし、わたしは、言っておく。敵を愛し、自分を迫害する者のために祈りなさい」(「マタイによる福音書」5章43節)という、「汝の敵を愛せ」という教えである。これらのことばが重要なのは、「復讐するな」という教えが旧約聖書的、ユダヤ教的な報復思想からの脱却を表し、また「敵を愛せ」という教えが自らの民族を超えて普遍的な愛を説いている点で、ユダヤ教との断絶が認められるからである[6]。

古代キリスト教の場合、平和は個人個人の行動規範としての意味をもっていた。パウロにおいては、和解の実現が重要になるが、それは生活のあらゆる領域での平和の具現化を求めている。平和は、精神的次元での要請であり、「だれに対しても悪には悪を返さず、すべての人の前で善を行うように心がけなさい。できれば、せめてあなたがたは、すべての人と平和に暮らしなさい」(「ローマの信徒への手紙」12章17-18節)という、キリスト者の生活規範の一部を形成していると言える。パウロは、上にある権威への服従を説いたが、それは

盲目的な絶対服従ではなく、「パウロの戒めにおける〈服従〉は、つねに洞察と判別をともなう対応の態度にほかならなかった[8]」という。

古代ローマの平和概念

ラテン語で平和に当たることばは、パックス（pax）であり、パックスは、「戦争のない、秩序ある状態」という静態的概念であると同時に、英語のpact（協定、協約）ということばの語源となっているように、「契約による法的関係」を意味する傾向があった。また、パックスは、パックス・アニミ（pax animi：心の平和）という表現に見られるように、「静穏や静寂という心の状態」を表すことばでもあった[9]。

パックスに関連して重要なのが、パックス・ロマーナ（Pax Romana：ローマの平和）という概念である。これは、歴史家のエドワード・ギボン（Edward Gibbon, 1737-94）によって造られたことばであり、オクタウィアヌスがアウグストゥスという尊称で皇帝になった紀元前27年から紀元後180年のマルクス・アウレリウスが死ぬまでのローマ帝政下の比較的安定した、戦争のない状態を指す。ローマ帝国は征服によって実現し、内部には多民族、多宗教、多文化を包摂した帝国であったが、パックス・ロマーナとは、軍事力による膨張を最小限に抑えつつ安定を保った時代の秩序のことを指している。しかし、パックス・ロマーナは、たんに戦争がないだけの消極的な平和であり、「パックス・ロマーナの消極的平和は、ローマ法のもとで暮らす民衆に対する社会的・政治的抑圧をとおして形成され、維持された[10]」というように、今日的に言えば、構造的暴力を除去しようとしていなかった点で、積極的な平和ではないことは確かである。

3　中世の平和概念

ヨーロッパの中世において平和の概念について根底的な変化は見られなかった。基本的には、平和の概念の多義性は維持されつつも、戦争の対概念としての平和という概念が定着していったと言える。しかし、一方で平和の概念の意味内容を考えるうえで重要な要素が付け加えられたと思われる。先に見たよう

に、キリスト教は、イエスの人格と行動からは基本的に平和主義的であったにもかかわらず、中世において戦争肯定の思想と行動を展開していった。正戦論がそれであり、そのことは、戦争と平和が裏表の関係にあることを示している。

正戦論の背景

　キリスト教のなかで生まれ発展したのが「正義の戦争」という観念である。正戦論というのは、戦争を制限する議論であり、その嚆矢となったのは、古代ローマ世界に生き、政治思想家としては中世政治思想の範型を形づくったアウグスティヌス（Aurelius Augustinus, 354-430）である。アウグスティヌスは、カトリック教会の司祭で、異教徒であるゲルマン民族のローマ襲撃を目の当たりにして、キリスト教徒が自分たちの国家を防衛するために自ら戦うことを当然だと考え、『神の国』のなかで正戦論を展開した。アウグスティヌスは、この戦争は、正義を確立するためのものだから、キリスト教的な愛の精神で行なわねばならず、「〈慈悲〉の戦いとしてのみ、人を殺すこともみとめられる。また戦争の方法においても正しくあり、敵にも信義を守り、みだりに暴力を用いたり寺院を冒瀆したり略奪や復讐をしたりしてはならない」[11]とした。戦争を制限する議論であり、戦争で人を殺傷できるのは軍人だけで、一般市民には許されておらず、聖職者の参戦も固く禁じられていた。

　キリスト教神学の体系的思想家トマス・アクィナス（Thomas Aquinas, 1225頃-1274）は、正戦の観念を明確化した思想家でもあった。アクィナスは、戦争の正当原因として、次の三つの要件をあげている。①君主のみが戦争を遂行する命令を出すことができる、②正当な原因が必要とされる、③戦争をする人たちの意図が正しいことが要求される[12]。これらの正戦の観念が、のちにグロティウスとヴァッテルを経て、ユス・アド・ベルム（jus ad bellum：戦争開始原因を判断する法）と、ユス・イン・ベロ（jus in bello：戦争の手段・方法を規制する法）を表す戦時国際法として具現化していくように、正戦論は戦争を規制し、制限する議論であった。

　しかし、一方で中世において十字軍の遠征が行なわれ、軍には聖職者も加わり、異教徒に対して残虐に振る舞ったように、このような規制はあくまでキリ

スト教世界の内側でのことであり、異教徒には及ばなかった。つまり、キリスト教共同体と非キリスト教世界を区分する発想は、文明化した世界と未開の世界を分け、未開の世界を文明化するためなら、現代に置き換えるとしたら独裁体制を民主化するためなら、戦争も許されるという戦争正当化論としての側面ももっていた。このように、正戦の観念は、内と外を分ける二重基準を生み出していき、外部世界に対しては、戦争を制限する規範として機能せず、十字軍がそうであったように、聖戦の様相を帯びていき、戦争を制限し、規制するより、戦争を起こしたり、正当化したりする論理として機能する側面のほうが強くなっていったのである。

中世社会と暴力

　中世キリスト教世界では、ひたすら浄らかに柔和に生きた聖職者のように、平和の徒が多かったという。しかし、彼らは隠遁的である場合が多く、戦争と関わりなく生きたのであり、戦争に積極的に抵抗したわけではなかった。一方で、騎士道精神のように、献身的にキリスト教的精神で、神と女性——聖母マリアのような、崇高な女性——のために戦う戦士が理想化されたが、これは、近現代における、戦争のロマン主義的賛美につながっていく伝統である。このように、ヨーロッパ中世においては、キリスト教の強い影響下で、戦争を規制すると同時に、美化するといった矛盾した文化の流れが形作られ、平和は、消極的な概念にとどまり、戦争と対決するのではなく、戦争から逃避したり、戦争とは無関係に生きたりすることや、あるいは人間精神のなかに見いだされたりするところにその特質があったと言えよう。

　聖職者の生活はともかく、中世世界は暴力と無縁であったわけではなかった。12世紀に至るまで、血の復讐は社会的紛争の解決のための正当な行為であったが、一方において暴力的紛争の仲裁に入り、和解を求める勢力があり、その代表格がキリスト教会であった。封建社会のもとで、暴力的な自力救済を意味したフェーデ（Fehde）は、私戦にまで及んだが、「忘れてはならないのは、中世の騎士の時代においてさえ、常に暴力が振るわれ、社会が復讐とフェーデに満ち溢れていたわけではない、ということである[13]」。というのも、和解という平和形成の方法も広く行なわれていたからである。仲裁人が、知恵

を働かせ、「良い助言」を行ない、和解を目指した。「仲裁人になったのは、領主か仲間か友人または親族だった。仲裁人は平和的解決をめざし、和解の遵守を保障した」[14]。このように平和への努力が見られたことも事実だが、和解はフェーデに代わる解決策ではなく、二者択一の方法であった。また、当事者主義的な平和形成の方法であり、和解によって平和をもたらすことはできても、永続的な平和をつくり出すことができないことは、自明であった。

4　近代の平和概念

社会のなかの暴力を克服するには、共通の権威を構築し、人びとを規律化し、統制していく必要があると考えられるようになり、それを可能にしたのは、初期近代における主権論や法の支配という思想の登場によるところが大きい。

国際法と国家主権

グロティウス（Hugo Grotius, 1583-1645）は、三十年戦争（1618～48年）の最中に主著である『戦争と平和の法』（1625年）を著し、諸個人のあいだに共通の法が存在するように、諸国民からなる国際社会にも諸国民によって守られるべき共通の法が存在する、と論じた。グロティウスは、戦争の残忍さを目の当たりにし、キリスト教世界を通じて見られる、野蛮な種にとってさえ恥ずべき、「戦争に対する抑制の欠如を認め」[15]たうえで、「戦争を始めるにも、戦争の最中にも妥当する何らかの法が存在するという確固たる信念」に基づき、「戦争が法による規制を受けるものであるということを明らかにすることであり、このような実践的目的のための理論的道具として」自然法論を展開している[16]。つまりグロティウスは、その本のなかで自然法、神意法、万民法、国法という法体系を設定し、自然法を神からではなく理性から導き出し、義務を神ではなく人間の自然本性に由来するとして、唯一普遍的な法と位置づけた。彼は、このような考えをもとに、戦争行為を規制していく法規範を設定するとともに、戦争の正当化理由自体も防衛に限定しようとした。

近代初期には、このように国際的な法規範によって戦争と暴力を規制してい

こうという思想が芽生えていくとともに、戦乱に明け暮れる政治状況のなかで、混乱から秩序をもたらすために主権概念が打ち出されていった。ジャン・ボダンを嚆矢とし、グロティウスを経て、トマス・ホッブズ（Thomas Hobbes, 1588-1679）に受け継がれていく主権概念が意味したことは、政治的共同体の安定を保ち、平和をもたらし、維持するには、「最終的で絶対的な政治的権威」が必要であるという観念である[17]。

　ホッブズは、イギリスの内乱のなかで地上に平和をもたらすために強大な主権をもったコモンウェルス（国家）の創設を構想した。しかし、それまでの主権論と彼の主権論との大きな違いは、主権者が誰かということよりも主権者が誰であれ主権が必要だという認識に彼が到達していたことにある。ホッブズは、自然状態を戦争状態（「万人の万人に対する闘争」）と想定して、そこから脱却するためには、共通の権威をもった強大な主権国家の設立が必要であると考えた。彼は、人間についての深い洞察から自らの政治理論を構築したのだが、それは平和のための規範的理論の構築であった。ホッブズは、自己保存の自然権から自然法を導き出したのだが、ホッブズがあげた19の自然法は、平和をもたらし、維持するための規範的要請を内容とするものであった。たとえば、第1の基本的自然法では、平和への努力が要請され、第2の自然法では、平和と自己防衛に必要な限りでの自然権の放棄が要請されている[18]。第3以下の自然法でも、戦争の原因となる態度の禁止や、戦争の原因の除去、平和のための機構に関する要請がなされている。ホッブズの議論で重要なのは、主権者も自然法の要請に従わねばならず、無制約に権限を振るえるのではないという点である。

　主権論は宗教戦争や内乱の混乱のなかからどのように秩序をつくり出すかという問題関心に触発されて構想され、主権とは、無秩序から秩序を生み出す原理として考案された概念であり、もともと無制約的なものではなかった。むしろ、多元的な権力主体による暴力行使を、暴力手段を統治機構に一極集中させ、主権者自体を法によって統制するという二重の仕組みによって国民の安全を確保しようというのが、主権論が目指したことである。たしかに、この概念が本来意味したのは、国家の創設によって安全で安定した秩序を確保することであり、国家の行動の無条件的肯定ではない。

Ⅰ部　平和とは何か

　しかし、これはあくまで国内での秩序維持に関するものであり、主権が対外的に果たしてきた機能というのは、国際社会において共通の政治的権威が存在しないために、これとは同じではない。国際社会には、主権相互の尊重という原則はあるが、一つの主権が存在しないので、戦争自体は正当化されてしまうことになるからである。条約や協定による平和は、永続的なものではないことは確かであったので、近代国家が確立していくにつれ、平和の課題は、むしろ主権の対外的行使である戦争のない世界をどのように実現していくかに移っていった。

恒久平和の概念

　古代から中世においては、戦争を拒否する考えや行為はあっても、「戦争のない世界」を創ることができるという観念が抱かれていなかったのは、戦争は、自然な現象として、不可避だと思われていたからである。一般的には自衛のための闘い、すなわち侵略に対して武力で抵抗することは、当然のことと考えられてきたのである。近代になって初めて、永遠平和、すなわち「戦争のない世界」をつくり出すことができるという考えが生まれ、永遠平和を実現するための構想が生まれたのである。

　17世紀においては、ウィリアム・ペン、18世紀においては、サン・ピエール、ジェレミー・ベンサムらが、国家統合によって恒久平和を構築しようとする構想を著したが、法的・政治的な制度によって平和を構築しようとする構想のなかで最も影響力があったのは、イマヌエル・カント（Immanuel Kant, 1724-1804）の『永遠平和のために』（1795年）である。カントが構想するのは、一時的ではなく永遠平和を構築するための国家連合の構想であり、そのような構想は、自然状態は戦争状態、すなわち敵対行為がつねに行なわれているのではないにせよ、敵対行為によって脅かされている状態であり、「それゆえ、平和状態は、創設されなければならない[19]」という認識に基づいている。この本は、バーゼル平和条約が締結された年に、戦勝国によってライン左側の全ドイツ領がフランスに割譲されることになったが、カントは、これが将来の戦争の種を残すことになると危惧して、戦争の根を断つための構想として、国際条約の形式にならって書かれたものである。

それは、6ヵ条の予備条項と3ヵ条の確定条項から成るが、とくに重要なのは、「常備軍（miles perpetuus）は、時とともに全廃されねばならない[20]」という条項を、第3予備条項としてあげていることである。カントは、その理由として、常備軍の存在そのものがほかの諸国に対して脅威になり、互いに無制限な軍備競争に走らせ、平和のほうが短期の戦争よりも重荷になり、かえって先制攻撃を誘発しかねないという現状認識に立ったうえで、「人を殺したり人に殺されたりするために雇われることは、人間がたんなる機械や道具としてほかのものの（国家の）手で使用されることを含んでいると思われるが、こうした使用は、われわれ自身の人格における人間性の権利とおよそ調和しないであろう[21]」ということをあげている。

平和状態の構築は、国内体制、諸国家間の体制、世界市民法に基づく体制という三つの観点から構想されている。国内体制については、第1確定条項で、「各国家における市民的体制は、共和的でなければならない[22]」ということを要請している。共和政体において、戦争をすべきかどうかを決定するには国民の意向によるのに対し、共和的でない体制では、元首が国家の所有者であるから、取るに足らない理由で一種の遊戯のようなものとして戦争を始めることができるという違いがあるという。第2確定条項では、「国際法は、自由な諸国家の連合制度に基礎を置くべきである[23]」として、隣り合っている国家同士の国際連合を要請している。平和条約が一つの戦争の終結を目指すのに対し、平和連合はすべての戦争が永遠に終結することを目指し、この連合組織は絶えず拡大していき、永遠平和に導くことになるという論理である。第3確定条項では、「世界市民法は、普遍的な友好をもたらす諸条件に制限されねばならない[24]」として、訪問の権利を提唱している。これは、人間愛の要請としてではなく、互いに地表を共有している人間相互の交際の権利、すなわち友好の権利として考えられている。訪問権とは、征服の意図がなければ、「外国人が他国の土地に足をふみ入れても、それだけの理由でその国の人間から敵意をもって扱われることはない、という権利のことである[25]」。こういった対等な友好関係が、国境を越えて広がっていき、世界中を覆うようになれば、それは、人類を世界市民的体制へと次第に近づけていくことができるという論理である。

このようなカントの議論は、平和を構築していくための条件を提起したもの

として、現代に至るまで多大な影響を与えてきた。国家連合という思想は、のちの国際連盟や国際連合の設立、さらにはヨーロッパ統合に大きな影響を与え、また、訪問権という観念は、国境を越えた交流・交際が平和の条件をつくり出していくのだということ、すなわち今日的に言えば、市民の側からの平和構築の方法を先駆的に示したものである。カントの認識の根底には、戦争が理性に反することであり、平和条約というかたちでの一時的な平和でなく、戦争が起こらないようにする永遠平和の体制を、人間の努力によってつくらねばならないし、つくることができるという、強靭な道徳的意思があり、「戦争のない世界」の実現可能性への信念は、そのような道徳理念から発したものである。

戦争と平和の対置

近代は、一方において、人権や人民主権の理念がつくられ、戦争の非人間性を克服しようとする思想が打ち出された時代であったが、他方において、中世のカトリック教会の普遍支配が崩れていくなかで、共通の言語や文化を基盤にして同族意識をもつ人間集団が国家を建設していこうとした時代でもあった。近代は、愛国心やナショナリズムが強調され、国家が美化され、献身的な心情や好戦的な価値が肯定された時代でもあった。人間性の進展を謳った啓蒙主義のあとにロマン主義が現れ、理性よりも情念に訴える思想が人びとを戦争へと鼓舞したのである。実際に、18世紀末からのヨーロッパは戦争が頻繁に起こり、民衆の生活圏でも戦闘が行なわれるようになっていった。その結果、戦争の残忍さ、野蛮さが実感され、人間の生命や生活を否定する戦争が平和の正反対のものとして考えられるようになっていったのである。

そのような19世紀的平和観を象徴的に表しているのが、ロシアの文豪、レフ・トルストイ（Lev Nikorajevich Tolstoy, 1828-1910）の代表作『戦争と平和』（1865-69年）である。『戦争と平和』は、19世紀前半のナポレオンのロシア遠征を舞台にして、1805年のアウステルリッツの戦いの歴史的背景を軸に、あるロシア貴族一族の興亡を描いた長編小説であり、戦争が人間を歴史の流れの渦のなかに巻き込んで展開していく様が描かれている。「戦争と平和」という標題に明らかなように、平和は戦争に対峙するものとして捉えられ、戦争が平和を

破壊する最大の脅威と認識されるようになったのである。

　19〜20世紀にかけて武器が飛躍的に発達したということもあって、戦争が大規模化し、人生を不条理に変えていくと同時に、都市のなかでは武装せずに生活し、基本的人権の意識が高まっていくなかで、生命を肯定し、豊かにしようという市民意識と、戦争の実相とのあいだには大きなズレが感じられるようになっていった。つまり、自然の災厄とは違って、戦争は人為的につくられた災厄であり、人間によって惹き起こされるものであり、当事者以外の罪のない人間まで巻き込み、破壊と殺戮を繰り返すということの矛盾が露呈していったのである。こうして、このような状況を克服しようとする平和主義の影響もあって、平和は戦争の正反対の現象として認識されていったのである。

5　現代の平和概念

　近代において、戦争と平和は対置されたが、本来、平和は人間の内面の平穏さから正義の実現まで多様な意味内容を含んだことばであり、戦争がなければ、それだけで平和な世界と言えないことも自明のことであった。全体主義体制下の大量殺害や自由の抑圧、権威主義体制下の抑圧、あるいは飢餓による大量な死者が出る人間社会の状況が、顕在化していった20世紀において、平和の概念も大きく転換していくことになった。

　平和の概念の変化は、「戦争のない状態」→「暴力のない状態」→「構造的暴力（飢餓・差別・抑圧）のない状態」というように変化してきたと言えるが、「構造的暴力のない状態」としての平和概念は、平和研究者には受け入れられているが、まだ日常語として定着したわけではない。構造的暴力の概念は、平和を社会的・地球的連関のなかで捉えなおしていくために有用である。ただ、平和を積極的な概念として捉えた場合、平和を実現するための手段の問題にも注意する必要があり、平和のために戦争を起こしたり、テロを起こしたりするという矛盾に陥らないためには、非暴力手段による社会変革や社会防衛の事例や可能性に注目していく必要がある。

暴力と平和の対置

20世紀になると、スターリニズムのように外に向かって侵略戦争をするわけではないが、内に向かっては強制収容所を含む大量殺害が行なわれ、恐怖政治が行なわれたり、第二次世界大戦後のブラジルやアルゼンチンのような権威主義体制のもとでは、反体制派に対して軍部や警察による弾圧が行なわれたりするようになった。こうした状態は果たして平和なのかというと、そうではなく、平和を戦争と対比させているだけでは十分でないことが認識され、次第に、平和は暴力の対極にあるものとして理解されるようになってきた。

平和学の分野で先駆的な役割を果たした国際政治学者の坂本義和が編集した『暴力と平和』(1982年) という本の題名にも示唆されているように、平和は「暴力のない状態」として捉えられるようになった。しかも、この本のなかにはイバン・イリッチの「暴力としての開発」という論考も収められており、1960年代から顕著になった南北問題を背景に開発によって平和が奪われていく動態も平和研究のなかに含められ、平和はサブシステンス(あらゆる人間活動の根底にある営み) の維持との関連で捉えられるようになった。[26] こうして、もともと平和概念の核心には暴力があったことが再認識され、世界的連関が強まるなかで暴力の構造も変化してきたと考えられたのである。

構造的暴力の克服

1960年代になると、平和の概念が大きく転換することになる。つまり、南北問題の顕在化のなかで、むき出しの暴力がなければ平和なのか、飢餓や貧困、差別や抑圧の問題も直視すべきではないかという議論が起こったのである。1965年にインドの平和研究者スガタ・ダスグプタが打ち出した「平和ならざる状態」(peacelessness) としての飢餓や貧困も、一種の暴力と考えられた。このような考え方は、ノルウェーの平和研究者ヨハン・ガルトゥングに大きな影響を与え、ガルトゥングは「構造的暴力」(structural violence) という概念を創出し、平和の概念を根底的に転換させることになった。[27]「構造的暴力」とは、生存機会の不平等を表す概念であり、その特徴としては、行為者が特定できず、明確な意図がなく、不平等な力関係のなかで醸成されていることがあげられている。[28]

この概念が平和研究者から支持を得たのは、世界の全体的連関のなかで起こる不正義の構造を明らかにしていくなかで、平和の実現を目指していく必要が感じられたからだと考えられるが、その結果、平和とは「構造的暴力の克服」、あるいは「構造的暴力の極小化」として積極的に定義しなおされたのである。このような観点からは、「戦争の不在」は「消極的平和」であり、「構造的暴力の克服」が「積極的平和」だということになる。もっとも、「構造的暴力」という概念は日常用語として確立したわけではなく、平和研究のなかでの共通了解となっている段階にとどまっているが、平和を積極的、動態的に考えていく必要は広く認識されるようになってきた。具体的に言えば、構造的暴力とは、貧困や抑圧のことになるが、世界の不平等な構造のなかで生み出される間接的暴力の形態だと言えよう。この「構造的暴力」という概念は、暴力概念を拡大しすぎ、意味内容も必ずしも明確ではないが、それが平和研究者から広範な支持を得たのは、世界の不正義の構造を克服していくことによって平和を実現していく必要が強く意識されたからである。

　しかし、「構造的暴力のない状態」が平和だということになると、平和の概念は広がりすぎてしまい、そもそも平和は達成可能なのかという問題が出てくる。構造的暴力は社会的不正義とあまり違わないのではないかという批判は最初からあったが、しかし、平和の概念はもともと多義的であり、「正義の実現」までも含む、広がりのある概念であったこともまた、事実である。構造的暴力の概念は、平和を社会的連関のなかで捉えなおした点が、新しい視点であった。地球時代とも言われる現代において、さまざまな事象の地球的・構造的連関を捉えていく必要があり、構造的暴力という概念が、歴史的・社会的なつながりのなかで平和を捉えなおすのに有効な視角を提供していることは確かである。構造的暴力をなくすことは可能なのかということについては、実際には極小化することができるだけだとも言える。暴力がまったくない状態が考えづらいのと同様に、貧困・差別・抑圧がまったくない状態というのも考えづらいからである。したがって、平和な世界の構築を完成した状態としてではなく、動態的に捉えていくことが重要であり、完璧な社会ではなくより平和な世界や社会の構築を目指していくほうが現実的であり、妥当だと言える。つまり、「構造的暴力の極小化」として平和の概念を捉えなおすことは、人間らしい社会を

つくっていくことと連結し、生きる場での人間的な諸価値の実現と重なり合っていくのである。

動態的平和観

ここで重要なのが、静態的平和観から動態的平和観への移行であろう。平和をたんに安定した静穏な状態として捉えるのではなく、さまざまな形態での暴力を克服していく実践として動態的に捉えていく必要が示唆されているからである。まったく矛盾や問題のない社会を想定するのではなく、性懲りもなく暴力や不正義を正していくという能動的な営みとして平和運動・平和活動があるので、その対象も拡大され、より平和な世界の実現を目指すための持続的で多面的なアプローチが重視されるようになってきた。

近代において戦争が平和の対立概念として先鋭に感じられたことの背景には、戦争が身近な世界で起こっているという現実があり、戦争の本質は集団殺人にあり、戦争が文明に反する野蛮な集団行為だということは確かである。また、全体主義体制のもとや強権支配によって大量の人びとが殺害され、自由が抑圧される現実にどのように対処するかは、緊迫した課題であった。かりに戦争や暴力的支配がなくても、飢餓や環境破壊によって人が死んでいくということも無視しえない現実であり、差別によって人を意図的に傷つけることも暴力と認識されるようになっていった。

もっとも、大国の軍事力の威嚇や国家機関による暴力の独占に見られるように、暴力は依然として、威嚇や抑止の効果を持ち続けているように見える。積極的平和を暴力手段によって実現していくのは、今や壊滅的な試みとなっている。しかし、一方で他国による侵略や抑圧的政治に対してどのように対抗するのか、手をこまねいて見ているだけでは、平和を現実化しえないことは確かである。実際に、1990年代において、湾岸戦争やコソボ戦争に際し、正戦論や人道的介入によって軍事力の行使を正当化する議論が広がった。現代の戦争は、国民の支持を得ないとできないので、21世紀になっても「対テロ戦争」や「独裁体制の打倒」という理由で戦争の正当化なされている。たしかに、戦争と平和のあいだにはディレンマ的状況が存在するが、もし非暴力手段によって戦争を代替していくことができれば、正当な方法で平和を維持していくことができ

るようになる。本書で非暴力に注目する理由は、そこにある。

平和構築の概念

　しかし、いったん戦争や暴力紛争が始まると、暴力の連鎖が始まり、暴力を押しとどめることが困難になるのも、事実である。そこで、武力紛争を未然に防いだり、紛争が起こらないような構造をつくっていったりする必要が強く意識されるようになった。近年の平和研究において「平和構築」という視点が注目されるのは、このような文脈においてである。

　平和構築とは、「紛争状態もしくは戦争状態にある国、地域に対して、紛争、戦争をストップさせ、平和状態を構築するための活動[29]」である。狭義では、紛争地域で紛争終結後、選挙監視や当事者間の和解をとおして「法の支配」を確立することを指し、広義では、経済協力や文化交流、民際交流を通じて、戦争や暴力的な紛争が起こらないような国際的な相互依存や相互理解の構造をつくることを意味する。それは、「平和の制度化のための構造」をつくり上げることを意味し、そのための「活動分野は、多岐にわたる。政治・社会・経済・文化など様々な分野で活動する諸々の組織が平和構築に貢献しうる。平和構築の活動期間は、紛争後が主になるだろうが、紛争中から継続して行なわれることもあるだろう。このように広く設定された平和構築の概念は、扱う範囲が極めて広いという特質を持つ[30]」とされる。

　また、平和構築という場合、広い意味での平和文化の形成ということも重要な役割を果たす。平和意識の強い市民を形成していくための平和教育、ナショナリスティックな意識から脱却して共通の歴史認識を育むための共通の歴史教科書づくり、戦争被害者への個人補償、経済活動や文化交流を介した国際交流によって民衆のあいだに国境を越えた友好・協力関係を構築していくことが、紛争予防にも役立つからである。紛争予防にとどまらず、非暴力、対等性、多様性に基づいた文明を構築していくことが、人類が永続的に追求すべき、重要な課題である。このような意味で、平和は、私たち一人ひとりの努力によって、つくり出し、維持していくべき価値理念だと言えよう。

---

1)　宮田光雄『平和の思想史的研究』（創文社、1978年）12頁。

I部　平和とは何か

2) 同上、12-13頁。
3) 同上、14頁。
4) 『聖書』新共同訳（日本聖書協会、1988年）、「新約聖書」の部、8頁。
5) 同上、8頁。
6) 『平和の思想史的研究』19頁参照。
7) 『聖書』「新約聖書」の部、292頁。
8) 『平和の思想史的研究』22頁。
9) 石田雄『平和の政治学』〔岩波新書〕（岩波書店、1968年）26頁参照。
10) David P. Barash and Charles P. Webel, *Peace and Conflict Studies* (Sage Publications, 2002), p. 6.
11) 阿部知二『良心的兵役拒否の思想』〔岩波新書〕（岩波書店、1969年）29頁。
12) トマス・アクィナス『神学大全　第17冊』大鹿一正、大森正樹、小沢孝訳（創文社、1997年）80-81頁参照。
13) 山内進「暴力とその規制——西洋文明」、山内進、加藤博、新田一郎『暴力——比較文明史的考察』（東京大学出版会、2005年）所収、19頁。
14) 同上、20頁。
15) グローチウス『戦争と平和の法　第1巻』一又正雄訳（厳松堂出版、1950年）18頁。
16) 太田義器『グロティウスの国際政治思想——主権国家秩序の形成』（ミネルヴァ書房、2003年）103頁参照。
17) F.H. Hinsley, *Sovereignty*, 2nd ed. (Cambridge University Press), 1986, p. 26 参照。
18) ホッブズ『リヴァイアサン』〔世界の大思想13〕水田洋、田中浩訳（河出書房新社、1970年）88頁参照。
19) カント『永遠平和のために』〔岩波文庫〕宇都宮芳明訳（岩波書店、1985年）26頁（強調はカント）。
20) 同上、16頁。
21) 同上、17頁。
22) 同上、28頁（強調はカント）。
23) 同上、38頁（強調はカント）。
24) 同上、47頁（強調はカント）。
25) 同上、47頁。
26) イバン・イリッチは、12世紀のヨーロッパにおいても平和とは、「戦争がないことではなく、戦争のもたらす暴力から貧しい者および弱い者がサブシステンスを得るための手段を保護することであった。平和とは、〈特定の時間と土地〉を守ることであった。典型的な例でいうなら、平和とは、領主間でいかに血なまぐさい戦争が行なわれている最中であっても、牛や栽培中の穀物は保護されているということであった。また平和とは、非常用の穀物倉庫や収穫の時期が保護されているということであった。一般的に言えば、ある土地が平和であるとは、その土地の民衆が共有する環境の利用価値が外部からの暴力的干渉によって損なわれていないということであった」と述べ、サブシステンスという視点から平和の概念を捉えなおしている（イバン・イリッチ「暴力としての開

発」、坂本義和編『暴力と平和』（朝日新聞社、1982年）所収、17頁）。
27) 岡本三夫『平和学――その軌跡と展開』（法律文化社、1999年）6 - 7 頁参照。
28) 横山正樹「構造的暴力と積極的平和」、岡本三夫、横山正樹編『新・平和学の現在』（法律文化社、2009年）所収、57-60頁参照。
29) 阿木幸男「世界の平和市民活動のなかでのNP」、君島東彦編『非武装のPKO――NGO非暴力平和隊の理念と活動』（明石書店、2008年）所収、103頁。
30) 篠田英朗『平和構築と法の支配――国際平和活動の理論的・機能的分析』（創文社、2003年）21頁。

【文献案内】

　平和の概念の転換については、石田雄『平和の政治学』〔岩波新書〕（岩波書店、1968年）が、比較文明論的な考察や非暴力の視点の強調などにおいて先駆的な研究である。石田雄『日本の政治と言葉 下 「平和」と「国家」』（東京大学出版会、1989年）は、近代日本の思想史のなかでの平和概念の位相を明らかにしている。宮田光雄『平和の思想史的研究』（創文社、1978年）は、平和の思想史的側面についての古典的著作である。カント『永遠平和のために』〔岩波文庫〕宇都宮芳明訳（岩波書店、1985年）は、カント晩年の平和論である。国家連合による恒久平和を構想している。主権概念については、藤原修「主権について――平和研究の視点から」『東京経大学会誌』第183号（1993年6月）が、平和研究の立場から鋭い検討を加えている。

　現代の平和概念については、坂本義和編『暴力と平和』（朝日新聞社、1982年）が、平和を暴力との対極に位置づけている。ヨハン・ガルトゥング『構造的暴力と平和』高柳先男、塩屋保、酒井由美子訳（中央大学出版部、1991年）には、ガルトゥング平和学の主要論文である、「暴力、平和、平和研究」("Violence, Peace and Peace Research," 1969) と「帝国主義の構造理論」("A Structural Theory of Imperialism," 1971) が訳出されている。構造的暴力と平和との連関を把握するうえでの必読書である。横山正樹「構造的暴力と積極的平和」、岡本三夫、横山正樹編『新・平和学の現在』（法律文化社、2009年）所収は、構造的暴力と積極的平和の関連を明確化している。David P. Barash and Charles P. Webel, *Peace and Conflict Studies* (Sage Publications, 2002) は、平和学に関連するテーマについて一般読者にもわかりやすく概説している。積極的平和と消極的平和の違い、社会正義の実現の仕方、戦争の原因、人間は本能的に戦争をする動物かどうかなど、平和学におけるさまざまな論点について明快に論じている。Nigel J. Young (editor in chief), *The Oxford International Encyclopedia of Peace*, vols. 1-4 (Oxford University Press, 2010) は、平和に関連する用語をくまなく概説している。

3章 平和主義の概念

1 平和主義への視点

　平和主義ということばは、現代日本では抵抗なく使われる。一つには平和自体がポジティヴな価値であり、厭戦感情の強い日本ではなおさら反対を許さない響きをもっているからである。もう一つには、日本国憲法の基本原理の一つが平和主義であり、国民の意識に深く根を下ろしているからである。だからといって、国民があまねく平和主義者と自称しているわけではなく、平和主義を思想としてではなく観念として受け入れているように思われる。護憲派と言われる人びとも、憲法9条が改定されたら、元に戻そうとするかというと、そこまでの信念に基づいて行動している人は少ないように思われる。自己の内面に確固とした平和主義が打ち立てられているのか、という問題である。

　一方で、平和主義には反対しないが、その意味内容をねじ曲げようとする傾向も強くなっている。武力行使を容認しても平和主義だという主張である。自民党の発表した2012年の日本国憲法改正案では、前文では愛国心を強調し、9条第1項では自衛権の行使を認め、第2項を国防軍の規定に全文改訂するというものである。要するに、自衛権を名目にして武力行使できるようにする変更案だが、日本国憲法の平和主義を換骨奪胎しているにもかかわらず、平和主義を継承すると主張している点に注意しなければならない。

2014年になると、日本政府は「積極的平和主義」を日本の安全保障政策の柱に据えると内外に向けて発信している。国外に向けては、「日米同盟」を強化して、アメリカと歩調を合わせて国際紛争を積極的・軍事的に解決するために貢献するという姿勢を表明し、国内向けに平和主義を唱えることによって国民の反発をかわそうという意図が窺える。安倍晋三首相は、積極的平和主義を唱道しているが、平和主義者と自称しているのではないように、「積極的平和主義」自体、軍事力の使用も含む対米従属の国際貢献を覆い隠すために造られた用語だということに留意しておく必要がある。つまり、和製の造語である「積極的平和主義」と平和学でいう「積極的平和」は区別すべきである。1章で見たように、「積極的平和」とは、構造的暴力の克服を意味し、貧困・差別・抑圧と闘っていくことを指す。したがって、そこから類推される平和主義の積極的な意味は、国際的な安定や秩序ではなく、身近な世界から地球社会に遍在する不平等な構造との闘いを意味し、闘いの主体は国家ではなく、一人ひとりの人間である。

　もっとも、平和主義（pacifism）ということば自体は、使われていくなかで多様な意味を内包してきたと言える。欧米では、19世紀の平和思想・平和運動がもとになって造られたことばであり、軍事力を保持する政府が平和主義を自称することは通常ありえない。というのも、平和主義とは「戦争や暴力に反対する立場」だからである。他方で、欧米では平和主義を自称することは、現に起こっている暴力を見過ごすとみなされたり、臆病者の立場と捉えられたり、宗教的信念がないと成り立たないとされたりすることもあるので、平和主義の意味内容を確定しておく必要がある。

2　平和主義の基軸

　平和主義は、戦争を軸にして形成された概念であり、あくまで戦争に反対する立場である。だとしても、平和主義は、戦争が人間社会の最大の害悪と認識されるようになって初めて表明されるようになったことばでもある。近代までは戦争は不可避的な現象とみなされ、自然災害や疫病のような戦争以上に甚大な被害をもたらす自然現象もあったから、戦争の被害が相対化されていた側面

がある。もちろん、現代でも自然災害は甚大な被害をもたらすが、戦争は人間が起こすものであり、兵器の発達によって自然災害や疫病よりも多くの犠牲を出すだけでなく、殺し合うことを日常化する状況のなかにふつうの市民を置くことによって人間性を変えてしまうからである。戦争は人間が起こすものであり、人間がつくり出す「地獄」である。

そのような戦争の実相を戦争に駆り出されたふつうの市民が体験し、非戦闘員である民衆の生活圏も戦場となっていったのが19世紀ヨーロッパであり、戦争の悲惨さを直視することから生まれた思想が平和主義である。しかし、たんなる厭戦感情・反戦感情の域を超えていくには、思想的な支柱が必要である。キリスト教的伝統の根強いヨーロッパにおいては、キリスト教自体が平和主義の形成の大きな役割を果たしたことにも注目しておく必要がある。

キリスト教と平和主義

ほかの宗教にも平和への希求はあるが、キリスト教のなかから強靭な平和主義が生まれたのは、創始者であるイエスの思想のなかに平和主義があり、また新約聖書のなかに平和主義的な規範が刻み込まれているからである。最も重要な規範は「汝、殺すなかれ」という殺人の禁止である。これは、もちろん人類社会に古くからある道徳規範ではあるが、聖書に記された神のことばを非妥協的に追求するならば、戦争は殺し合いであり、戦争における殺人も日常世界における殺人と同様に禁止されるべきだということなる。また、キリスト教は愛の宗教だというが、隣人愛を徹底したならば、政治的に敵対する人びとに対しても愛を向けなければならないということになる。さらに、イエスのことばのなかには、暴力に対して暴力で報復することを禁じ、悪に対して抗うことを禁じる思想が表明されている。実際に、イエスが自分の死をもって示したのは、自分を裏切った者を赦し、自ら苦難を受けてでも人びとの精神的覚醒をなそうとした姿勢であり、イエスは、言行が一致していたからこそ、強い信仰を生み出すことができたのであり、いかなる戦争にも反対する絶対的平和主義の基盤となったのである。

古代キリスト教においては、イエスの生き方やことばに従って生きる信徒が多かった。戦争と殺人は同一視され、信仰の世界を守ることは国家とは別の道

を歩むことであった。実際に新約聖書の時代から2世紀後半までは軍隊に信徒がいたという記録はなく、「兵役がキリスト教信仰と相容れないものと考えられていたと想定することができよう。また、軍隊にいて改宗した場合、できるだけ除隊することが勧められ、そして、信徒で入隊する者はほとんどいなかったのではないか」[1]と推測される。2世紀末から4世紀には、軍隊内にも信徒がいたが、軍隊内で迫害を受け殉教した者や兵役拒否して処刑された者もいた。しかし、次第に、戦争をやむをえないものとしたりする教父も目立つようになり、キリスト教がローマの公認宗教になってからは、戦争と殺人を同一視する言説は影をひそめていった。古代キリスト教においても、イエスの平和主義、非暴力の教えは一貫して守られたわけではないが、平和主義的言説も強固だった。キリスト教が布教を目指して社会的権力となっていく過程で、聖書を現実に合わせて解釈することや教父や教会が権威をもつことによって、平和主義的な傾向は背後に退くことになった。

それをもう一度引き戻したのが、プロテスタンティズムのなかの平和主義的諸宗派であった。16世紀の宗教改革によって、各信者が直接、神と対峙する契機(万人司祭主義)を内在するプロテスタンティズムが生まれ、新約聖書に書かれている神のことばに忠実に生きようという人びとが数多く輩出されることになった。宗教改革後に生まれた、クエーカー、メノナイト、ブレズレンという各宗派は、歴史的平和教会と呼ばれ、キリスト教のなかでも最も平和主義的な宗派である。こういった宗派のキリスト者のなかから、徴兵を拒否したり、日常的には戦争の原因を除去し、和解や協力のための平和活動に積極的に取り組んだりする人びとが多数出てきている。

キリスト教で注目すべきなのは、宗教が良心的抵抗の基盤となりうることを示してきたことである。もちろん、キリスト教に限らず宗教は、創始者の教えが権威となっているので、創始者や聖職者のことばを内面化することが信仰をもつことであり、内面化された、神のことばが良心として機能しうる。国家の命令に従わず、自分の良心にしたがって戦争を拒否するには、国家を超える道徳理念をもたねばならない。もちろん、宗教以外にも良心形成の基盤は存在するが、神に従うことによって国家を相対化することが、強固な平和主義を生み出してきたことは確かである。

19世紀の平和思想

　19世紀のヨーロッパは国民国家形成期であり、列強は領土や植民地獲得を目指していた。無差別戦争観というように、国家は交戦権をもち、戦争は国際法に則って行なえば、罰せられないし、戦争を支持するナショナリズムの高揚もあった。プロイセンやフランスでは徴兵制度が導入され、兵役が国民の義務になっていった。しかし、戦争が生活圏にまで及び、戦争の残虐性を市民が感じるようになった。つまり、自分たちの住んでいる土地が戦場になり、戦争の実相に触れるようになっていった。「戦争は地獄である」というのは、南北戦争（1861-65年）を戦った北軍のウィリアム・シャーマン将軍が戦後言ったことばだが、19世紀では殲滅戦（皆殺し戦争）も肯定されていた。

　一方で、19世紀は進化論の登場に見るように、文明の進展によって野蛮を克服していくことができると考えられた。信仰と戦争は相容れないものだということを認識し、徹底した反戦、反権力の平和思想を構築したのがトルストイである。トルストイは、自ら1854〜56年のクリミア戦争に参戦し、戦争の凄惨さを体験し、それをもとにして書いたのが『戦争と平和』（1865-69年）だが、それは、19世紀ヨーロッパにおいて戦争が民衆の日常生活に入り込み、人びとの人生を変えていくという現実をよく描き出している。

　戦争が人間の日常を破壊するという認識から、トルストイの強靭な平和思想が生まれてくることになる。トルストイは、内面世界を重視し、山上の垂訓におけるイエスの教えを信じ、人は国家の命令ではなく良心によって行動しなければならないという考えを実践した。『戦争と平和』のなかに表された、トルストイの平和思想は、どのような状況にあっても人を殺してはならない、という殺人の否定に基づいていた。[2] トルストイは、キリスト者となったが、教会も国家も双方とも拒否した。教会はキリスト教の教えを腐敗させ、国家は殺人と搾取に基づく組織であるという理由で拒否し、防衛のためであれ、攻撃のためであれ、「戦争を殺人として、また神の掟に背くものだとして」非難し、同時に、愛国主義も、利己主義と名誉欲の拡大された表現として、被抑圧者の愛国心であれ、戦争の原因になるとして拒否した。[3]

　トルストイの政治思想は無政府主義的だが、彼の平和思想は非暴力的であった。トルストイは、当時ロシアで迫害されていた、平和主義的宗派であるドゥ

ホボール教徒をカナダに移住させるために尽力した。それは、ドゥホボール教徒が武器を捨て、徹底した平和主義を生活のなかで実践していたからである。トルストイの思想は、「目には目を」ではなく「悪しき者に抗(あらが)うな」(「マタイによる福音書」5章38-39節)という新約聖書の教えに基づいていた[4]。トルストイは、『イワンのばか』(1885年)のなかで侵略軍に対して暴力で抵抗しなくとも勝利を収められるのだということを示唆した。これは、無抵抗主義として知られる立場になるが、侵略に対しても暴力ではなく非協力で対峙し、戦争を徹底的に拒否しなければならないという、確固たる平和主義の表現でもあった。

しかし、戦争否定を現実のものとするには、平和運動を組織して、反戦平和の世論を形成していかねばならないし、人びとの理性だけでなく、感受性に訴えていく必要もある。トルストイとも交流のあった作家、ベルタ・フォン・ズットナー(Bertha von Suttner, 1843-1914)は、戦争廃絶を可能だと考え、平和運動に邁進した女性作家である。ズットナーの代表作『武器を捨てよ!』(1889年)は、戦争の実相を描き出しており、当時ベストセラーになり、多くの言語に翻訳されただけでなく、民衆に戦争根絶への情熱を植え付けた本であった[5]。つまり、この本は、平和運動家になっていく主人公の人生を描いているが、戦争を直視し、反戦へと読者を鼓舞しようという、はっきりした意図をもって書かれた本であり、戦争がいかに人間性を失わせるものかを記述し、読む者の感受性に訴えようとしている[6]。

ズットナーの平和思想の核心にあるのは、戦争自体を犯罪とみなす見方であり、戦争は人類の発展を否定する反文明的な行為だという確信である。その本を贈られたトルストイがストウ夫人の『アンクル・トムの小屋』(1851年)が奴隷制廃止に与えた影響に喩えて、ズットナーの本によって戦争の廃絶が実現することを願うということを彼女宛の手紙に書いた[7]。ズットナー自身、『武器を捨てよ!』の主人公と同様に、平和運動家として世界各地を回り、講演旅行をしながら平和協会の設立のために尽力した。ズットナーは、かつてパリでアルフレッド・ノーベルの秘書をしたことがあり、その後もノーベルとのあいだに親交があったので、彼に働きかけて平和運動のための資金援助を受けただけでなく、彼がノーベル賞のなかに平和賞も入れるようにという遺書を残したのは、ズットナーの影響によると見られる[8]。ズットナー自身も、1905年に女性で

は初めてノーベル平和賞を受賞している。

　ズットナーが戦争を廃絶できると考えたのは、ヨーロッパでは文明の進展のなかで、決闘、奴隷制、カニバリズム（食人の風習）、公開処刑などが反文明的なものとみなされ、実際に克服されていったからである。戦争は、これらに劣らず、非人間的であり、人類の発展を否定する行為であり、「今日の人類が明日の人類に対して犯す恐るべき悪行であると同時に、最大の愚行である」[9]から、否定されねばならないのである。

平和主義の定義

　このような19世紀の平和思想・平和運動を背景にして、平和主義ということばが造られた。言い換えれば、平和主義とは、国家の側からでなく民衆の側から平和をつくることを意味しており、戦争の非人間性を訴え、その廃絶を求める平和運動をもとに造られたことばである。

　ところで、平和ということばが古代から使われていたのとは対照的に、西欧語において平和主義（英：pacifism、仏：pacifisme、独：Pazifismus）ということばは、20世紀になって造られた比較的新しいことばである。平和主義ということばは、1901年にエミール・アルノーが平和運動に従事する人びとをフランス語で「平和主義者」(pacifistes) と呼んだことに発しており、平和主義はラテン語の pacificare、フランス語の pacifier に由来することばだとされる[10]。平和主義は、「戦争の廃絶は望ましいとともに可能であるという信念」[11]と定義されてきた。このように平和主義ということばが戦争廃絶、すなわち「戦争のない世界」への希求から生まれたということは、平和運動に関わる実践的な概念であることを示している。平和主義という造語が、20世紀になるまでなされなかったのは、一つには、たとえば、英語で pacify は、「制圧する」とか「鎮圧する」を意味していたので、それを語根にしづらかったからでもあり、もう一つには、19世紀までは戦争を肯定する言説のほうが主流であり、市民レベルでの感覚としては、「戦争のない世界」は願望することができるだけだったからである[12]。しかし、19世紀後半には、戦争の廃絶を実現できるのだという意識が一般市民のあいだでも広まっていった。自由貿易を広げ、市民レベルでの交流を深め、相互依存・相互理解を増したり、政府や民間の国際機関を創設したり

することによって、戦争廃絶は遠くない将来に実現でき、そのために活動することは価値あることだという意識が芽生え始めたのである。

　一方で、19世紀には欧米の列強は、植民地争奪を開始し、帝国主義国同士の戦争の可能性も感じられるようになっていった。戦争は禁止されているわけではなく、むしろヘーゲルの『法の哲学』に見るように、戦争は人倫共同体として国家の健康の証しでもあった。このように戦争を肯定する現実があるなかで、戦争がない世界を希求するだけではなく、現に起ころうとする戦争に反対する人びとがいたことが、平和主義という用語を生み出す背景にあり、平和主義がこのように反戦を核心にして形成された概念だということは、明らかである。

　20世紀になると、戦争だけでなく、全体主義体制下の大量殺害のように、「組織化された暴力」が生じ、恐怖支配が現出させられた。「民族浄化」という名のもとでの虐殺が起こった。そういった状況のなかで、平和主義者が武力行使を容認するということも起こってきた。暴力に対しても徹底して非暴力で対抗することが平和主義者に求められることになった。こうして、平和主義の概念自体に非暴力的な要素が強く含まれるようになった。イエスの場合に見るように、もともと、平和主義と非暴力主義は重なる概念ではあったが、平和主義が反戦を軸としているのに対し、非暴力主義は非暴力手段によって社会変革を積極的に行なっていく立場であった。

　こうして、平和主義は「戦争と暴力は道徳的に正当化されず、すべての紛争は平和的手段で解決しうるという信念」[13]として定義しなおされることになった。ここでは、「戦争の廃絶」ということばがなくなり、「戦争と暴力の非正当化」という観念に置き代わり、「平和的手段による紛争解決」という規定の「平和的手段」というのは非暴力手段のことである。「信条」（doctrine）が「信念」（belief）に置き換わっているのは、平和主義が宗教的基盤や哲学的基盤に基盤を置いた立場から広がりを見せてきたからである。20世紀における非暴力の実践のなかで、非暴力の色合いが強まってきたと言える。

　もっとも、日本語では非暴力主義ということばが別にあるように、平和主義は依然として戦争を強く意識した概念である。また、戦後、日本が直接、戦闘に関与することがなかったから、平和主義は実践をとおして鍛えられてこな

かったとも言える。平和主義が空語にならないようにするには、その原義に戻りつつ、概念の広がりを押さえていかねばならない。

3　平和主義の諸類型

平和主義といっても、日本語は膠着語だから、たとえば、非武装平和主義、非暴力平和主義、立憲平和主義、積極的平和主義など、～平和主義ということばが容易に造られるのは、それぞれ力点の置き方が違うからである。しかし、平和主義と言いつつ、好戦主義であったり、戦争肯定であったりするのでは、正反対の意味になるが、平和主義もプラスのイメージをもつ語として多くの人に使われることによって、語義に広がりが出てきたことも事実である。英語でも平和主義のなかには、絶対的平和主義ばかりではなく、相対的平和主義も含まれる。人道的介入や正戦論も平和学で取り上げられているように、限定的に武力行使を認める、あるいは、ファシズムとの戦いのような特定の戦争は認める立場も平和主義として含む場合もあるからである。

もちろん、例外的に武力行使も認める立場を平和主義（pacifism）から外すことも可能だが、帰結主義的に平和を捉える立場であるパシフィシズム（pacificism）[14]も、平和主義の一つのあり方と考えられてきた。平和主義に幅が生じるのは、平和主義という概念も歴史的な概念であり、戦争をめぐるさまざまな状況に対応してこざるをえなかったからである。もう一つには、義務論（deontology）に立つか、目的論（teleology）に立つかで違いが生じることになる。現実政治で頻繁に使われるほかの概念と同じように、平和主義の概念も多義的になってきていることは否めないが、平和主義の概念を類型化することによって見通しがよくなっていくであろう。

絶対的平和主義

絶対的平和主義（absolute pacifism）とは、すべての戦争を否定する立場である。キリスト教で言えば、古代キリスト教団や歴史的平和教会のような宗教的な基盤のうえで抱かれ、実践されてきた立場である。狭義の平和主義とは、絶対的平和主義であり、正義の戦争を認めない立場である。

義務論か目的論かで言えば、絶対的平和主義は義務論であり、通常の殺人を禁止するのと同じように、戦争における殺人も禁止する立場である。いついかなるときでも殺人の禁止という規範は貫かねばならない、ということであり、平和主義の原義が戦争廃絶にあったように、個人の思想信条としては、良心的兵役拒否として表出されることになる。

絶対的平和主義が批判されるのは、いついかなるときにも妥当するような道徳規範はないと考えるのが現実適合的であり、法に例外が認められているように、かりに例外状況においても原則を曲げなかったら、人間の生存の基盤すらも失われる状況があるのではないかという推論によってである。たしかに日常道徳として殺人は禁止されており、殺人を犯せば罪に問われるが、正当防衛上の理由であれば罪に問われないのが通例である。しかし、通常の正当防衛と国家の防衛を同一レベルで考えることはできないことも確かである。戦争においては、攻撃してくる相手は犯罪者ではなく、戦争というシステムのなかで殺人を強いられ、国家は人間とは違って生命体ではないからである。法的には国家という法人格のもとで殺害に加わっているのであり、責任を問われるのは、国家という機関であって個人ではないが、にもかかわらず、罪なき者を殺すという現実に変わりはない。国家を超えた規範から、国家の決定はどうであれ、戦争は拒否しなければならないという立場に立ち、参戦拒否の立場を無制約に貫くのが絶対的平和主義である。逆に言えば、平時において、平和主義者が正当防衛権を行使しても、平和主義と矛盾することにはならない。

とはいえ、絶対的平和主義者として戦争拒否を貫くと、個人としては兵役拒否という選択になるが、その場合、侵略に対して人びとの生命や生活を守る防衛をほかの構成員に委ね、共同体に対する市民の義務を果たそうとしていないのではないか、と批判されることになる。絶対的平和主義者と呼びうる人びととは、いかなる状況のもとであれ銃をとらないという選択をした人びとであり、首尾一貫していることは確かだが、それだけで戦争を阻止できるわけではないという弱点をもつ。

たしかに、自己の良心に従って戦争を拒否し、戦争に関わらずに自己の内面へ逃避する平和主義者もいたが、クエーカーの平和主義者のように、戦争に際して兵役拒否するだけではなく、もっと重要なこととして、平時から戦争を起

こす原因を除去するために最大の努力を払うことを自らに課す必要がある。実際に戦争が起こってしまったら、戦争を早く終わらせるような活動を展開することが、絶対的平和主義に要請される。

相対的平和主義

相対的平和主義（relative pacifism, pacificism）とは、戦争廃絶を目指し、そのための社会変革を重視する立場である。平和主義を自由主義や社会主義などほかのイデオロギーに関連づけて平和の実現を図っていく立場である。それゆえ平和の脅威となる政府を除去するための戦争を認める傾向を生じる[15]。あるいは、「戦争は悪ではあるが、それよりも大きな悪を排除するために、やむなく武力行使を認める場合もあるという思想[16]」だとも言える。

絶対的平和主義が義務論であるのに対し、相対的平和主義は目的論（帰結主義）である。つまり、平和以上に価値のある目的を措定することによって、平和主義を相対化する立場である。目的論というのは、たとえば、ヒトラーのような独裁者を暗殺することによって多くの人間の生命が救えるなら、殺人も正当化されるという立場である。正戦論は目的論の一形態であり、功利主義的な結果計算に基づく場合もある。言い換えれば、帰結主義的平和主義と言うこともできる。

しかし、帰結主義の立場に立つと、行為の目的適合性は結果によって証明するしかないし、結果の善し悪し自体、行為の時点では、正確に予測できるものではなく、その規準があいまいだという弱点があることは否めない。現実にはさまざまな選択肢があり、二者択一のことはめったにない。また、目的を強く意識しすぎると、「平和のための戦争」という矛盾した事態も生じ、平和主義から逸脱するだけでなく、平和が戦争を正当化することばとして用いられるという倒錯した事態も生じかねない。

相対的平和主義は、例外的状況での戦争を肯定する、正戦論と親近性をもつ立場である。つまり、絶対的に戦争を否定するのではなく、ファシズムとの戦いのような、きわめて限定した場合には戦争を否定しないという立場である。実際に、平和主義者と自称している人びとのなかにも、ファシズムによる世界制覇の脅威に直面して参戦を肯定した人も多い。しかし、あくまで例外的に戦

争や武力行使を認め、日常的には戦争防止の平和運動に加担している点で正戦論とは違っており、最終的には戦争の廃絶を目指している点で、戦争を廃絶できないと考えて強力な防衛態勢にこだわる防衛主義（defencism）とも違う。[17]

　たとえば、ジョン・デューイ（John Dewey, 1859-1952）は、プラグマティズムの哲学者として有名だが、平和思想家としての一面も併せもっている。デューイは、第一次世界大戦には賛成したが、大戦中にレヴィンソンによって提唱された戦争違法化の運動に大戦後積極的に関わり、平和主義に近づいた。デューイの立場は、戦争を合法化している「戦争システム」の廃止であり、それは、自衛戦争も制裁戦争も否定する考え方であった。そういった立場から1930年代はアメリカの第二次世界大戦への武力介入に反対していたが、日本の真珠湾攻撃を機にアメリカの参戦には反対しないというように変わった。第一次世界大戦のときのように、参戦を積極的に支持したわけではなかったが、原理原則に固執することはなかった。

　その意味でデューイが絶対的平和主義者と呼べないことは確かであり、相対的平和主義の立場と言えよう。それは、「あらゆる絶対主義的なものは拒否する」というプラグマティズム哲学の特質によるところも大きいが、彼の場合、現実のなかで思考し判断していくほうに重点があり、戦争反対を「政治的熟慮」に基づかせる立場をとったのである。[18]この「政治的熟慮」のなかには当然、結果に対する責任という政治的判断も含まれるから、ここには目的論的な意味合いが内包されている。pacificism は、「相対的平和主義」だけでなく、「平和優先主義」とか「漸進的平和主義」とも訳されるが、平和を実現するために限定的な戦争や武力行使も認めるという点で、反戦を徹底していない。[19]

　とはいえ、絶対的平和主義だけが平和主義であってこのような立場は「平和主義と似て非なるもの」かどうかが問題になる。[20]デューイは、第一次世界大戦へのアメリカの参戦を支持したが、もう二度と戦争が起こらないことを期待していた。「はじまりの暴力」（暴力革命や独立戦争）によって近代国家が設立されたことを考え合わせれば、平和の実現ということに重心を置いた構想だと言えよう。諸国家が交戦権をもって対峙している状況のなかで、現実的に判断を下そうとしていると言える。多くの人びとが陥りやすい道ではあるが、好戦主義でもないし、現実追随主義でもない。相対的平和主義も平和の希求と結びつい

ているわけであり、このような考え方のなかのポジティヴな要素を生かしていくことが重要ではあるが、平和主義としては一貫していないと思われる。

選択的平和主義

選択的平和主義（selective pacifism）とは、相対的平和主義と近い概念であり、ベトナム戦争時のアメリカにおける議論のなかで用いられたことばであり、戦争一般を否定するのではなく、どの戦争を支持するのかは個人が選べるとして、ベトナム戦争のような特定の戦争にのみ反対することができるという立場である。これは、選択的兵役拒否と結びついて主張された立場である。また、目的論ではないという意味で、正戦論とも一線を画している。これは、危急の際の戦争は否定しないが、不正な戦争だという理由でベトナム戦争に反対する人びとの立場である。

たとえば、クリスチャン・ベイは、1960年代アメリカで市民的不服従について論じた政治理論家の一人だが、戦争の問題に関連して、「たとえそうせざるをえないとしても、そのために殺したり、死んだりする大義を選ぶ権利以上に基本的な人権はほかにありえようか[21]」と述べている。その意味でベイが責任ある市民のモデルとしてあげているのが、イギリスの哲学者、バートランド・ラッセル（Bertrand Arthur William Russell, 1872-1970）である。ラッセルは、平和主義者として第一次世界大戦に抵抗して獄に入ったが、第二次世界大戦はファシズムとの戦いだから支持し、第三次世界大戦の準備には市民的不服従をしてでも反対しようと積極的に活動したのは、「私は戦争を選びたい」という理由からである[22]。このように、選択的平和主義はすべての戦争を否定するのではないが、参戦するかどうかを決めるのは個人個人の判断によってであり、国家に強制されないとしている点で、リベラルな立場を徹底させている。戦争には原則的には反対だが、著しい不正義に対しては立ち上がるべきだという立場である。

たしかに、すべての戦争を否定し、まったく戦争に関らないという絶対的平和主義よりは、相対的平和主義や選択的平和主義のほうが、場合によっては積極的で、不正に対して直接立ち上がるという意味で世界に対する責任を果たしていると言えるのかもしれない。つまり、絶対的平和主義であっても、諦観し

たり逃避したりする場合には、平和をつくるという意味での平和主義に値せず、かえって選択的平和主義のほうがより平和な世界をつくるのに貢献する、と言えよう。

　奴隷制廃止論者が即時の奴隷制廃止を求めて実力行使した場合も、このケースに入る。あるいは、ヒトラーとの戦いであれば、暴力手段を用いても正当化されるとか、ファシズムとの戦いには積極的に参戦するというのもその例としてあげられる。しかしながら、たとえヒトラーとの戦いであっても、相手のドイツ兵をヒトラーと同一視することはできないし、政府と民衆の加害責任は同じレベルではない。また、戦争の廃絶だけを平和の目標にしてよいものではない。平和の概念が変化してきているように、協力や信頼の関係を構築していく積極的平和の実現もまた重要な課題だと認識されるようになってきたからである。しかし、一方で「平和のための戦争」が実際は戦争の正当化のレトリックだとしても、平和実現のために罪のない人間を殺すことは正当化できるのか。このディレンマは、どのようにしたら解決することができるのか。

　この問題に対して、もし軍事的手段以外で侵略や不正に立ち向かうことができたなら、またそれが信条ではなく戦略として有効ならば、このディレンマを克服できるのではないかと思われる。2003年の米英のイラクに対する戦争のように、テロに対する不安が予防戦争を惹き起こしてきた事例もある。安全保障の議論が逆に不安を醸成することによって安全を脅かすという逆説も存在しているのだから、帝国主義やそれ以前の領土征服の時代に戻ったような発想で問いを立てる必要はなく、歴史的に平和意識が進展しているという前提に立って考えていくべきである。少なくとも現代においては、なんの大義もなく戦争を始めることはできなくなっている。というのも、現代の戦争はメディアによって報道され、民間人の犠牲は多くの人びとの心に衝撃を与え、大量虐殺は起こってはならないという意識を喚起するからである。

徹底的平和主義

　徹底的平和主義（radical pacifism）とは、直接行動によって現状を打開し、戦争抵抗を徹底して貫く立場である。これは19世紀末から第一次世界大戦までの平和運動が戦争を阻止できなかったという、ヨーロッパの平和運動の失敗を

I部　平和とは何か

図1　戦争抵抗者インターナショナル（WRI）のロゴ

背景にしている。また、II部で述べるように、社会主義運動や労働運動のなかで生み出されてきたストライキやボイコットなどによる非暴力抵抗の進展やガンディーの思想と運動が平和運動に影響を与えたことも無視できない。

　徹底的平和主義とは、1920年代から次第に使われるようになったことばであり、たんに戦争のない世界を思い描いたり、兵役拒否したりするだけでなく、実効的に戦争を阻止することを重視し、また社会変革のために積極的に活動する実践的な平和主義の立場である。ジェシー・ウォレス・ヒューガン（Jessie Wallace Hughan, 1875-1955）は、平和主義と社会主義を融合し、「戦争に反対するゼネスト」と戦争抵抗者の組織化を説いた[24]。当時は、社会主義運動、労働運動が強かったので、社会変革に平和主義を従属させる動きも出てきたが、ヒューガンの立場はあくまで平和運動のほうを優先させようとしていた。

　ガンディーやマーティン・ルーサー・キングのように人種差別に対して非暴力で闘った人びとの立場も、平和主義のなかで位置づけるとしたら、このカテゴリーに入る。徹底的平和主義の立場を表している団体としては、第一次世界大戦後の1921年に設立され、兵役拒否者の連帯や反戦活動をしてきた戦争抵抗者インターナショナル（War Resisters' International：WRI［ウリ］）、1970年代後半以降の反原発、環境保護、反核を目指す「新しい社会運動」と呼ばれる市民運動の高まりのなかから生まれた、旧西ドイツの緑の党（Die Grünen）などがあげられる。徹底的平和主義の場合、たんに反戦ということだけでなく、平和を根底的に捉えなおし、非暴力直接行動によって平和の実現を図っていこうとするところに特徴がある。

4　平和主義の核心

　これまで見てきたように、平和主義の概念は、戦争を軸にしており、「戦争のない世界」を求めるという平和主義の意味は変わっていないが、個人の良心のあり方から戦争を防止する社会運動・政治運動まで幅ができ、非暴力市民的

抵抗という側面が強調されるようになるというように、意味内容も変化してきたように思われる。これは、欧米での議論をもとにして言えることであり、日本における平和主義とは、重なるところもあるが、異なっている側面もあるということに注意しておかねばならない。

　日本の場合、もともと非戦感情は強く、平和主義は平和を求める心情倫理として受け止められる傾向があったが、戦後は、日本国憲法が平和主義の基盤になってきた側面が強いと言えよう。平和主義とは別に非暴力主義ということばがあるので、徹底的平和主義というような概念は広がっているとは言えない。しかし、戦後日本の民主主義思想が民主主義と平和主義を結合させたように、独自の平和主義思想を展開してきた面も存在する。と同時に、「積極的平和主義」の言説のように、平和主義がシンボル操作のために使われる概念となる側面も出てきた。「積極的平和主義」が平和主義でないのは、そこには「戦争のない世界」を目指すという理念の表明がないのと、海外での武力行使を含む積極的な国際貢献を平和主義と僭称しているからである。

　欧米における平和主義の歴史的展開から明らかなように、平和主義に実効性をもたせるには日常的に戦争を阻止する活動をしていく必要があるということである。平和をシンボルにして世論操作するために、平和主義ということばを使うのではなく、また、内面で平和を願ったり、戦争を嫌ったりするだけではなく、戦争の予防、戦争の阻止、非暴力紛争解決のために平和運動や平和活動をすることが、平和主義の核心にあると言えよう。

　それに関連して、「平和への道は平和である」ということが明らかになってきたと言えよう。これは、アメリカの平和主義者、A.J. マスティ（A.J. Muste, 1885-1967）のことばだが、ガンディーの立場でもある。平和はあくまで平和的手段で、すなわち非暴力で追求しなければならないということである。それが、「平和のための戦争」、「戦争を終わらせるための戦争」という矛盾に陥らせない唯一の道である。

　戦後日本の民主主義は、民主主義を社会に根づかせようという意図をもっていたので、民主主義を根源的に捉えなおすことができたのだが、民主主義と軍事主義が相反することを日本国憲法の意味を洞察ことによって明らかにしたと言えよう。民主主義を日本社会に根づかせるという問題意識は、軍事社会が反

民主的であるがゆえに、いっそう平和主義への傾斜を強めていった。戦争は、平和の反対概念だというだけではなく、民主主義の反対概念だということを自覚させたのだと思われる。戦争や戦争の準備が民主主義や人権の否定につながることは明らかである。非常事態における人権停止は言うまでもなく、戦争は人間にとって最も根源的な権利である生命権のみならず、さまざまな人権を否定するだけでなく、「討論による政治」を否定し、秘密裡に政策決定をなすという意味で、反民主主義に貫かれている。反対に、徹底的な平和主義は、民主主義の底辺からの強化に役立ち、政治社会の民主化、民主主義の徹底化につながっていくはずである。したがって、民主主義の下からの強化を図っていくためにも、平和主義の核心をつかんでおく必要がある。

1) 木寺廉太『古代キリスト教と平和主義——教父たちの戦争・軍隊・平和観』(立教大学出版会、2004年) 1-2頁。
2) 『戦争と平和』の主人公ピエールのことばのなかには、「人を殺すのはいけないこと」であり、「不正なこと」である、というトルストイの思想が表れている (レフ・ニコラェウィッチ・トルストイ『戦争と平和』(上) 北御門二郎訳 (東海大学出版会、1978年) 461頁参照)。
3) マイケル・ランドル『市民的抵抗——非暴力行動の歴史・理論・展望』石谷行、田口江尚、寺島俊穂訳 (新教出版社、2003年) 64頁参照。
4) トルストイ「ろうそく」、『トルストイ民話集 人はなんで生きるか 他四篇』〔岩波文庫〕中村白葉訳 (岩波書店、1932年) 所収、116頁参照 (マタイ伝からの引用は、この本のなかでの訳による)。
5) 糸井川修「ベルタ・フォン・ズットナーの生涯と小説『武器を捨てよ！』」『愛知学院大学 教養部紀要』第48巻第Ⅲ号 (2001年2月) 51-52頁参照。
6) Bertha von Suttner, *Die Waffen nieder!: eine Lebensgeschichte* (Verlag der Nation, 1990 [1889]), S. 236-243 参照。
7) 「ベルタ・フォン・ズットナーの生涯と小説『武器を捨てよ！』」51頁参照。
8) Anne-Kathrin Glaz, Anouk Lioren, Marielle Mumenthaler and Silvi Sterr, "Bertha von Suttner (1843-1914): Her life and legacy," in *The Life of Bertha von Suttner and Legacy for Women Peacemakers Today* (International Peace Bureau and International Fellowship of Reconciliation, 2005), pp. 9, 16-17 参照。
9) Bertha von Suttner, *Das Maschinenzeitalter : Zukunftsvorlesungen über unsere Zeit* (E. Pierson, 1899), S. 278.
10) Karl Holl, „Pazifismus," in Helmut Donat und Karl Holl, *Die Friedensbewegung*, Hermes Handlexikon (Econ Taschenbuch Verlag, 1983), S. 299-300 参照。

11) *The Concise Oxford Dictionary of Current English*, Third Edition, edited by H.W. Fowler and H.G. Le Mesurier (Clarendon Press; Maruzen Company Ltd., 1937 [1934]), p. 820.
12) 18世紀のアメリカの政治家、パトリック・ヘンリー (Patrick Henry, 1736-1799) が「自由を与えよ。然らずんば死を」と述べ、イギリスに対する開戦を鼓舞したように、自由、すなわち、隷属からの解放のほうが平和よりも重視されていた。
13) *The Concise Oxford Dictionary of Current English*, Eighth Edition, edited by R.E. Allen (Clarendon Press, 1990), p. 854.
14) pacifism という見出し語は、『コンサイス・オックスフォード現代英語辞典』(*The Concise Oxford Dictionary of Current English*) の1911年発行の初版では出ていないが、1934年の第3版では、pacificism, pacifism という二つの用語が登場している。1976年の第6版からは pacifism だけになっているように、pacificism は、pacifism に吸収され日常語としては古語になっている。強いて区別するなら、pacificism は、改革主義的でより穏健な立場である。
15) 藤原修「平和主義とは何か」、藤原修、岡本三夫編『いま平和とは何か』(法律文化社、2004年) 所収、225-231頁参照。
16) 武祐一郎『絶対的平和主義とキリスト教』(武福音社、2005年) 121頁。
17) Martin Ceadel, *Thinking about Peace and War* (Oxford University Press, 1989), p. 72 参照。
18) 小西中和「デューイ平和思想への視点」『彦根論叢』第300号 (1996年2月) 184-187頁参照。
19) 松元雅和は pacificism を「平和優先主義」(『平和主義とは何か』〔中公新書〕(中央公論新社、2013年) 27-31頁) と、君島東彦は「漸進的平和主義」(「安全保障の市民的視点——ミリタリー、市民、日本国憲法」、水島朝穂編『立憲的ダイナミズム』(岩波書店、2014年) 所収、296-297頁) と訳している。
20) 「平和主義とは何か」225頁参照。
21) Christian Bay, "Civil Disobedience: Prerequisite for Democracy in Mass Society," in David Spitz (ed.), *Political Theory and Social Change* (Atherton Press, 1967), p. 178.
22) *Ibid.*, p. 178 参照。
23) 奴隷制廃止のため実力行使をしたブラウン大尉の行為を擁護したヘンリー・デイヴィッド・ソローは、絶対的平和主義者とは言えないが、自らも人頭税の支払いを拒否することによって奴隷制に反対の意思を示し、悪しき法や制度には従わないという思想によってガンディーに大きな影響を与え、理論的にも実践的にも市民的不服従の「はじまり」と位置づけることができる思想家である (H.D. ソロー『市民の反抗 他五篇』〔岩波文庫〕飯田実訳 (岩波書店、1997年) 8-104頁参照)。
24) Scott H. Bennett, *Radical Pacifism: the War Resisters League and Gandhian Nonviolence in America, 1915-1963* (Syracuse University Press, 2003), pp. 15-16 参照。

【文献案内】

　キリスト教と平和主義の関連については、関西学院大学キリスト教と文化研究センター編『キリスト教平和学事典』（教文館、2009年）が、キリスト教関連事項を中心とした事典で、参考になる。木寺廉太『古代キリスト教と平和主義——教父たちの戦争・軍隊・平和観』（立教大学出版会、2004年）は、古代キリスト教教父に見られる平和主義の実際を原資料に当たって考察している。

　文学作品に現れた平和主義の作品としては、レフ・ニコラェウィッチ・トルストイ『戦争と平和』（上）（中）（下）北御門二郎訳（東海大学出版会、1978年）は、戦争文学の古典である。ナポレオンのロシア遠征を背景にして、貴族一家の興亡を描いている。Bertha von Suttner, *Die Waffen nieder!: eine Lebensgeschichte* (Verlag der Nation, 1990) ［ベルタ・フォン・ズットナー『武器を捨てよ！』（上）（下）ズットナー研究会訳（新日本出版社、2011年）］は、1889年に出版され、当時ベストセラーになり、多くの平和愛好家を平和運動家に変えた本である。教養小説のスタイルをとっているが、戦争を見据え、反戦へと読者を鼓舞しようという意図が込められている。

　藤原修「平和主義とは何か」、藤原修、岡本三夫編『いま平和とは何か』（法律文化社、2004年）所収は、平和主義を類型分けして論じている。松元雅和『平和主義とは何か』〔中公新書〕（中央公論新社、2013年）は、帰結主義的に平和実現を追求する平和優先主義（pacificism）の観点から、現代における戦争と平和の問題を論じている。藤原帰一『戦争を記憶する——広島・ホロコーストと現在』〔講談社現代新書〕（講談社、2001年）は、欧米と日本における戦争の受け止め方の違いをとおして戦争の正当化と平和主義の意味を深く問いかけている。伊藤憲一『新・戦争論——積極的平和主義への提言』〔新潮新書〕（新潮社、2007年）は、戦争の歴史を概観し、国際秩序維持のための紛争解決に日本も貢献すべきだとする積極的平和主義を提唱している。

　Martin Ceadel, *Thinking about Peace and War* (Oxford University Press, 1989) は、平和主義について優れた類型論を提示している。Scott H. Bennett, *Radical Pacifism: the War Resisters League and Gandhian Nonviolence in America, 1915-1963* (Syracuse University Press, 2003) は、ゼネストなど直接行動によって戦争を阻止しようとしたり、社会変革を行なってきた、アメリカの平和主義運動の歴史を概説している。

Ⅱ部

非暴力の思想と運動

4章 非暴力抵抗の進展

1 平和主義と非暴力

　欧米では、平和主義を考える際に非暴力が重視されるのは、平和主義が戦争と暴力に対立する立場だと考えられるからである。日本では、平和主義は戦争に反対する側面が強く意識され、暴力を克服する態度や行動様式とは考えられていないようである。たしかに、西洋の諸言語でも平和主義が戦争を軸にして造られたことばである点は日本語と同じなのだが、違うのは、欧米においては非暴力の実践が重視される点である。たとえば、良心的兵役拒否が法制化されている場合、日常的に非暴力で生きていることが認められれば、良心的兵役拒否者として兵役を免除されるからである。

　日本では平和主義は、反戦平和という言い方に示されるように、戦争に反対する立場として捉えられ、平和主義者は必ずしも非暴力主義者ではないようである。日本に限らず、平和主義者といっても、一定の条件下での武力行使を認める場合もあるので、絶対的平和主義者ばかりではない。しかし、英語で「非暴力主義」を表す特別の用語がないのは、nonviolence のなかに非暴力の思想と実践が含まれるからであり、平和主義には非暴力の規範的要請が含まれているからだと思われる。

　しかし、日本において非暴力の思想は広く受け入れられているわけではな

い。平和ということばはよく使われ、長い歴史のある概念だが、非暴力のほうは nonviolence の翻訳語であるうえに、思想的理解も十分なされてきたとは言い難い。前述したように、日本語では平和主義と非暴力主義という二つの概念に違いがあるが、平和主義は非暴力に基礎づけられねばならない。というのも、平和の実現のために暴力を用いたのでは矛盾したことになるからだが、一方、非暴力がどこまで有効かについては必ずしも広範な合意が存在するわけではない。

たしかに、圧政や侵略に対して非暴力手段で抵抗するという考え方は比較的新しいものである。圧政に対する非暴力抵抗については、実例もかなりあり、少なくとも国内の闘争においては、民主的手続きや非暴力手段によって闘うことが立憲体制のもとでは通常なことになっている。1950〜60年代のアメリカの公民権運動など差別に絡む問題での市民的不服従や、1986年のフィリピン革命、ルーマニアを除く、1989年の東欧革命、2010〜11年の中東革命など、独裁体制から民主体制への移行が非暴力手段によってなされ、非暴力革命が暴力革命に取って代わるようになる傾向がある。

しかし、つねに非暴力が有効だと考えられているわけではない。とくに、防衛政策として非暴力が全面的に採用されている国はない。テロのような犯罪行為に対しても非暴力で対処できるとは考えられていない。そのようなディレンマが平和主義に突きつけられ、平和主義者は揺さぶられてきたわけである。湾岸戦争やユーゴ内戦を契機として平和主義者で武力行使を容認する人びとも出たが、一方で逆に、平和主義を強固にした人びともいたようである。その分岐線になっているのが、非暴力への信念の固さではなかったかと思われる。

日本において非暴力の概念が浸透しない理由として、暴力ということばがレトリックとしても用いられ、「暴力的」という比喩も多用されるので、暴力がグラデーション（程度）の問題と考えられる傾向があるからである。もっとも、戦争についても「受験戦争」「就職戦線」というように戦争が熾烈な競争を表すレトリックとして用いられ、英語でも「エイズとの戦い」（war against AIDS）、「麻薬撲滅の戦い」（war on drugs）というような用例があり、日常言語の場合、免れえないことかもしれないが、学問的用語としては、これらの用語を定義して用い、日常言語における政治的な歪曲使用を批判していかねばなら

ない。

　もう一つの視点として、非暴力という概念に注目するのは、そのことによって平和主義を積極的なものに強化していくことができるからである。Ⅰ部で明らかにしたように、平和学において平和の概念は「暴力の克服」として動態的に捉えられるようになっているが、平和主義を「戦争をしない」、「暴力を用いない」という消極的な意味ででではなく、「非暴力手段で社会を変革する」、「非暴力的な社会を構築していく」というような積極的な意味で用いていく必要がある。平和主義を一国平和主義から積極的な平和主義に転換することが必要だと言われるが、それには暴力の容認ではなく非暴力の徹底が必要なのである。もし積極的平和主義ということばを使うとしたら、それは非暴力を内実とするものでなければならず、非暴力平和主義と呼びうるものでなければならない。

2　暴力と非暴力の概念

　平和学の課題は、戦争も含めて暴力をどのように克服していくかにあるが、その際、戦争の廃絶は望ましく実現可能だとしても、暴力は人間性に根ざしたものであり、暴力がまったくない社会というのは想定しづらいと考えられている。暴力は人間の闘争本能や人間本性に根ざすものだという捉え方がなされたり、集団のなかで主体を埋没することによって生じるというように社会心理的に論じられたりするのが通例だが、暴力をいったん人間性から切り離して見る必要があると思われる。そのような観点から暴力と非暴力を再定義していきたい。

暴力とは何か

　暴力とは「他者を意図的に傷つける行為」と定義できるが、「傷つける」(hurt) というのは、物理的・身体的なレベル（物理的・身体的暴力）だけでなく、差別や抑圧のように心理的・精神的な次元（心理的・精神的暴力）も含まれる。戦争、犯罪、差別、いじめ、虐待、DV（ドメスティック・バイオレンス）などさまざまなかたちで、暴力は人間世界に遍在しているとも言える。

　自己を傷つける行為は通常、暴力とは言わない。自殺は殺人とは言わない

し、自傷行為は傷害とは言わない。殺人罪、傷害罪に問われないが、それらの行為は望ましくなく、決して肯定できるものではない。もちろん、キリスト教のように、生命の誕生や消滅に神の意志が介在すると考えれば、自殺未遂を罰することは可能かもしれないが、行なわれていない。しかし、他者の自殺を助けた場合は、自殺幇助罪に問われる。要するに、暴力とは、他者との関係のなかで生じる現象である。

動物を殺生することも、現象的には暴力なのだが、通常は暴力とは言わない[1]。同様に、自然を破壊しても通常は暴力とは言わない。ディープ・エコロジーの立場から伐採されそうになっている木のような植物をも権利主体と認める主張もあるが、木を伐採することを暴力と認識することは難しい。もちろん比喩的に自然に対する暴力と言うことはできても、また、自然破壊に反対することは正当だとしても、自然破壊と暴力は日常世界では同一視できない。器物を破壊することも、破壊行為であっても場合によっては暴力行為とみなさない。暴力ということばは、基本的には対人間関係において使うと考えられる。

ヨハン・ガルトゥングの暴力概念も暴力を人間の他者との関係で捉えているが、ガルトゥングのいう「構造的暴力」は明確な意図がなくとも発生するという点で先の定義とは違っている。ガルトゥングは、暴力を「人為的暴力」と「構造的暴力」に分け、さらに「物理的（身体的）暴力」と「心理的（精神的）暴力」という区別もしている。人為的暴力が人に直接危害を加える直接的暴力であるのに対し、「構造的暴力」は世界の不平等な構造のなかで生み出される間接的暴力の形態であり、具体的に言えば、貧困や抑圧を指す。

貧困や抑圧は、通常は暴力とは区別されるが、暴力概念に精神的・心理的次元も含めることは、日常的にも了解されることである。法的には、表現の自由との関連で争われる可能性はあるが、「ことばの暴力」というように、言語表現で意図的に他者を傷つける場合を暴力と呼ぶのは正当である。この定義からは、ヘイトスピーチのような差別表現は暴力であり、規制の対象とされるべきだと思われる。また、いじめやセクハラ、パワハラとみなされる言語表現も暴力である。

逆に、意図的でない傷害や事故は、罪に問われるとしても、暴力とはみなされない。交通事故で人を死に至らしめても、意図的でなければ、殺人とは言わ

II部　非暴力の思想と運動

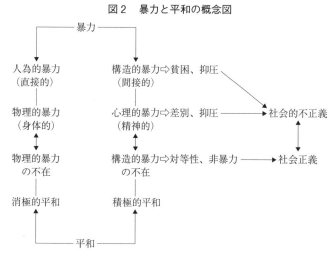

図2　暴力と平和の概念図

出所）Johan Galtung, "Violence, Peace and Peace Research" in *Peace Research, Education, Action: Essays in Peace Research*, v. 1(C. Ejlers, 1975), p. 130の図を参考にして筆者が作成

ない。スポーツで相手を傷つけても、暴力とは言わない。ボクシングなどは、通常の場面に置き換えれば、暴力にほかならないが、暴力とはみなされない。医者が治療のために患者の身体を傷つける（メスを入れる）のは、現象面からは暴力と言えるが、暴力とはみなさない。

　これらが暴力とみなされないのは、一定の了解・同意、ルールのもとで行なわれているからである。医療の場合は、病気を治すために身体にメスを入れるのであり、治療という目的によってなされる行為であるからである。では、国際法を厳格に守ってなされる戦争は暴力ではないと言えるのか、というと決してそういうことにはならない。死刑も法の手続きを経て執行されるのが通例だが、そういった場合でも暴力とみなされる。実際には死刑は人間が行なうのだが、国家機関が執行しているとみなされる。戦争の場合、殺人と言わず「殺傷」とか「殺害」ということばが、死刑の場合「執行」ということばが使われるのは、犯罪行為である、通常の殺人と差異化するためだが、それらが暴力とみなされるのは、意図的に他者を傷つけている行為であり、目的や理由がどうであれ、身体を意図的に毀損したり、生命を否定したりするという暴力の根源

的な形態だからである。

　では、暴力概念を広げて、構造的暴力や文化的暴力の場合はどうか。前述したように、構造的暴力のなかには、差別表現のように他者を意図的に傷つけるものもあり、そういった類いの心理的暴力が明示的に現れたら、そのような行為を指して暴力とみなすことは正当である。もっとも、構造的暴力は間接的暴力であり、行為者が特定されないかたちで社会構造に組み込まれているとされる。しかし、貧困という現象そのものは、通常は暴力とはみなされない。構造的暴力の概念自体を否定するわけではないが、本書では現象の次元で暴力を捉えている。

　文化的暴力についても同様である。たしかに言説のなかには、暴力と呼べるものもあるが、不平等な社会構造を反映している言語表現自体を暴力とみなすことは、通常はしていない。日本語で「主人」とか「家内」という表現が男女差別の文化構造を反映しているからといって、そういったことばを使用することが必ずしも暴力となるわけではない。もちろん、より適切な代替表現があれば、置き代えていく、適切な表現がなければ造っていくことが必要だが、ことばにはコノテーション（含意・言外の意味）もあるが、記号性もあり、コミュニケーションの必要から相手に通じやすい表現を記号的に使うことは日常的なことである。たとえば、ブラックリストというように「ブラック」がネガティヴな表現に使われるのには、人種差別の歴史が背景にあることは確かだとしても、それをもって差別表現とか暴力と言うのは適切ではない。もっとも、「強制収容所にはガス室はなかった」とか「南京虐殺はなかった」というようなことを意図的に流布するデマ宣伝は、暴力とみなされる。

非暴力とは何か

　これに対し、非暴力とは「暴力を用いずに共同の問題の解決をなそうとする信念・行動・態度」と定義することができよう。そうすると、われわれはほとんど非暴力的に暮らしていることになるが、他方で、暴力もさまざまなかたちで存在するので、暴力を非暴力に置き代えていく、あるいは非暴力的な紛争解決を徹底的に追求する態度だと言えよう。

　英語では非暴力主義を非暴力と区別して表す単語がなく、nonviolence が非

暴力主義の意味も含んでいるように、非暴力というのはすぐれて実践的な概念である。非暴力は、非暴力行動の実践なしには構築しえなかった概念である。以前は暴力で行なわれていた階級闘争、民族解放闘争が非暴力で行なわれ、以前は暴力革命として行なわれていた政治体制の根底的な転換である、革命も近年は非暴力革命が主流となっているように、非暴力が社会変革・政治変革の方法とみなされるようになってきたことが、大きな変化である。一方で、暴力紛争や内戦も続いているが、非暴力化の動きを促進するのが歴史の進展に役立つと思われ、それには非暴力の規範と態度を一人ひとりが身につけていく必要があるという意味で、非暴力と非暴力主義は一体となって用いられている。もちろん、日本語では非暴力は現象を表し、非暴力主義は思想・信念を表すという明確な違いがある。

　非暴力とは、原理であるとともに手段である。原理的側面を強調することばに「原理的非暴力」(principled nonviolence) がある。原理的非暴力とは、非暴力が倫理的に正しいから追求するという立場である。絶対的平和主義と同様に、義務論的な立場である。ただ、絶対的平和主義が自衛戦争も含むすべての戦争を認めないのに対し、原理的非暴力は、個人の正当防衛権を認めているので、すべての暴力を否定しているとは言えない。あくまで非暴力を徹底して追求するというのが「原理的」の意味であり、極限状況において暴力を行使したからといって非暴力の原理を否定したことにはならない。

　一方、手段の非暴力性を追求するのが、「戦略的非暴力」(strategic nonviolence) である。戦略的非暴力とは、非暴力手段で闘うほうが、犠牲を少なくでき、暴力よりも非暴力のほうが闘争手段として有効だから非暴力を用いるとともに、非暴力手段の有効性を高める戦略・戦術を構築していくという立場である。非暴力手段を有効に組み合わせて粘り強く闘えば勝利を収めることができるという思想でもある。非暴力は、世界各地で独裁体制を崩壊させ、民主体制を打ち建てるための技術として用いられてきただけではなく、日常世界の紛争解決の方法としても活用されている。

　これら二つの概念は対立するのでなく、強調点の置き方が違うだけである。非暴力を戦略的に用いることによって、犠牲を少なくすることができるだけではなく、より人間的な闘いを可能にするという意味で、両者は結びつく。ガン

ディーのように、原理的な非暴力主義者が非暴力の戦略を積極的に用いることもある。もちろん、宗教的な信念による原理的非暴力主義が、外部世界との関わりを忌避して内面世界に逃避して現実に関わらない場合もある。悪に関わらない、不正な手段を行使しないということに重点を置くと、結局は、何もしないことによって悪を食い止めることができなくなってしまう。これに対し戦略的非暴力は、非暴力手段を用いて不正と積極的に闘っていくことを意味する。非暴力の技術と戦略は、20世紀において発展してきたのであり、これは、非暴力を闘争手段として用いたことによるところが大きい。

　非暴力闘争の大きな特徴としては、闘っている最中でも相手を敵視しないという、友敵関係の克服がある。カール・シュミットが『政治的なものの概念』（1932年）のなかで述べているように、政治的なものの本質は敵と味方の区別にあり、敵と味方に分かれて闘うところに政治の本質があるという見方が政治学においては根強いが、非暴力の理論においては、たとえ闘争するとしても、相手を敵視せず、闘う相手は不正なシステムに絡めとられている相手であり、相手を改心させ、不正なシステム自体を変えていくことに目的があると見るので、共通の人間性に対する信頼が重要になる。非暴力に関する文献では通常、敵（enemy）ということばを使う代わりに相手（opponent）と表現することが多いのは、そのためである。

　非暴力の核心は「相手の中の良心に訴える、人間性を信じる[3]」ことにあり、ガンディーやキングが行なったのは、不正を行なっている相手の良心に訴えかけ、相手を不正な制度から解放することであった。非暴力闘争は、ストライキ、ボイコット、抗議行動など非暴力手段によって闘う行為形態だが、その特徴は、相手を敵視するのではなく、たまたま対立・抗争していると見ることにある。もちろん、これらは規範的原理であり、言うは易く行なうのは難しい立場である。いまだに敵討ちの世界が人気を博している日本では、なおさらそうである。非暴力思想が日本社会になかなか根づかない理由は、そこにあるのかもしれない。

　したがって、非暴力主義は、たんに闘争手段として非暴力を選択するだけではなく、非暴力的な生き方を実践する立場でもある。非暴力主義は、日常生活においては非暴力を実践していく態度や行動だということになる。非暴力主義

とは、自然に対して畏敬の念をもち、生命を尊重し、簡素な生き方をし、対等な人間関係を構築しようとする態度や行動でもあり、非暴力を自覚することによって自分自身も変わっていくことができるのである。

3　市民的抵抗の展開

　圧政や不正に対する抵抗は必ずしも非暴力で行なわれるわけではない。むしろ、近代以前は暴力で抵抗する形態のほうが一般的であった。また、暗殺や武力蜂起、テロやクーデターなど、現在にまで連綿と続く暴力手段の発達には事欠かないとも言える。しかし、19世紀以降の歴史において、暴力手段の巨大化・集中化が進む一方で、非暴力の市民的抵抗の手段や方法も洗練され、強化されていった。暴力的抵抗から非暴力抵抗へと転換していったことが重要であり、帝国主義や全体主義が出現していく歴史のなかで非暴力の力が強化されていった歴史的展開に注目する必要がある。

抵抗権とは何か

　抵抗権とは、圧政や政治権力の不正な行使に対して民衆が抵抗する権利である。それは、16世紀の暴君放伐論やジョン・ロック（John Locke, 1632-1704）の「天に訴える権利」としての定式化を経て、市民革命を準備し、正当化する役割を果たしたとされる。ロックの場合、抵抗権は統治機構の解体をもたらすことができる権利であり、政治体制の転換をもたらす権利として措定されていた。これらの場合、暴力手段を用いてでも圧政に抵抗することが肯定されていた。つまり、抵抗権というのは、暴力的抵抗を含む概念であった。ロックが「抵抗を許される者は、殴ることも許されねばならない」[4]と表現しているように、暴力を用いた、個人の抵抗権が認められる一方、専制的支配に対する暴力的な抵抗権、すなわち革命権が正当化されてきた。

　現代において、抵抗権行使が非暴力でなされることが求められるのは、不正義に対抗するのに不正な手段を用いては、民衆の広範な支持を得られないということと、ガンディー以降、非暴力抵抗の有効性が証明されてきたからである。非暴力抵抗というように「非暴力」を付け加えないと、行為の非暴力性を

表1　抵抗権行使の非暴力的転換

対　象	暴力的形態→非暴力的形態	有効な非暴力手段
圧政や不正	武装蜂起→市民的抵抗／市民的不服従	ボイコット、ストライキなど
独裁体制	暴力革命→非暴力革命	デモ、ゼネストなど
軍事的侵略	軍事的防衛→非暴力防衛	全面的非協力など

表せないのは、このような歴史的経緯があるからである。これに対し、市民的抵抗や市民的不服従は、「市民的」が原理的に非暴力的性格をもつ概念であり、「非暴力」という語で形容しなくとも行為の非暴力性は明らかである。

　抵抗権は、法的には下位法上の義務を上位法に依拠して拒否する権利として捉えられるが、憲法に抵抗権が明記されているのは稀であり、抵抗権行使の手続きは法制化されていないのが通例である。しかし、基本的人権は、当然、圧政や悪法への抵抗を前提としていると考えられ、日本国憲法12条で、自由および権利は「国民の不断の努力によって」保持されねばならないと規定されているように、人権を実効的にするためには腐敗や不正に対する感覚を研ぎ澄ませ、不正に対して立ち上がる必要がある。民主主義や人権は不正に抵抗する民衆によって獲得され、強固なものとなっていくのである。

　市民的抵抗は、市民を基盤にしていて、集団的非暴力行動としてなされるのが通常のかたちである。個人や小集団によるものでも市民的抵抗と呼びうるが、圧政や悪法に抵抗するには市民大衆の蜂起が必要とされる。市民的抵抗は、必ずしも非暴力で行なわれていたわけではないが、19世紀になって非暴力的な性格をもつようになっていった。このような、抵抗権行使の非暴力的転換の背景には、選挙権の拡大に見られるように、民主主義が大衆化し、広がったこと、市民の脱武装化が進み、国家の暴力手段に対抗しうる武力手段を調達できなくなったこと、国民的一体性が強化され、言語や文化の共有のなかで同胞に対して暴力を使うことが正当化できなくなった、というような諸要因があると考えられる。

受動的抵抗の歴史

　19世紀において市民的抵抗は受動的抵抗（passive resistance）という概念で表

されたが、それは徐々にではあるが、集団的非暴力行動の内実を具えるようになっていった。マイケル・ランドルによれば、個人の良心的抵抗から集団行動へ、暴力的抵抗から非暴力抵抗の方向へ、「報復のための暴力は回避する方向に展開していった[5]」。個人の良心的反抗としては、ヘンリー・デイヴィッド・ソロー（Henry David Thoreau, 1817-1862）やトルストイが代表例だが、反抗が個人のレベルにとどまっている限り、不正な制度を変える力とはなりえないので、集団的に行使されるようになっていった。

市民的抵抗とは、行進、ボイコット、ストライキ、座り込みなど集団的非暴力行動によって圧政や悪法に抵抗することを意味するが、国内変革と侵略に対する抵抗とどちらにも使える汎用性をもつ用語である。市民的抵抗は、独裁に対する市民的抵抗と市民的抵抗による防衛という双方に対して使用可能な用語である。また、市民社会、草の根民主主義、非暴力集団行動との関連を明示できるという利点がある。

19世紀になると、集団的非協力というかたちで政治権力に対して受動的抵抗が行なわれるようになっていった。「経済・社会闘争においても、ストライキが労働者階級の抗議・抵抗の主要な武器として、機械取り壊しや暴力的行動に次第に取って代わっていった。組織化と行動手段のこのような移行が起きた時機は、国によって異なっていた。資本主義工業化が最初に根を下ろしたイギリスやフランスでは早くから移行が起きた[6]」という。

もっとも、19世紀における市民的抵抗は、集団行動で政府に圧力をかけるということであって、非暴力の徹底ではなかった。つまり、非暴力の規律が確立し、非暴力を徹底させるリーダーシップが存在したわけではなかった。しかし、重要なのは、立憲主義や民族主義の抵抗運動のなかでさまざまな非暴力手段が行使されたことである。とくに注目されるのは、1849～67年のハンガリーの反オーストリア運動では、ハプスブルグ帝国内の自治王国としての権利を回復するために、ハンガリー人がオーストリアの政策に対する非協力運動を展開したことである。そのなかには、「納税拒否、政府による雇用やその地位のボイコット、オーストリア軍やその出先機関の社会的ボイコット、そのほか抗議やデモ行動まで含む、民衆レベルでの抵抗も含まれた[7]」。ハンガリーの運動はその後の受動的抵抗運動に大きな影響を与え、ガンディーにも影響を与えたこ

とで知られるが、その影響を受けたアイルランドの民族運動が結局は武力闘争に変わっていくように、非暴力闘争が持続するには至らない事例も多かった。

とはいえ、非暴力闘争のさまざまな手段が編み出され、民衆によって行使されていったことは事実である。スティーヴン・ハクスリーによれば、「19世紀になるとヨーロッパ中で、受動的抵抗は実際の運動と結びついた信条にまで発展し、さまざまな集団や階層のための具体的な抗争手段として実践された。台頭著しい資本家階級にとっては、旧体制と大衆に対する自己防衛と利益追求のための適切な手段となった。〈大衆〉にとっては、圧政に対する闘争様式となった。民族主義者たちにとっては、経済発展や民族の自己主張のためにぴったりの武器となった。言い換えれば、独立への道を拓くものだった。社会主義者と無政府主義者にとっては、彼らの闘争のための最も適切な武器であるとともに、彼らの理想に適合した主張手段ともなった」[8]。重要なのは、デモ、ストライキ、納税拒否、徴兵への抵抗などの集団的政治行動の多くが「暴力で終わらなかった」ことである[9]。つまり、非暴力行動が受動的抵抗のなかで定着していったのである。

非暴力闘争の展開

受動的抵抗は、政府の転覆を目指すものではなく、非協力によって圧力をかけて法や政策の変更を迫るものであった。また、非暴力の規律が確立されていなかったので、非暴力抵抗から暴力闘争へと転換する場合もあった。非暴力手段の有効性を高めるには、運動として民衆を組織する必要があるし、非暴力の規律を守らせる指導者が必要であった。

そういう役割を果たし、受動的抵抗から非暴力闘争に転換したのが、マハトマ・ガンディーであった。ガンディーは、非暴力の倫理を追求する原理的非暴力と非暴力の戦略の有効性を高める戦略的非暴力を結合した存在であった。ガンディーは、類い稀な組織家・運動家でもあった。次章で詳述するように、ガンディーは20世紀初頭には南アフリカで、その後はインドで非暴力の市民的不服従運動を展開し、インドを独立へと導いていったが、ガンディーが行なったのは、「暴力なき戦争」(war without violence) だった[10]というように、重要なのは、植民地解放を実現するために意図的に非暴力を行使したことである。市民

的抵抗は、たんなる抵抗にとどまらず、非暴力闘争手段として積極的な意味をもつようになった。

　ガンディーが大きなモメント（転換点）になったことは確かだとしても、ガンディー以外にもさまざまな運動があった。ロシア全土を席巻した1905年のゼネストは、「大衆の非協力が革命にまで到達しうる潜在的可能性を示していたが、非暴力とは何の関係もなかった[11]」というように、非暴力抵抗を意図したものではなかった。しかし、ストライキ、デモ、ボイコットのような非暴力手段が民衆の運動のなかで頻繁に用いられ、効果を発揮した。

　一つの転換としては、侵略や占領支配に対しても非暴力抵抗が試みられたことである。反ナチスの抵抗運動のなかで、デンマーク、ノルウェー、オランダなどでの反ナチスの抵抗運動のなかで非暴力手段が用いられ、一定の効果をあげた。ガンディーの闘争も植民地支配から民族解放の闘いであり、大英帝国に占領支配されているなかで、非暴力抵抗によって長い時間はかかったが、占領支配をはねのけることができたと考えれば、非暴力の市民的抵抗が外国軍の侵略に対しても有効だ、ということを示唆していると見ることもできる。このような経験がもとになって第二次世界大戦後、欧米諸国では市民的防衛（非暴力防衛）の研究が進められることになる。

　もう一つの転換として、非暴力的方法によっても革命を起こせるということが証明されたことがあげられる。市民的抵抗によって独裁体制を転覆することが実際に起こり、非暴力革命が革命の主流になったことが、近年の特徴である。1979年のイラン革命の場合は、非暴力を意図していたわけではなかったが、数百万人の人びとがストライキに参加し、デモ参加者が虐殺されても抗議行動は続いた。軍が中立を宣言し部隊を引き上げることによって、シャー政権の命運は途絶えたのである。1986年のフィリピン革命の場合は、マルコス独裁政権が民衆の市民的抵抗によって倒されたのであり、明確に非暴力が意識されていた。世界を観客とした圧力のもとで一連の政変が起こり、この非暴力革命を表すために「ピープル・パワー」（民衆の力）という用語が誕生し、その後の非暴力民衆革命においても引き継がれていった。[12]

4章 非暴力抵抗の進展

表2　非暴力闘争の年表（20世紀以降）

西暦	重大事件	西暦	非暴力闘争
1905	第一次ロシア革命。	1906～14	南アフリカでのガンディーに率いられたインド人の非暴力抵抗運動。
1906	イギリス労働党発足。		
1910	日本、韓国併合。	1906	中国での抗日ボイコット運動（1908、15、19年にも）。
1911	辛亥革命。	1912～14	ニュージーランドで反徴兵闘争。
1914	第一次世界大戦勃発（～18）。	1917	アルゼンチンで第一次世界大戦参戦反対のゼネスト。
1917	ロシア革命（社会主義革命）。	1919～22	インドで行なわれた、ローラット法に対するガンディーに率いられた非暴力抵抗運動。
1919	ヴェルサイユ講和条約。ワイマール憲法公布。		
1920	国際連盟成立。	1920	カップ一揆に対するゼネストと政治的非協力。
1922	ムッソリーニ政権獲得。	1923	ルール闘争（フランス・ベルギーによるルール地方占領に対するドイツで非協力）。
1924	イギリスに第1次労働党内閣。		
1929	トロツキーの国外追放。世界恐慌始まる。	1926	イギリスでゼネスト。
1933	ヒトラー政権掌握。ニューディール政策開始。	1930	ガンディーに率いられた塩の行進。
1934	ソ連で粛清始まる。	1930～31、32～34、40～42	市民的不服従によるインド独立闘争。
1936	スペイン内戦（～39）。		
1937	盧溝橋事件。抗日国共合作。南京虐殺事件。	1931	チリで軍事独裁に反対する市民ストライキ。
1939	第二次世界大戦勃発（～45）。	1934	サンフランシスコ・ゼネスト。
1940	日独伊三国軍事同盟。	1940～45	ナチス占領下の抵抗運動（オランダ、デンマーク、ノルウェー）。
1941	日本軍、真珠湾攻撃。		
1945	ヤルタ会談。国際連合結成。原爆投下。	1944	エルサルヴァドルとグアテマラにおける軍事独裁政権に対する革命。
1948	ベルリン封鎖。		
1950	朝鮮戦争勃発（～53）。中ソ友好条約。	1953	ソ連、ボルクタなどの収容所におけるストライキ。
1953	スターリン死去。	1955～56	モンゴメリーのバス・ボイコット運動。
1956	フルシチョフ、スターリン批判。	1956～57	ハンガリー革命の主要な側面。
1961	ベルリン危機。	1961～63	アメリカで、非暴力の公民権運動盛り上がる。
1962	キューバ危機。	1963	バーミングハム運動。ワシントン行進。
1963	部分的核実験停止条約。	1963	南ベトナムでのゴディンエム政権に対する仏教徒の闘争。
1964	中国で文化大革命始まる。		
1965	アメリカが北ベトナム爆撃を開始。	1968～69	チェコ事件（ソ連などワルシャワ条約軍に対するチェコ民衆の非暴力抵抗運動）。
1970	チリでアジェンデ政権成立（～73）。		
1973	ベトナム和平協定成立。	1971～81	フランスのラルザックで農民の非暴力抵抗。
1979	ソ連アフガン侵攻（～88）。	1978～79	シャーに対するイラン革命。
1980	ポーランド労働者ストライキに突入。	1980～81	ポーランド労働者（連帯）による民主化運動。
1985	ソ連でゴルバチョフ就任、ペレストロイカ開始。	1981	反核運動のピーク。
1986	アキノ政権誕生。チェルノブイリ原発事故。	1986	フィリピン革命（民衆が非暴力でマルコス独裁政権を倒す。ピープル・パワー革命）。
1987	米ソINF交渉成立。		
1989	東欧革命。	1989	東欧で相次いで非暴力革命（ルーマニアを除く）。
1990	ドイツ統一。	1989	天安門事件（中国政府が非暴力民主化運動を弾圧）。
1991	湾岸戦争。ソ連崩壊。	1991	リトアニア、ラトヴィアでソ連軍に対して市民が非暴力防衛。ソ連で市民がクーデターを阻止。
1993	EU条約（マーストリヒト）発効。		
1999	欧州単一通貨（ユーロ）参加11ヵ国で発足。コソボ民族紛争でNATO軍ユーゴ空爆。	2003	バラ革命（グルジア）。
		2004	オレンジ革命（ウクライナ）。
2001	9・11アメリカ同時多発テロ事件。アフガン戦争。	2005	チューリップ革命（キルギス）。
2003～	イラク戦争。	2010～11	ジャスミン革命（チュニジア）。中東諸国で「アラブの春」と呼ばれる非暴力民主化運動。
2011～	シリア内戦。		
2014	ウクライナ内戦。シリア、イラクで内戦激化。	2014	香港で行政長官の民主的選出を要求する非暴力運動。

4 民主体制下の抵抗形態

　市民的抵抗の概念と重なり合うが、若干異なった意味も込めて使われる概念に市民的不服従（civil disobedience）と非暴力直接行動（nonviolent direct action）がある。市民的抵抗が通常、集団行動を指すのに対し、市民的不服従は個人でも実践できる行為形態である。立憲民主体制下の市民的不服従は特定の法や政策に明示的に違反する行為であり、非暴力でなされるのに対し、抵抗権はもともと暴力も含む概念であったが、次第に非暴力的に行使されるようになっていった。

非暴力直接行動の特徴

　非暴力直接行動は、代議制民主主義の手続きを経ずに非暴力手段で現状を打破しようとするものであり、その直接性において市民的不服従と重なり合う概念である。直接行動とは、「座り込み（sit-in）や、立ち入り禁止区域への侵入、破壊行為（sabotage）、徴兵カードの焼却、街頭での警官隊との衝突などの、違法行為、実力行使を伴うような、社会的に非正統（unconventional）な方法を用いた運動[13]」を指すが、直接行動自体は「異議申し立ての通常の枠を超える」行動形態であり、暴力に接近しやすいので、「むしろ意識的に〈非暴力〉を掲げる」ことによって自らの行為の正当性を主張しているのが、非暴力直接行動である[14]。しかし、非暴力直接行動が現に進行している事態を制止することを目的とするのに対し、市民的不服従は戦略的に行為を選択していく場合も多く、特定の法や政策をターゲットにするが、その根底にある人権侵害をつねに意識しつつ、法や政策を変えていこうという法創造的な性格をもっている。

　市民的不服従の概念を形成するのに大きな役割を果たしたのはソローだが、ソローの場合、あくまで人頭税の拒否という個人の行為にとどまっていた。しかし、市民的不服従を行なった理由は、奴隷制度の即時撤廃とメキシコへの侵略戦争反対の意思表明にあった。ソローは、自然との共生や簡素な生き方という点では、今日の非暴力主義を先取りする思想家であった。民主体制下では、特定の法や政策に違反する非合法行為として発現する。それは、立憲体制や民

主主義の正統性は尊重しつつも、自己の行為の確信のもとで不正な法や政策に自覚的に違反する行為であり、立憲体制下では憲法の平等権に訴えてなされるのであり、特定の法や政策をターゲットにするが、ターゲット自体、社会的注目を集めやすい対象を選ぶこともあり、戦略や戦術の選択は重要な意味をもっている。

市民的不服従の諸形態

　市民的不服従は、もともとは個人を基点に置くものであり、個人にとどまる場合は、個人的市民的不服従と呼びうる。これは、良心の反抗とも呼べる形態である。ガンディーのように市民的不服従の運動としてなされる場合は、大衆的市民的不服従と呼びうる。これは、個人個人の不服従を運動として組織化した形態である。植民地体制や独裁体制など非民主的体制のもとでは、市民的不服従は、ガンディーが言うように、全面的市民的不服従となる可能性もある[15]。この場合は、市民的不服従をきっかけに政治体制の転換を目指すことになる。これは、非暴力革命と呼ばれるものである。

　攻撃的市民的不服従と呼ばれる形態は、非暴力直接行動と同義であり、たとえば、民間人を爆撃するために飛び立とうとする戦闘機の車輪を壊すというような行為を指す。これと対照的なのは、防御的市民的不服従であり、良心的兵役拒否や納税拒否がその典型例である[16]。良心的兵役拒否も、徴兵を定めた法令に対する自覚的違反行為であり、市民的不服従の行為とみなすことができるが、「防御的」市民的不服従と言われるように、積極的な形態ではない。

　市民的不服従は、個人が良心的抵抗というかたちでなすこともできるが、市民的不服従運動として展開することによって法や政策を変えていくことができる。市民的不服従の対象は、重大な価値剥奪に関わる不正な法や政策だけでなく、「規制的な性格をもつ、道徳的には中立的な法律」に従わないことによって政府の政策を変えようとするという意味で[17]、市民的不服従が戦略的に用いられる場合もある。さらには、大組織や行政における不服従行為でも市民的不服従と性格づけられるものも存在し、公然と反抗することによって状況を打破する目的で行使されている。

　このように、市民的不服従は、多様な形態をとりうるが、市民的抵抗とは

Ⅱ部　非暴力の思想と運動

表3　市民的不服従の概念区分

1）行為主体による区別
個人的市民的不服従（individual civil disobedience）――例）良心的抵抗、良心的兵役拒否
大衆的市民的不服従（mass civil disobedience）――例）非暴力不服従運動
2）行為形態による区別
攻撃的市民的不服従（aggressive civil disobedience）――例）非暴力直接行動
防御的市民的不服従（defensive civil disobedience）――例）良心的兵役拒否
攻撃的市民的不服従⇒全面的市民的不服従（complete civil disobedience）→非暴力革命

違ってはじめから非暴力でなされなければならないと規定されていた。ガンディーやキングが範例となって、市民的不服従は、非暴力主義と結びつけられ、また民主体制下での抵抗権行使のあり方として、個人や小集団でも効果的になしうる方法として実践されてきた。暴力に訴えるのではなくあくまでも非暴力で少数派が闘う手段としての市民的不服従は、非暴力主義とともに進展してきた概念として重要度を増している。というのも、一人の人間でも運動を起こすことができるが、ほかの人びとと協力して非暴力運動として展開することによって、不正に抵抗し、よりよき世界を構築していくことができるからである。

1)　ガンディーの場合は、「他者」のなかに「すべての生きとし生けるもの」が入るので、人間以外の生命を殺傷することも暴力に含まれるが、本書ではそこまでは含めない。
2)　C. シュミット『政治的なものの概念』田中浩・原田武雄訳（未來社、1970年）14-47頁参照。
3)　阿木幸男『世界を変える非暴力――暴力連鎖は人類の破滅だ。今こそ非暴力を‼』（現代書館、2010年）102頁。
4)　ジョン・ロック『完訳　統治二論』〔岩波文庫〕加藤節訳（岩波書店、2010年）577頁（強調はロック）。
5)　マイケル・ランドル『市民的抵抗――非暴力行動の歴史・理論・展望』石谷行、田口江司、寺島俊穂訳（新教出版社、2003年）70頁。
6)　同上、54頁。
7)　同上、57頁。
8)　同上、66頁（引用は Steven Duncan Huxley, *Constitutionalist Insurgency in Finland: Finnish "Passive Resistance" against Russification as a Case of Nonmilitary Struggle in*

the European Resistance Tradition（Finnish Historical Society, 1990），p. 59 から）。
9) 同上、68頁（強調はランドル、引用は Charles Tilly, Louise Tilly and Richard Tilly, *The Rebellious Century, 1830-1930*（J. M. Dent, 1975），p. 249 から）。
10) Gene Sharp, *Gandhi as a Political Strategist: with Essays on Ethics and Politics*（Porter Sargent Publishers, 1979），p. 4）。「暴力なき戦争」という表現は、クリシュナラル・シュリダラニの次の本のタイトルとして用いられた。Krishnalal Jethalal Shridharani, *War without Violence: The Sociology of Gandhi's Satyagraha*（Harcourt, 1939）。
11) 『市民的抵抗──非暴力行動の歴史・理論・展望』72頁。
12) 同上、108-109頁参照。
13) 藤原修「直接行動の理論──エイプリル・カーターの研究を中心に」『現代法学』第8号（2005年1月）165頁。
14) 同上、178頁参照。
15) Mohandas K. Gandhi, "Civil Disobedience"（*Young India*, August 4, 1921），in *The Collected Works of Mahatma Gandhi*, vol. 24（Publications Division, Ministry of Information and Broadcasting, Government of India, Third revised edition, 2000 [1967]），p. 47 参照。
16) 『市民的抵抗──非暴力行動の歴史・理論・展望』203頁参照。
17) Gene Sharp, *There Are Realistic Alternatives*（The Albert Einstein Institution, 2003），p. 32 参照。

【文献案内】

阿木幸男『世界を変える非暴力──暴力連鎖は人類の破滅だ。今こそ非暴力を‼』（現代書館、2010年）は、非暴力の思想や方法について簡潔に概説している。付録に、ガンディー、キングのドキュメンタリーDVDが付いている。小林直樹『暴力の人間学的考察』（岩波書店、2011年）は、暴力についての総合的考察を展開している。寺島俊穂『市民的不服従』（風行社、2004年）は、市民的不服従と非暴力防衛について歴史的・思想的に考察している。

ジョン・ロック『完訳 統治二論』〔岩波文庫〕加藤節訳（岩波書店、2010年）は、圧政に対する抵抗権行使を正当化し、そこに暴力も含めていた。マイケル・ランドル『市民的抵抗──非暴力行動の歴史・理論・展望』石谷行、田口江司、寺島俊穂訳（新教出版社、2003年）は、非暴力の市民的抵抗の歴史について概説し、その展望を示している。著者自身も非暴力の活動家である。Michael Randle, *People Power: The Building of a New European Home*（Hawthorn Press, 1991）は、東欧革命の背景としてのピープル・パワー形成について分析している。Michael Randle (ed.), *Challenge to Nonviolence*（University of Bradford, 2002）は、マイケル・ランドルを中心にしてブラッドフォード大学で行なわれた市民的抵抗に関する共同研究の成果であり、現代の非暴力闘争を分析している。

April Carter, *Direct Democracy and Liberal Democracy* (Routledge & Kegan Paul Ltd. 1973)、*Direct Action and Democracy Today* (Polity Press, 2005) は、非暴力直接行動が民主主義にとってもつ意味について詳述している。藤原修「直接行動の理論——エイプリル・カーターの研究を中心に」『現代法学』第8号（2005年1月）は、エイプリル・カーターの *Direct Democracy and Liberal Democracy* (1973) をもとにして、さまざまな形態の直接行動を検討している。April Carter, Howard Clark and Michael Randle (eds.), *A Guide to Civil Resistance: A Bibliography of People Power and Nonviolent Protest* (Merlin Pr, 2014) は、市民的抵抗に関する945点の文献をあげ、概説している。

Roger S. Powers and William B. Vogele (eds.), *Protest, Power and Change: An Encyclopedia of Nonviolent Action from ACT-UP to Women's Suffrage* (Garland Publishing, 1997) は、非暴力行動の事典。Bidyut Chakrabarty (ed.), *Non-violence: Challenges and Prospects* (Oxford University Press, 2014) は、トルストイ、H.D. ソロー、マハトマ・ガンディーらの非暴力思想から現代の非暴力運動に至るまで非暴力の思想と戦略を概説している。Ramin Jahanbegloo, *Introduction to Nonviolence* (Palgrave Macmillan, 2014) は、キリスト教やイスラーム教と非暴力との関係、ガンディーやシャープらさまざまな非暴力思想家の特徴を記述した、非暴力の入門書。

5章 ガンディーの非暴力主義

1 歴史的転換の位相

　マハトマ・ガンディー（Mahatma Gandhi、本名モハンダス・カラムチャンド・ガンディー Mohandas Karamchand Gandhi, 1869-1948）は、市民的不服従を個人の良心に基づく行為から組織的・集団的な取り組みに転換した人物である。もちろん、市民的不服従から個人的要素が消え去ったわけではないが、運動として展開したほうが効果的であり、政治的な力となりうることを認識し立証したのが、ガンディーの功績である。と同時にガンディーは、非暴力を有効な闘争手段として確立し、暴力的な植民地支配に立ち向かって勝利を収めた点で、大きな転換点となっている。

　ガンディーは、非暴力で暴力と対抗し、勝利を収めうることを証明した点で歴史的転換を成し遂げた人物だと言えよう。ガンディーは、19世紀のヨーロッパの非暴力闘争から影響を受けたが、同時代およびその後の非暴力運動に自分が受けたよりもはるかに大きな影響を与え、現在でも与え続けている。マイケル・ランドルが「その行動と思想が20世紀における市民的抵抗の展開に決定的な影響を与えた人物は、モハンダス・K．ガンディー、すなわち〈マハトマ〉・ガンディーである[1]」と表現しているように、ガンディーの果たした役割は桁外れに大きかった。

79

伝記作家のルイス・フィッシャーが、「これまでの歴史に起こらなかったから絶対起こりえないと信じることは人間の尊厳に対する不信を説くことです[2]」というガンディーのことばを伝えているように、非暴力を闘争の手段として自覚的に用いることを示したということは、先例がなかった。20世紀には強制収容所や原爆投下など、先例のないことが起こったが、一方で、非暴力を積極的な闘争手段として用いることによって、暴力的変革を当然とする文化から脱却する可能性が示されたのである。

　ガンディーは、自ら指導した抵抗運動において非暴力の規範原理を確立し、非暴力の規律を守ることを徹底させた点で、画期的であった。その意味でガンディーは原理的非暴力主義者であったが、非暴力抵抗手段を有効に用いた戦略家でもあった。ガンディーが生涯をかけて探求したのは、真理と非暴力であったが、どちらも完全なかたちでは認識したり、実践したりできないものと認識していた。ガンディーの自叙伝には「真理に近づくさまざまな実験の物語」（*The Story of My Experiments with Truth*）という副題が付けられているように、真理は所有できるものではなく、「ちらっと垣間見る」ことができるだけであり、よいと思ったさまざまなことを試みることによって真理に近づいていくのが、ガンディーの人生であった。もちろんさまざまな失敗や間違いもしたが、失敗や間違いからも学び、実践をとおして正しい道に近づいていくということである。ガンディーは、自らの宗教であるヒンドゥー教からだけではなく、キリスト教やイスラーム教からも良い側面を学び、自己形成していった。非暴力に関しても完全な非暴力はありえないと認識したのは、人間も生命である以上、ほかの生命を食料にしているという根源的な理由のほかに、個人の生命が脅かされる極限状況においての暴力は否定されていない。しかし、集団行動としては非暴力が徹底されるのであり、暴力は禁止されている。非暴力の原理は、真理に近づく実験の中心部分であり、実践のなかで確かめられ、強化されていったのである。

　ガンディーは、政治変革に非暴力手段を用いたという意味では非暴力を手段としたのだが、非暴力的な社会の建設は目的でもあった。非暴力は、家庭から始まり、コミュニティや国家を経て世界に及ぶ原理として措定されていた。ガンディーは、非暴力主義者であり、生活の全側面で非暴力を徹底しようとし

た。そういう意味でガンディーは非暴力の思想家というにふさわしい実践家であり、非暴力を軸に人類史の転換を構想した理論家でもあった。

　ガンディーが転換しようとしたのは、西洋文明の暴力的性格である。ガンディーは、西洋文明に対して挑戦したのであり、文明の転換軸を非暴力に求めたのである。人種差別、国民国家、帝国主義、全体主義は西洋近代が生み出したものである。資本主義や物質主義の文明は西洋において発達したものである。ガンディーは、西洋文明が暴力に基づいていることを見抜き、非暴力に基づく文明を構築しようとしたのである。民主主義にしても、暴力に基づく民主主義から非暴力に基づく民主主義に変換しようとした。西洋文明を全否定するのではなく、批判すべきところは批判し、克服して新しい文明への道筋を立てようとしたのである。それは、ガンディーの内面においてなされ、社会変革をとおして自分の生き方にフィードバックされていかねばならないものだった。ガンディーの生きた道を辿ることによって、非暴力主義の特性を明らかにしていくことができるだろう。

2　非暴力の思想的基盤

　平和主義の場合もほかの思想でも同じだが、主義信条というのは生まれながらにもっているのではなく、人生におけるなんらかの出来事を契機として形成されていくのである。思想形成の過程はゆるやかに続くのではなく、いくつかの契機によって転換していくのである。フィッシャーによれば、ガンディーこそは「一生涯に二度の誕生を経験した特異な人だった[3]」ということになるが、ガンディーにおける自己変革はいくつかの出来事を契機にしてなされ、日々の思考のなかで確かめられていったと考えられる。非暴力主義については、その信念は強まりこそすれ、弱まることはなかった。

非暴力の宗教的基盤

　ガンディーはヒンドゥー教徒のヴァイシュヌナヴァ派の家系であり、ガンディーの生まれ育ったインドのグジャラート地方はジャイナ教の強い伝統のある土地である。ガンディーは、ヒンドゥー教とジャイナ教という二つの宗教思

想の影響を直接受けて成長した。ガンディーのアヒンサー（ahimsa: 不殺生、非暴力）の思想は、インドの宗教思想を抜きには考えられず、すべての生きとし生けるものに対する畏敬の念を含み、キリスト教のような人間の自然支配を肯定する思想とは違う。とくにジャイナ教の場合、生命の価値を等価とするラディカルな思想を含み、極端な側面もあるが、ガンディー家や生活地域ではヒンドゥー教徒とジャイナ教徒、さらにはイスラーム教徒が自然に交流しており、若きガンディーは開かれた宗教文化のなかで育った。

　ヴァイシュヌナヴァ派の神概念は、人間の精神は神の被造物ではなく、神の一部であり、神と共存しているという考えであり、ガンディーの神概念の中核を形づくっている。ヒンドゥー教は、キリスト教とは違って多神教であり、キリスト教の神概念のように絶対的他者ではない。ブラフマ、ヴィシュヌ、シヴァが有力な神であり、ブラフマは宇宙の創造、太陽神ヴィシュヌは維持、暴風神シヴァが破壊を司り、ほかにも多くの神々があり、自然の万物に神性が認められ、とくにヴィシュヌは魚に化身し、洪水から人間を救い、獅子に化身して生類を救うというように、化身が起こるとされたので、神が人間にも化身すると理解される[4]ので、神と人間との距離は近い。ガンディーが、自ら努力して神の性質を分有することができると考えるに足る思想風土があったからであろう。つまり、非暴力が強固な信条となっていくのは、このような神概念と関連があると思われる。

　とはいえ、最も重要なのは、ガンディーがさまざまな宗教から学んでいこうという姿勢を一貫して保持したことである。読書から学んでいく姿勢は一生持ち続けたが、非暴力主義の形成において重要な契機となったのは、イギリス留学中にヒンドゥー教の聖典である『バガヴァッド・ギーター』の英訳本を読み、その訳者アーノルドの『アジアの光』というブッダ伝を読み、感銘を受けたが、決定的だったのは、『新約聖書』を読み、イエスの山上の垂訓から大きな影響を受けたことである。「〈下着を取ろうとする者には、上着をも取らせなさい。〉〈あなたの右の頬を打つなら、左の頬をも向けなさい〉」ということばを読んで「限りない喜びを覚えました」とガンディー自身が書いている[5]ように、『ギーター』、『アジアの光』、イエスのことばに共通するのは、自己犠牲の精神であると認識するようになった。イエスのことばが表しているのは非報復

主義であり、ガンディーの非暴力主義の核心にある思想である。

　ガンディーは、生活のなかで非暴力を学び、自覚的に自らの信条としていったとも言える。ガンディーが非暴力は家庭から始まると言うように、盗みをしたときに黙って目に涙をためていた父親の振舞いから赦しを学び、妻からは欲望を自制する必要を学んだように、自己の行為を見つめ、反省することによって、非暴力は確信になっていった。菜食主義もそうだが、イギリス留学に当たっての母親との約束の一つであり、さまざまな実験をとおして、菜食主義が身体によいことを確信して、強固な信念となっていったように、ガンディーは、真理は行為をとおして確証されるという意味において、プラグマティックであった。ガンディーの場合、非暴力が真理の一部であり、真理への接近法でもあり、宗教的信念となることによって、強固さを得ていったのである。

南アフリカでの市民的不服従

　ガンディーの非暴力主義は、非暴力抵抗運動のなかで培われ、確固たるものとなっていった。ガンディーは、1888年法廷弁護士を目指してイギリスに渡り、ロンドンの法学院で学び、1891年に法廷弁護士資格を得て帰国する。インドに帰国後、ボンベイで弁護士業を開業するが失敗したのち、ラージコートで事務所を開き、弁護士業で稼げるようになったが、イギリス人官吏から屈辱を受ける。その後、弁護士であった兄を介して、南アフリカにあるグジャラート出身のムスリム商人の商社の顧問になる仕事を引き受け、1年間の予定でナタールの首都ダーバンに行くが、そこでガンディーを待っていたのは、アフリカ人やインド人に対する人種差別であり、人種差別に対する憤りがガンディーの戦闘的非暴力主義を形づくっていくことになる。

　よく知られているように、ガンディーは、弁護士として正装して一等車で旅行していたときに、一等車の切符を持っているにもかかわらず貨車に移れと命じられたが、命令に従わなかったため列車から叩き出され、寒い駅舎で一晩過ごさねばならなかった。この屈辱の体験から、人種差別の撤廃のために闘う決意をし、鉄道会社の総支配人に抗議の電報を打った。

　ガンディーは、約束手形をめぐる訴訟事件を依頼され、簿記や会計学を学び、「事実」を探ろうと努力した。事実は真実を意味するから、事実を曲げな

ければ法を味方につけることができると確信した。また、ガンディーは仲裁を心がけ、調停に持ち込むことによって被告・原告双方に無理のない紛争解決を行なった。弁護士の真の役割は、「離れ離れに引き裂かれた当事者同士を結びつけること」にあると自覚したからである[6]。このような自覚は、のちの政治運動のなかでも生かされるし、非暴力的紛争解決の基盤の一つとなった。

帰国の途に就こうとして戻ったダーバンでナタール政府がインド人から選挙権を剥奪する選挙法改正案を議会に上程しているのを知り、帰国を取り止め、アフリカに残って非暴力闘争に取り組むことになった。請願書を議会に提出するとともに、インドの国民会議にならってナタール・インド人会議を組織し、その書記に就任した。この組織は、差別を助長するような制度や習慣の撤廃を変えることを目的としていた。1904年にはインド人向け週刊新聞『インディアン・オピニオン』の編集にも携わり、ほぼ毎号健筆を振るった。

1906年にガンディーは、奉仕活動に打ち込むためブラフマチャリヤ（禁欲）の誓いを立てるのだが、これが非暴力闘争に入っていくための準備になった。ブラフマチャリヤとは、夫婦間の性的抑制を意味し、産児制限と精神的浄化のために夫婦間の性的な交わりを断つことだが、ガンディーは、生涯この誓いを守った。彼は13歳のときに結婚し、4人の子どもをもうけたが、この幼児婚をインドの悪習とみなした。家族への奉仕よりもコミュニティへの奉仕を重視することにあり、欲望を自制することは自己浄化につながると考え、実践した。

同年8月にアジア人登録法案を見たガンディーは「身ぶるい」がするような憤りを覚え、この法案に屈服するくらいなら死んだほうがましだという思いをもったという。その法案は、8歳以上のインド人すべてに指紋登録と登録証の常時携帯が義務づけられ、違反する者は投獄や国外追放を含む厳罰に処せられるという内容であった。ガンディーは抗議集会を組織し、参加者にたとえ監獄に入れられてもこのような悪法に従わないという自覚を促した。これは、ガンディーにとって最初の市民的不服従の運動と言えるが、それを大衆的な運動として展開したところに特徴があった。

ガンディーは、最初この運動を「受動的抵抗」と呼んでいたが、それではこの運動の積極性を表せないので、『インディアン・オピニオン』で名称を募集した結果、サティヤーグラハ（satyagraha）という名称に決まった。これはグ

ジャラート語で satya（真理）と āgraha（把持）との合成語であり、「真理の力」（非暴力抵抗）による闘いを表すことばとなった。1907年に法案が通過してから、ガンディーはすぐに積極的な反対運動を開始し、登録所の前に説得隊を配置した。「監獄を埋め尽くせ」というのがガンディーの市民的不服従運動の戦略の一つになるが、同年12月末にガンディーは26名の同志とともに逮捕され、その後も続々と逮捕者が出て、ヨハネスブルグの刑務所は一杯になった。

スマッツ将軍から、インド人が自発的に登録すればアジア人登録法は撤廃するという交渉案が示され、ガンディーはこの案を受け入れ、自ら登録を行なった。しかし、スマッツは約束を破り、撤廃するどころか、新たなインド人移民にも適用する法案を通過させた。ガンディーは、これに対して登録証を焼却する集会を開いた。登録証を大釜のなかに入れて燃やす様子は、ニュースとして世界中に報じられ、明示的に法に違反する抗議行動によって差別法の存在を明るみに出したのである。同年、トランスヴァールへのインド人移民制限法が通過すると、多くのインド人が法を犯し、罪を認め、刑に服した。しかし、その行為は、法自体のほうが不正義に基づいているという主張である。悪法に立ち向かうには、決して屈服しない決意が必要であり、自ら苦難を受けてでも、非暴力で人びとに訴えていく必要があるということである。市民的不服従の運動にとって最も重要なのは、支持者・共感者の獲得であり、社会的注目をどれだけ集められるかである。

このように、ガンディーの非暴力闘争は南アフリカで始まった。ガンディーが南アフリカに滞在した期間は22年にわたり、この間の南アフリカでの経験がガンディーを大きく変えた。ガンディーが南アフリカで直面したのは、人種差別であり、人種差別との闘いが彼を変えていったのである。ガンディーは、背広にネクタイをしめ、ごわごわのハイカラー姿で、ピカピカのブーツを履き、ダンディーな英国紳士然とし、頭にインド上流階級のターバンを巻きつけた出で立ちで1893年にダーバンに到着したが、1915年には、年季奉公インド人の服に身を包み、無帽で、素足で南アフリカをあとにした。たしかに外見上の変化は劇的なものだったが、もっと重要なのは、表面上の変化の奥にある彼の内面の変化と彼の内的成長を促したのが、南アフリカでの非暴力不服従運動だったということである。

Ⅱ部　非暴力の思想と運動

戦争に対する態度の転換

　ガンディーの戦争に対する態度は一貫したものではなく、戦争に協力したこともある。一度目は、1899〜1902年のボーア戦争に際し、200人のインド人による野戦衛生隊を組織して6週間戦場に行き、イギリスに協力した。二度目は、1906年にナタールでズールー人の反乱が起こったときのことである。このときも、ガンディーは野戦衛生隊を組織して6週間軍務に就いた。ズールー人が狙い撃ちされるのを見て心が痛んだが、ズールー人の看護を任務とすることで、良心の安らぎを得ようとした。三度目は、1914〜18年の第一次世界大戦への協力である。第一次世界大戦の勃発直後にイギリスを訪れていたガンディーは、イギリス在住のインド人に呼びかけて、野戦衛生隊を組織した。約70名のインド人の志願があったが、ガンディー自身は肋膜炎にかかり、帰国を余儀なくされた。インドに帰国したガンディーは、各地を回って戦争協力を呼びかけ、新兵徴募運動を行なった[7]。

　ガンディー自身が銃をとることはなかったが、戦争協力は歴然とした事実である。いずれの場合も、帝国臣民としての義務感から出た行為である。ガンディーはアヒンサーへの義務とイギリスへの義務のあいだの葛藤に悩んではいたが、当時はまだ帝国臣民としての義務感のほうが優っていたのである。この点が戦間期のヨーロッパの平和主義者から批判された点であり、ガンディー自身も、1921年に「今日ではわたしは、自分が帝国の臣民であると考えていたのは間違いであったことを知っている[8]」と述べているように、のちにこれを誤りと認識している。

　その後、ガンディーは、戦争に対しても非暴力主義を徹底するようになっていった。第二次世界大戦に際しては、ガンディーはヒトラーに対してさえ非暴力で立ち向かうように訴えている。ガンディーは、「わたしはいかなる戦争も正当なものだとは思わない[9]」と明言し、平和主義の立場に立ったと言えよう。インドを脅かしているのはドイツではなく日本だったが、日本軍が攻めてきたときには非暴力で徹底して抵抗することを説いている。「彼らは抵抗者を皆殺しにすることも考えられる。けれども、このような非暴力抵抗の根底には、侵略者もやがては精神的に、あるいは肉体的にも、非暴力の抵抗者を殺害するのに飽きるだろうという信念が潜んでいるのである[10]」というように、自己犠牲を

厭わぬ非暴力闘争を戦争に置き換えようとする思想が表れている。

　非暴力の闘いが勝利を収めるには死の恐怖を克服しなければならないというのが、ガンディーの信念であった。非暴力で闘っても犠牲者は出るし、それは覚悟しなければならないが、非暴力は、人を殺害したり、人を傷つけたりすることがない闘いである。重要なのは、ガンディーが市民的不服従運動を実践するなかで非暴力についての思考を深めていったことである。

3　非暴力不服従運動の展開

　ガンディーは、1915年にインドに帰国してから、非暴力の闘いを市民的不服従運動として展開していくことになった。ガンディーが市民的不服従という概念を知るのは、1909年に獄中でソローの市民的不服従についての論考を読んでからであるが、それ以前から、すなわち1906年に南アフリカでアジア人登録法に対する抗議行動のなかで市民的不服従を実践していた。ソローの場合に示されるように、市民的不服従は個人がベースになって、特定の法や政策に対してなされるが、ガンディーの場合は、最初から大衆的運動として展開し、最終的には全面的市民的不服従によってインド独立を目指すところにまで至った。また非暴力闘争の一形態として、特定の法をターゲットにして市民的不服従の運動を展開したこともあった。ガンディーは、非暴力を戦略的に用い勝利を収めたという点で、画期的であった。

インドでの運動の開始

　ガンディーは、インド帰国後もサティヤーグラハということばで非暴力不服従運動を展開するが、はじめから独立を目指す運動ではなく、最初は植民地政府の政策に対する抗議運動として展開した。市民的不服従が有効に機能しうるとしたら、それは個々具体的なターゲットを設定することによってである。革命的テロに訴えるのでも植民地解放戦争を目指すのでもなく、たんなるインドの独立ではなく、インドの自治を目指していくことが主要目標に据えられた。つまり、時間がかかってでも、自治をなしうる国民を形成することが重要だという考え方である。ヨーロッパの国民国家をモデルにするのはなく、西洋文明

に対抗しインド独自の文明を築いていくという主張である。したがって、市民的不服従の運動とともにインド社会の内発的改革運動が重要だとされたのである。

　ガンディー登場以前のインドにも、自治を求める大衆運動は存在した。1885年には第1回国民会議が開かれ、1905年にはベンガル地方、マハーラーシュトラ地方を中心に「ベンガル分割反対運動」が盛り上がった。また、ノーベル賞作家タゴールは、自国産業の組織化、建設的な村落運動や国民学校の創立を目指して運動した。国民会議派のなかでも、穏健派と過激派の分裂が起こっていた。ガンディーは、南アフリカを本拠としていた時期に書いた『ヒンドゥ・スワラージ』(1907年)のなかで、インドの独立が目指す方向を示すことによって両者の分裂を修復しようとした。

　それは、自治は非暴力で獲得しなければならないし、自治はたんにイギリスを追い払うことによって獲得できるのではなく、西洋文明をモデルにするのでもなくインドの伝統のうえに真の文明を築くことによって獲得できるという内容であった。ガンディーにとって、自治とは自己統治を意味しているから、自己の内面を統治できる人間の形成が重視される。ガンディーは、急進派に対しては真の自治は「銃火ではけっして獲得できません。銃火はインドにそぐわないものです」と述べ、穏健派に対しては「陳情だけをし続けているのは劣等感の表れです」、「イギリス人が寝具や手荷物を持って立ち去ったら、インドは孤児となってしまうと思ってはなりません」と述べている[11]。ガンディーが考えていたのは、自治は他人が与えるのではなく、自らの力で、それも非暴力の力(サティヤーグラハ運動)によって獲得しなければならない、ということである。ガンディーは、ここでは穏健派のゴーカレーらの仕事を引き継いで、国民会議の伝統のうえに民族運動をつくることを提案している。イギリスを退去させて、イギリスのつくった政府や統治機構、軍隊を引き継いで自分の国をつくったところで、「イギリスぬきのイギリス統治を実現するだけ」になってしまうということである[12]。

　帰国後、ガンディーは、労働運動、農民運動に取り組むとともに、アフマダーバード付近の小さな村にアーシュラム(道場)と呼ばれたサティヤーグラヒ(サティヤーグラハの実践者)養成所をつくり、共同生活を送った。その居住

者は、真理、非暴力、禁欲、無所有、粗食などの誓いを立て、国民に奉仕するために働くための訓練を受ける。アーシュラムで訓練を受けた人びとは、非暴力の規律を厳格に守る、非暴力に対する確信をもった、中核集団を形成することになる。

　第一次世界大戦への協力に見られるように、ガンディーには英国市民としての強い義務感もあったが、彼の内面の変化が起こったのは、1919年に始めたローラット法への反対運動を契機としてである。ガンディーは、この法に帝国主義の植民地支配の本質を見て取り、反英独立運動に取り組むようになる。ローラット法とは、逮捕状なしの逮捕、裁判手続きなしの長期拘留を可能にする弾圧法であり、ガンディーは全国規模での反対運動を組織することを決意した。ガンディーは、同年4月6日を「サティヤーグラハの日」と決め、全国規模でのハルタール（一斉休業）の指令を出す。これは、ガンディーが突然思いついたもので、一斉休業し、その日を断食と祈りに捧げるという趣旨であった。ガンディーによれば、非暴力闘争は自己浄化を含む闘いでなければならず、たんに暴力を使わないということだけでなく、積極的な価値の創造につながるものでなければならない。

　非暴力闘争のなかでガンディーが最も苦悩したのは、運動が高まると、興奮した民衆による暴動が発生したことである。非暴力の規律が守られなかったことである。それはその後も何回か起こるが、ガンディーにとって「ヒマラヤの（ように大きな）誤算」であった。ガンディーは運動の停止を命じたが、まさにそのとき、同年4月13日にアムリサットル市のジャリヤーンワーラー公園で集会を行なっていた女、子どもを含む市民に対してイギリス軍が無差別発砲して、死者1200名、負傷者3600人となる惨事が起こった。「弾がなくなるまで」撃ち続けたことは、イギリス人の残虐さを表すこととして、インド人を憤慨させた。この事件を機にインドの民族主義は一挙に大きな高まりを見せることになる。[13]

　このような民族主義の高まりのなかで、1919〜22年にガンディーの指導のもと、サティヤーグラハ運動が行なわれた。サティヤーグラハ運動のなかでは、称号・名誉職の返還、政府行事への出席拒否、公立学校からの子弟の引き上げ、裁判所のボイコット、軍人・教職員・労働者の派兵拒否、選挙ボイコット、外

国製品のボイコット、国産品愛用運動、不可触民制の除去、地方言語の使用などが行なわれた。このような一連の行動は植民地支配に対する全面的非協力となっていった。

　しかし、このときも暴動が起こったのを契機にガンディーは、市民的不服従運動の停止を命じた。これは運動参加者を落胆させたが、ガンディーは何よりも暴力の応酬を回避することを優先させたのである。植民地政府は、運動の衰退を見届けると、1922年3月10日にガンディーを逮捕した。ガンディーは、裁判にかけられ、6年の禁固刑を言い渡される。ガンディーは1924年に釈放されるが、それ以後1929年までは積極的な政治運動から離れ、「建設的プログラム」に従事した。これは、社会的差別をなくしたり、社会問題を解決しようしたりする取組みであり、非暴力に基づく社会の構築を目指すものであった。具体的には、紡ぎ車（チャルカ）の奨励、不可触民制の除去、ヒンドゥー・ムスリム間の融和、女性の地位向上、禁酒などであり、インドの民衆自身がインド自体の問題を解決していかねばならないという思想の実践であった。

「塩の行進」からインド独立へ

　民族運動は停滞していたが、インド統治法を見直すためのサイモン委員会のメンバーがイギリス人ばかりでインド人が一人も入っていなかったことから騒ぎが起こり、ガンディーは「独立は神からの賜（たまもの）である。外国人の委員会が決定すべき事柄ではない」という反対声明を発表した。この結果、インド各地でボイコット運動が発生した。[14]ところが、インド人の作った憲法草案とも言えるネルー報告には、ヒンドゥー・ムスリム間の合意ができなかったことと完全独立か自治領かという路線の対立という問題があった。ガンディーは自治領を支持していたが、台頭してきた青年たちはそれでは満足できず、「完全独立」を求めていた。その背後には社会主義の思想があった。その急先鋒がネルーであった。ガンディーは、妥協の道を探り、1929年12月までに自治領の地位が認められなければ、完全独立要求の闘争を行なうという妥協案を示した。しかし、期限までに自治は認められなかったので、ガンディーはインド総督アーウィンに、禁酒の完全実施、地租の最低50％切り下げ、塩税の廃止、軍事費の削減、殺人を犯していない政治犯の釈放、外国布に対する保護関税など11項目

の要求を出した。[15]

　これも無視されたので、ガンディーが行なったのが「塩の行進」である。1930年3月12日にガンディーは、アーシュラムからダンディーの海岸まで240マイル（約380キロ）を78人の弟子たちと行進を開始した。彼らは、ムスリム、キリスト教徒、不可触民のような人びとも意識的に含め、「巡礼」のような装いで行進した。これは、塩税法に違反し、海から塩を採ろうという目的で行なわれたが、塩をシンボルにすることによって重税にあえぐ民衆の共感を得ることに成功した市民的不服従の実例となった。1日19キロの道のりを歩き、村々でガンディーは休止して、短い演説をした。行進するにつれて、行進に加わる人びとが増え、4月6日にダンディーに着いたときには数千人になっていた。そして、ガンディーは自ら、塩税法を破って製塩を行なった。[16]

　「塩の行進」は劇的な効果をもつ市民的不服従の運動であり、「ガンディーの〈組織を築き上げる力〉と〈戦略的読みの深さ〉[17]」が見事に示された出来事であった。これがきっかけになって全国規模での市民的不服従運動が一斉に行なわれた。民衆は国民会議派のもと、非暴力で勇敢に闘った。1930年だけでも約10万人の逮捕者が出た。ガンディーも逮捕されたが、それを機に反英闘争はいっそう盛り上がり、革命前夜の様相を呈した。各地に軍隊が出て、運動を弾圧した。獄中のガンディーはイギリスとの直談判を望み、釈放後、1931年2月17日からアーウィン総督と会談を重ね、3月5日に非暴力運動の政治犯の釈放、没収財産の返還、製塩の無税許可などを約束させ、市民的不服従運動の中止とインド憲法制定のための円卓会議への出席などを約束した。

　ロンドンで開かれた円卓会議は失敗だったが、ガンディーは数百人の人びとと会い、非暴力の普遍的意義を訴え、共鳴を得た。1931年末に帰国したとき、弾圧の嵐が吹き荒れ、大量検挙が行なわれていた。この事態に対抗するため、国民会議派は市民的不服従運動を再開した。ガンディーもすぐに逮捕され、国民会議派は非合法化され、有力メンバーはことごとく逮捕された。1933年に出獄すると、不可触民解放運動に本格的に取り組むなど、1939年まで「建設的プログラム」に専念した。ガンディーにとっては、早急な独立よりも差別のない社会、すなわち非暴力的な社会への変革のほうが重要だったのである。

　1939年に第二次世界大戦が始まると、国民会議派は、インド総督がインド人

に相談せずに参戦を決めたことに憤慨し、戦争目的を明らかにせよと迫り、会議派8州の政府の総辞職に踏み切った。ムスリム系の地域政権だけは戦争協力を続けた。国民会議派のなかでも「独立が与えられれば連合国の側に立って参戦する」というネルーの立場とは違って、ガンディーは非暴力を徹底して追求してきたので参戦に賛成できなかった。チャンドラ・ボースのように「敵の敵と協力して敵を攻撃する」という道も採りようもなかった。しかし、政治指導者としてガンディーは、インド人の生命や財産を日本軍から守らねばならなかった。そこでガンディーは、イギリスが出ていけば、日本の攻撃目的はなくなると考えた[18]。1942年8月8日、国民会議派は、ガンディーの提案をもとに「インドから立ち去れ(クイット・インディア)」決議を採択した。ガンディーをはじめ国民会議派の主要メンバーは逮捕され、弾圧は日常茶飯事になった。一方、運動のほうも暴力化し、暴動や反乱の様相も呈してきた。ガンディーは、非暴力抵抗の主体として村落に期待していたが、必ずしも非暴力が徹底されたわけではなかった。

　第二次世界大戦終結後、インド独立が具体的日程に上ってくると、ガンディーは分離独立を阻止するために必死で努力した。1946年からヒンドゥー・ムスリム宗派間の暴力紛争が激しくなった。ガンディーの努力も空しく、1947年8月15日には、インドとパキスタンとして分離独立した。ガンディーは、その日、独立式典へ参加せずベンガルの村を回って宗派間暴動を止めるように説いていた。ガンディーは、暴動を止めるために決死の断食も行なった。それは一定の効果があったが、ヒンドゥー右派はガンディーに不満を募らせていった。1948年1月30日、ガンディーはヒンドゥー右派の青年に暗殺された。

　ガンディーの非暴力主義は、インド民衆に深く浸透したとは言えなかったようである。ガンディーは徹底して非暴力を追求したが、国民会議派は非暴力不服従を戦略として用いたという面もある。ガンディーの非暴力主義は、非暴力自体が宗教的信念のようになり、多くの人の実践モデルにはなりえなかったのである。ガンディー自身、非暴力主義が定着していくには時間がかかることを理解していた。彼は、非暴力をたんなる闘争手段としてではなく、社会の構造自体にも根を下ろす原理として構想し、実践した。ガンディーは、さまざまな困難と格闘したが、自らの信念を強固にしつつ、終わることのない道を歩んでいたのであった。

4　非暴力主義の核心

　ガンディーにおいて非暴力主義はさまざまな出来事を契機に堅固な信念になっていった。非暴力は日常世界から始まり、日常世界に戻ってくる原理である。非暴力は、他者との関わり方の問題であると同時に、自己の内面の問題でもある。非暴力というと、暴力を使わない、暴力に訴えないという否定形で理解されがちだが、ガンディーの場合、非暴力は愛に基づく積極的な原理である。

　ガンディーが暴力は「弱者の武器」であり非暴力は「強者の武器」だとするのは、相手を赦すことには大きな勇気が要り、精神的な強者にならねばならないからである。報復というかたちでの暴力の連鎖を断ち切るには、精神的に「強者」にならねばならないということである。ガンディーは、真理探究とアヒンサーとの関係を、ある古(いにしえ)の真理研究者が「わたしに苦難をもたらす者たちを恕(ゆる)すべきか、それとも打ちのめすべきか」という問題に直面したとき、「他人を打ちまかそうとやっきになっている人は、前進することなく、ただその場に立ち尽くしているだけです。これにたいして、禍(わざわい)をもたらす者をも寛恕(ゆる)す人は、自ら前進するとともに、ときには敵対する他者をも共に連れ立ってゆくことを、かの求道者は悟ったのです」と述べている。[19] 森本達雄が解説しているように、ガンディーはアヒンサーということばを「たんに〈殺生しない、危害を加えない〉といった消極的な意味から、さらに〈生きとし生けるいっさいのものを愛する〉という積極的な愛の実践へと発展させ」、政治闘争の場での「非暴力」の意味に用いた、[20] と言える。

　不条理な暴力に対しても暴力で報復しないということに、非暴力主義の要諦があるが、こういった原理をガンディーは非暴力闘争のなかで実践しようとした。しかし、人間がいったん形成された習慣や固定観念から解放されるのは、簡単なことではない。ガンディーのときには妥協的に見える闘争方法は、非暴力を徹底していくことが重要だと考えたからであろう。「平和への道は平和である」ということを最も明確に実践したのが、ガンディーだったと言える。正しい目的は正しい手段で追求しなければならないのは、暴力が暴力の連鎖を生

み出すことは必定であり、長期的に見れば、非暴力の闘いにこそ人類の希望が見いだせるからである。

　非暴力とは、原理的に言えば、闘争の最中でも相手を敵視しない行為形態である。ガンディーの非暴力抵抗は、「相手のなかの最良のものを覚醒する手段」[21]であった。相手を改心させることによって、闘いの様式を変えていくことができる。また、非暴力闘争は暴力手段を用いないだけでなく、当事者が自力で闘うという点で、近代以降の戦争とはまったく違う闘争様式である。ガンディーは、「塩の行進」に見られるように、市民的不服従の行為によって劇的な効果を上げたように、戦略家でもあった。非暴力主義とは、自ら苦難を受けることによって相手を覚醒するという側面もあるが、ガンディーは、「自ら痛みを引き受けたときの相手への道義的・心理的影響を強調しただけでなく、政府は人びとの協力があって初めて成り立つことと、粘り強い非協力に直面したときの権力の脆さをも力説した」[22]と評されるように、現実主義的な判断の鋭さも持ち合わせていた。

　ガンディーにおいて非暴力は、禁欲、無所有、菜食主義とも関連する生活原理であり、宗教的信念に近いものでもあった。ガンディーの信念はすべての人が共有できるものではないし、ガンディーもそういう期待はもっていなかった。しかし、同時に誤りやすいのが人間の性であるからこそ、個人個人が強い信念をもつ必要があるとは考えていた。ガンディーが誓いを立てたのは、人間の不完全さを自覚していたからである。ガンディーが、「誓いをたてるというのは、不退転の決意を表明することであり、われわれを誘惑に立ち向かわせることです」、「古今東西の人間性についての経験は、不撓の決意なくしては、進歩は望みえないことを物語っています。罪を犯してやろうなどという誓願はありえません」と述べている[23]ように、高い理念をかかげて前進していこうとするのは、きわめて人間的な事柄である。もちろん、個人の生活原理、理想や信念は人それぞれが確立していけばよいのであって、ガンディーと同じである必要はない。しかし、非暴力に向けて絶えざる自己変革をしていく、ガンディーの生き方からは学ぶべきところは多いし、自己の暴力性を克服していくという非暴力主義の自己変革的要素は、共有すべき立場だと思われる。

　ガンディー自身における非暴力主義の進展として興味深いのは、戦争に対す

る態度の変化である。第一次世界大戦まではイギリスの戦争に協力していたが、非暴力の実践を積み重ねるなかで、すべての戦争に反対する立場をとるようになり、第二次世界大戦に際しては、侵略者とも非暴力で闘うことを説いている。それだけではなく、1939年には、独立後のインドの防衛政策に非暴力防衛を実施するように提言している。ガンディーは「会議派が非暴力の政策を誓ったのであれば、非暴力を支えとする軍隊などあろうはずはありません。それなのに国民会議派は、軍隊を見せびらかしているのです」[24]と国民会議派を痛烈に批判しているが、ガンディーの提言がインドの国防政策に採り入れられることはなかった。ガンディーは、非暴力防衛にとどまらず「非暴力軍」をつくって紛争解決に当たらせるという構想ももっていた。ガンディーの非暴力防衛・非暴力紛争解決の構想は、第二次世界大戦後、市民的防衛論や非暴力平和隊の構想や実践に引き継がれていくが、軍隊をなくすというのは、非暴力主義の当然の帰結だとも言えよう。

とはいえ、ガンディーの非暴力主義の真価は、人間の生きる場での非暴力を徹底していくことにあったと言えよう。市民的不服従の運動と「建設的プログラム」は、ガンディーのなかでは密接に結びついていたのである。ガンディーが生涯をとおして示したのは、社会的不正と闘い、不正義や差別のない社会を目指していくために非暴力手段を有効に行使していくこと、非暴力を生活原理とも考え、自分の生き方を自分自身で選択していくことだからである。

1) マイケル・ランドル『市民的抵抗——非暴力行動の歴史・理論・展望』石谷行、田口江司、寺島俊穂訳（新教出版社、2003年）71頁。
2) ルイス・フィッシャー『ガンジー』古賀勝郎訳（紀伊國屋書店、1968年）128頁。
3) 同上、40頁。
4) 長崎暢子『ガンディー——反近代の実験』（岩波書店、1996年）9頁参照。
5) ガンディー『ガンディー自叙伝　1』田中敏雄訳（平凡社、2000年）133-134頁。
6) 『ガンディー——反近代の実験』35頁参照。
7) マハトマ・ガンディー『わたしの非暴力　1』森本達雄訳（みすず書房、1970年）21-23頁参照。
8) 同上、18頁。
9) 同上、104頁。
10) マハトマ・ガンディー『わたしの非暴力　2』森本達雄訳（みすず書房、1971年）30頁。

11) M.K. ガーンディー『真の独立への道——ヒンド・スワラージ』〔岩波文庫〕田中敏雄訳（岩波書店、2001年）140頁。
12) 『ガンディー——反近代の実験』104頁参照。
13) 同上、132-133頁参照。
14) 同上、158頁参照。
15) 同上、161-163頁参照。
16) 同上、162-165頁参照。
17) 『市民的抵抗——非暴力行動の歴史・理論・展望』92頁。
18) 『ガンディー——反近代の実験』198-206頁参照。
19) ガンディー『獄中からの手紙』〔岩波文庫〕森本達雄訳（岩波書店、2010年）18-19頁（強調はガンディー）。
20) 同上、24頁（森本達雄による訳注、強調は森本）。
21) Susanne Hoeber Rudolph and Lloyd I. Rudolph, *Gandhi, The Traditional Roots of Charisma*（The University of Chicago Press, 1983 [1967]）, p. 30.
22) 『市民的抵抗——非暴力行動の歴史・理論・展望』91頁。
23) 『獄中からの手紙』88頁。
24) 『わたしの非暴力 2』267頁。

【文献案内】

　ガンディーの非暴力主義については、マハトマ・ガンディー『わたしの非暴力 1、2』森本達雄訳（みすず書房、1970、71年）が最重要文献である。ガンディーの非暴力に関する論考が収められ、丁寧な訳注も付いている。ガンディー『獄中からの手紙』〔岩波文庫〕森本達雄訳（岩波書店、2010年）、『真の独立への道——ヒンド・スワラージ』〔岩波文庫〕田中敏雄訳（岩波書店、2001年）には、ガンディーの思想のエッセンスが込められている。

　伝記をあげると、M.K. ガーンディー『ガーンディー自叙伝 1、2』田中敏雄訳（平凡社、2000年）は、前半生の出来事を綴った自伝のグジャラート語からの邦訳である。M.K. ガーンディー『南アフリカでのサッティヤーグラハの歴史 1・2』〔東洋文庫〕田中敏雄訳注（平凡社、2005年）は、南アフリカでの非暴力不服従運動について自伝的に記述している。マハトマ・ガンジー『ガンジー自伝』〔改版〕（中央公論新社、2004年）は英語版からの邦訳。ルイス・フィッシャー『ガンジー』古賀勝郎訳（紀伊国屋書店、1968年）は、ガンディーの同時代人で、交流のあったアメリカ人ジャーナリストによる評伝である。森本達雄『ガンディー』〔人類の知的遺産〕（講談社、1981年）は、インドで研鑽を積んだガンディー研究者による伝記であり、ガンディーの生涯と思想を概説している。

　Mahatma Gandhi, *The Collected Works of Mahatma Gandhi*, vols. 1-100（Publications Division, Ministry of Information and Broadcasting,

Government of India, 1958-1984) は、ガンディーの著作を年代順に収めた全集。ガンディーについて研究を深めたい人には貴重な資料である。

　研究書としては、長崎暢子『ガンディー──反近代の実験』(岩波書店、1996年) は、ガンディーを西洋近代の批判者、文明の転換者と位置づけている。Susanne Hoeber Rudolph and Lloyd I. Rudolph, *Gandhi, The Traditional Roots of Charisma* (The University of Chicago Press, 1983 [1967]) は、ガンディーの思想的立脚点を明らかにしている。Glyn Richards, *The Philosophy of Gandhi: A Study of His Basic Ideas* (Curzon Press, 1991) は、ガンディーの非暴力主義について根底的に考察している。

6章 M.L.キングと公民権運動

1 人種差別の歴史的背景

　20世紀において非暴力主義の進展に大きな役割を果たした思想家をガンディーのほかにあげるとしたら、マーティン・ルーサー・キングであることには異論はないであろう。キングはガンディーの影響を強く受けていたし、彼がリーダーになるアメリカの公民権運動は、キング登場以前からガンディーの市民的不服従運動の影響を受けていた。二人とも人種差別に直面して市民的不服従運動を展開した点は同じだが、ガンディーが最終的にはインドの独立を目指したのに対し、キングは民族主義とは無縁だった。ガンディーが運動を展開した南アフリカは植民地体制下であったが、キングが運動を展開したのは、アメリカの立憲民主体制下であり、公民権運動は人種隔離制度という特定の法制度に対する市民的不服従運動として展開した点が大きな違いである。
　アメリカは、第二次世界大戦後、自由主義的民主主義体制の中心となり、アメリカの政治体制や政治文化は民主主義のモデルになった。アメリカの大統領制、連邦制、地方自治制度などは、モデルとして他国にも移植された。にもかかわらず、アメリカの政治社会は根深い問題を抱えていた。最大の問題が人種差別であった。人種差別のイデオロギーがアメリカ社会に根づいていることは、英語で black が否定的な意味で使われることに示される[1]。もう一つには、

アメリカは暴力の文化が根強く、国内においても武装権が認められ、銃の所持が行なわれている。これは、先住民を制圧し、荒れ果てた大地を開拓してきた歴史と無縁ではない。暴力と勇敢さを結びつける文化的伝統は、アメリカに根強い。一方で、クエーカーの平和主義者に見られるように、少数だが、非暴力主義の堅固な伝統も存在している。

「自由の国」の奴隷制度

アメリカは、自由をシンボルにしてつくられた国だが、にもかかわらず奴隷制度が存在し、人種差別が根強く存在したのは人種差別を正当化するイデオロギーや言説が社会に根を下ろしたからである。では、なぜ人種差別が正当化されたかと言えば、プランテーション（大規模農場経営）にとって定住労働力が必要とされ、独立後も奴隷制度が維持されたのである。しかし、1776年の独立宣言では、「われわれは、自明の真理として、すべての人は平等に造られ、造物主によって、一定の奪いがたい天賦の人権を付与され、そのなかに生命、自由、および幸福の追求の含まれることを信ずる。また、これらの権利を確保するために人類のあいだに政府が組織されたこと、そしてその正当な権力は被治者の同意に由来するものであることを信ずる」[2]と書かれているので、奴隷制度とアメリカ建国の理念との矛盾は明らかであった。また、奴隷制度の非人間性も明らかであり、奴隷の即時解放を求める人びともいた。にもかかわらず、中南米諸国に比べてもアメリカで奴隷解放が遅れたのは、各州の自治を認めている連邦制度が、南部諸州における奴隷制度を容認する方向で機能したからである。

しかし、19世紀になると工業化が進み、産業が進んだ北部では自由な労働力を必要にするようになっていった。自動車産業など工業経営者は、自由にレイオフできる労働力を必要としていた。西部開拓も進み、移民も盛んに受け入れていた。奴隷制を認めない自由州と奴隷制を容認する奴隷州という対立があり、奴隷制存続を主張する南部諸州が連邦から脱退し、連邦を守ろうとする北部諸州とのあいだで1861〜65年に南北戦争が起こった。戦局が北軍に有利になった1863年に、アメリカ大統領エイブラハム・リンカーンは奴隷解放宣言を出した。

公民権とは何か

南北戦争で北軍が勝ったため、アメリカは分裂を免れた。アメリカで公民権（civil rights）とは、憲法修正箇条第13、14、15、19条に記された平等権を指す。第13条から第15条までの3ヵ条は、「南北戦争の結果たる修正」（War Amendments）として知られる。第13条は奴隷制の永久的廃止を目的として提案されたもので、リンカーン大統領が議会を通過させるべく努力したことで知られる。第14条は、法のもとでの平等を規定したものある。第15条は、市民に投票権を付与する際に、人種、肌の色、奴隷であったことをもとに妨害してはならないことを規定したものである。第19条は、投票権は、性別を理由として拒否または制限されてはならないことを定めたものであり、女性の参政権拡大を目指した条項である。第19条は第一次世界大戦後の1919年に提案され、1920年に批准されたが、第13条から第15条までは、南北戦争が契機となって、提案され、批准されたものである。

南北戦争のあと、しばらくは南部の白人と黒人の間には親密な接触、黒人の政治参加、公共機関での平等な権利の享受が見られたが、1880年代から20世紀初頭にかけて「ジム・クロウ」体制と言われる人種隔離制度が形成された。[3] 1896年に連邦最高裁は、「プレッシー対ファーガソン事件」の判決で「分離すれども平等」（separate but equal）の法理を打ち立てた。こうして、南部諸州では、公立学校、交通機関、レストラン、軽食堂、映画館などで黒人と白人とを分けて扱う人種隔離政策が大手を振ってまかりとおるようになった。また、黒人奴隷解放に対する反動として、南北戦争後クー・クラックス・クラン（KKK）のような白人至上主義の秘密結社が結成され、黒人にリンチを加えた。黒人による報復も行なわれた。

公民権運動の前史

とはいえ、20世紀になると、憲法の修正条項の規定をもとに、人種隔離制度を撤廃させようとする運動も地道に行なわれていった。非暴力直接行動に訴えて、問題を明るみに出すとともに、法廷闘争を行なう場合もあった。アフリカ系住民たちは、全国規模の組織を形成し、戦略的に差別撤廃運動を進めるようになった。

そのような団体として、全国黒人向上協会（National Association for the Advancement of Colored People：NAACP、1909年設立）がある。NAACPは、1935年に差別学校制度に対する法廷闘争を準備した。1950年には、「分離すれども平等」の法理を打ち破る闘争を決議した。そして、1950年初期に訴訟を提起し、1954年5月17日に連邦最高裁で判事9人の全員一致で公立学校での分離教育は憲法違反だという判決を勝ち取っている。この「ブラウン判決」は、公民権運動にとって画期的判決であった。黒人たちは「新しい時代の始まり」を感じ取る。

人種平等会議（Congress of Racial Equality：CORE［コア］、1942年設立）は、ガンディーの影響を受けて非暴力直接運動で現状を打開しようとした。1940年代に、「座り込み」（シット・イン）、「フリーダム・ライド」という非暴力抵抗戦術を編み出した。「座り込み」というのは、白人専用とされていた公共施設に黒人が座り込み、サービスを受けるまで動かないという戦術である。フリーダム・ライドというのは、州間バスに分乗して、1946年に出された州間バスにおける人種差別禁止の効力を確かめる直接行動で、1947年に初めて決行された。

第二次世界大戦後、帝国主義や植民地支配の歴史が断罪され、民族解放の動きが加速され、1950～60年代になると、アジアやアフリカで次々と独立国が生まれるという客観的な情勢変化も存在した。奴隷として連れてこられた、自分たちの祖先の出身地であるアフリカでも独立国が誕生していったことは、アフリカ系住民に改めて自分たちの歴史や法的地位を問いなおさせるきっかけになったと言えよう。アメリカが多民族・多文化から構成される国だといっても、WASP［ワスプ］（White Anglo-Saxon Protestant）と呼ばれる白人、アングロ・サクソン系、プロテスタント系の支配文化が形成され、マイノリティはアメリカ国民形成の過程で周辺化され、差別されてきたのである。こういった時代変化を敏感に感じ取るなかで、アメリカのマイノリティであるアフリカ系住民も新しい時代を切り拓いていかねばならないという意識を強めていった。

2　キングの非暴力思想の形成

マーティン・ルーサー・キング[4]（Martin Luther King, Jr., 1929-1968）は、

Ⅱ部　非暴力の思想と運動

1950〜60年代のアメリカを揺るがせた公民権運動の象徴的な指導者になるのだが、公民権運動はそれ以前から存在していたし、この時期の公民権運動も多様な政治主体によって担われた。人種隔離制度はそれを支持する人びとの意識に支えられたのであり、差別だけでなく貧困の問題もアフリカ系住民に大きくのしかかっていた。法的差別だけが問題ではなかったが、人種隔離制度は広範に存在する差別を問題化する契機になった。そういった時代のうねりのなかから押し出されるようにキングが登場してきたのであり、キングが自ら進んで運動のなかに飛び込んでいったのではない。キング以前からも非暴力直接行動は行なわれていた。しかし、非暴力で全国規模の公民権運動が行なわれたのは、キングの影響によるところも大きい。

非暴力への目覚め

　マーティン・ルーサー・キングは、ジョージア州アトランタでバプテスト教会の牧師の家に生まれた。同名の父マーティン・ルーサー・キング一世は小作人の子として生まれ、15歳で黒人バプテスト教会の説教師になり、苦学しながら高校を終えたのちにバプテスト教会の牧師の娘と結婚し、義父の死後、教会牧師の跡を継いだ。幼少の頃のキングは、大教会の牧師の息子として大不況時代にも貧窮を経験することなく過ごした。黒人の子どもなら誰でも体験するようなことだが、小学校に入った直後、親しい白人の遊び友だちが父親からキングと一緒に遊ばないように言われたと告げられたときに初めて人種差別の存在を思い知らされた。高校生のときには、バスの運転手から白人乗客のために席を譲るように言われ、はじめは抵抗したが、同乗していた教師の説得に従って席を譲るという屈辱を味わった[5]。

　1944年にアトランタ市にあるモアハウス・カレッジに進み、在学中の1947年に牧師になることを決意し、説教者の免許を得た。大学卒業後、1948年にペンシルヴァニア州チュスターにあるクローザー神学校に入学し、熱心に勉学に打ち込んだ。この神学校時代にウォルター・ラウシェンブッシュの福音主義的な楽観主義に惹かれたが、ラインホールド・ニーバー（Reinhold Niebuhr, 1892-1971）の現実主義的な思想からより大きな影響を受けた。マルクスの著作も偏見なく読んで、金儲けに駆り立てる資本主義にも個人的・人格的な価値へ

の評価を見失っているマルクス主義にも疑問をもった[6]。

　1950年春、フィラデルフィアに行って、ハワード大学学長のモーデケイ・ジョンソンのガンディーのサティヤーグラハに関する講演を聴き、非常に大きな感銘を受ける。ガンディーの生涯と仕事に関する書物を半ダースほど買い求め、読みふけり、ガンディーについての本を読むうちに、「汝の敵を愛せ」というキリスト教の倫理がもつ潜在力に気づいた。キングは「汝の敵を愛せ」というイエスの教えは個人間にのみ妥当すると考えていたが、ガンディーの影響で人種間や国家間の闘争にも妥当すると考えるようになったという。しかし、絶対的平和主義や非暴力に対する懐疑も根強かった[7]。つまり、第二次世界大戦のときに連合国が平和主義に固執していたら、ヒトラーを打倒することができたか、というような疑念をもっていた[8]。

　キングは、クローザー神学校を際立った成績で修了し、ボストン大学神学部博士課程に進んだ。ここで人格主義哲学を学び、人間の尊厳を究極的な価値とする立場に惹かれた。ここでの自由主義神学とニーバーの現実主義を統合する必要を感じ、愛の心をもちながら現実主義的に生きようと考えたようである[9]。ボストン時代には、音楽を専攻するコレッタ・スコットと知り合い、1953年6月に結婚しているが、コレッタは、キングの良き理解者となり、公民権運動を通じての同志となった。

非暴力主義の深まり

　キングは、1954年にアラバマ州モンゴメリー（当時の人口約12万、うち黒人人口約40%）のデクスター街のバプテスト教会からの招聘を受け入れ、5月に初めて説教壇に立った。その同じ月に公立学校での分離教育を違憲とするブラウン判決が出ているので、新しい時代のはじまりとちょうど同じくしてキングの職業生活が始まったわけである。教会員全員がNAACPに協力するよう要請し、自らもそのモンゴメリー支部に入会していること、同年10月31日の宗教改革記念日に牧師就任式を行なっていることは、キングの並々ならぬ使命感の表れであろう。キングは、1955年6月に博士号を授与され、同年9月に同教会に正式に赴任した。54年から55年にかけてキングはとくに日曜日ごとの説教に集中し、説教原稿を完全に暗記して説教壇に立ち、雄弁な説教をしたという[10]。

Ⅱ部　非暴力の思想と運動

　1955年12月1日にモンゴメリーでローザ・パークス事件が起きたことは、キングが実践活動に踏み出すきっかけになった。ローザ・パークス（Rosa Parks, 1913-2005、当時42歳）という裁縫工が仕事で疲れ切って帰宅する際に、バスで白人席の後ろの白人優先席にほかの3人の黒人とともに座ったが、白人席が一杯になると運転手から白人乗客に席を譲るように言われたが、そのまま座っていた。再度移るように言われるとほかの3人は席を立ったが、パークス夫人だけは座り続けた。そのため、パークス夫人は逮捕され、刑務所に留置された。市の人種隔離条例違反のかどで同年12月5日に裁判にかけられることになった。この日に合わせて、モンゴメリーの黒人たちは1日だけのバス・ボイコットを計画した。バプテスト教会の牧師たちも連絡を取り合って、抗議行動に加わることに同意し、準備を進めた。キングもこの動きには加わったが、進んでリーダーになろうとしていたわけではなかった。

　12月5日のバス・ボイコットは成功裡に終わったが、その日の裁判でパークス夫人が有罪判決を受けたことによって、抗議運動を組織化して継続していくことになった。モンゴメリー向上協会（Montgomery Improvement Association：MIA）が結成され、キングはその会長に選ばれた。その日の晩からバプテスト教会で開かれた大衆集会で、キングは力強い演説をした。当時はボイコットということばよりも抗議ということばを使っていたが、不正義に断固、非暴力で抵抗するという明確な意志が表れていた。「もしわれわれが間違っているというなら、この国の最高裁が間違っている。（そうだ）［拍手］。もしわれわれが間違っているというなら、合衆国憲法が間違っている。（そうだ）［拍手］。もしわれわれが間違っているというなら、全能の神が間違っている。（そのとおり）［拍手］。もしわれわれが間違っているというなら、ナザレのイエスは地上には決して降り立ったことのない夢想家にすぎない。（そうだ）［拍手］。もしわれわれが間違っているというなら、正義は嘘だ。愛にはなんの意味もない。［拍手］」[11]という、キングの演説のなかのことばにあるように、不正義と闘うことは、正義の実現を目指すことであり、この場合の不正義とは人種隔離制度であり、正義とは平等の実現である。法的平等が実現しなければ、自由は享受できないので、間違った法制度には断固として抵抗するということである。「もしわれわれが間違っているというなら」という文の繰り返しが力強いリズムを生

み出している。「全能の神が間違っている」というのはレトリックだとしても、それだけ強い意志が込められていると言えよう。

　この時点では非暴力よりも不正義への抗議の意思が強く表明されているが、キングの非暴力主義は実践のなかで確立されていったと見られる。ガンディーを契機に非暴力抵抗について考えてはいたが、固い決心をしていたわけではなかったし、自ら進んで着手しようと考えたのではなかった。キングは、演説がうまく、意志が堅固だったから、周りから押し出されるようにしてリーダーになったのである。キングは引き受ける際に、イエスの山上の垂訓とガンディーの非暴力抵抗の方法を思い出したが、「日がたつにつれて、ぼくはますます非暴力の力を見せつけられた。抗議運動の現実的な経験を通じて生き生きと働きながら、非暴力は、たんにぼくが学問的に賛成する一方法以上のものになった[12]」と述べているように、非暴力は実践のなかで確信に変わっていったのである。

　モンゴメリーのバス・ボイコット運動のなかでキングが構築していった非暴力の哲学とは、次のような内容から成る。①非暴力抵抗は、あくまで抵抗であり、つねに反対者に彼らが間違っていることを非暴力で説得しようとする。②反対者を打ち負かしたり侮辱したりすることはせず、反対者の友情と理解を求める。非協力とかボイコットは反対者を覚醒するための手段にすぎない。③攻撃の目標は、たまたま悪を行なうようになった人間ではなく、悪そのものの力である。④非暴力抵抗は、報復しないで苦痛を甘受し、攻撃しないで反対者の攻撃を喜んで受け入れる。他人の暴力を甘受するが、決して自ら反対者に暴力を振るわない。⑤たんに身体的暴力を避けるだけではなく、内面的な精神的暴力をも避ける[13]。これらの原理は、ガンディーの非暴力思想とキリスト教倫理の結合ではあるが、このような原理に基づいて運動を進めて効果があったから、確信に変わったのである。

　非暴力運動は、不条理な暴力に遭遇することもある。そういう場合に暴力で対応したり、暴動を起こしたりしたのでは、暴力の連鎖、憎悪の連鎖を生むだけである。しかし、暴力を加えられても運動が強い統制力を保つことができるには、指導者自身が非暴力を実践していなければならない。公民権運動が非暴力で進められたのは、キングらの指導者が非暴力主義に徹したからである。

Ⅱ部　非暴力の思想と運動

　1956年1月30日、キングの外出中に、自宅の玄関口に爆発物が投げ込まれたとき、自宅には妻子がいたが、危うく難を逃れた。キングが急いで帰ってくると、凶器を手にした黒人の群集がいたが、キングは「妻と子どもは大丈夫です。みなさんは、家にもどって武器をしまってください。私たちは、この問題を報復という暴力で解決することはできません。……私たちは、あくまで愛の力をもって憎しみに立ち向かわなければならないのです」と言って彼らを鎮めた。[14] そのあとで、教会の役員や友人たちがキングに武装した監視人を雇うようにすすめ、彼らは頑固に主張した。そこで、キングは妻のコレッタとこの問題について数日間話し合い、武器はなんら問題の解決にならないことに同意し、所持していた一つの武器を処分し、家の周りにフラッドライトをつけ、武器を持たない監視人を雇い入れることで友人たちを安心させたという。[15]

　こうして、非暴力の規律をもってバス・ボイコット運動は続けられた。その間、キングら運動指導者が反ボイコット法違反のかどで訴えられ、キングは逮捕され、有罪判決を受けた。裁判闘争も続けられ、1956年11月13日に連邦最高裁が「バスの人種隔離を規定しているアラバマ州ならびに市の法律を違憲なりと宣言する」という判決を下した。白人優越主義団体からの脅迫や妨害は続いていた。12月20日には最高裁の命令書が届き、1年以上続いたバス・ボイコット運動は終結した。

　モンゴメリーのバス・ボイコット運動の勝利はキングを一躍、全国的な運動のリーダーに押し上げていくことになる。また、このときボイコットという非暴力闘争手段が用いられたことは、公民権運動のその後の展開を方向づけることになった。キング自身、使命感をもって積極的に非暴力闘争を展開し、社会運動家になっていった。モンゴメリーでの運動が、キングの実践活動の出発点であるとともに、非暴力の公民権運動のはじまりでもあった。

3　公民権運動の展開

　キングは、非暴力でモンゴメリーのバス・ボイコット運動を闘い、勝利に導いたが、それで人種差別の問題が解決したわけではなかった。また、非暴力の原則はさまざまな政治主体によって採り入れられ、さまざまな非暴力闘争手段

を編み出していった。非暴力による闘いが万能だったわけではないが、立憲民主体制下で市民的不服従の戦略的行使が劇的な効果を発揮することが証明された。1960年代には公民権運動は、全国規模に広がっていった。いくつかの事例を取り上げて、公民権運動の展開を見ていくことにする。

非暴力行動の形態

　1960年代になると、何か問題が起きると対応するというのではなく、人種隔離制度に積極的に違反することによって問題を起こし、人種隔離制度を撤廃させていくという運動の転換がなされた。各地で散発的に抗議行動をしていては効果が薄いので、全国的な規模での組織が設立されていった。それと同時に、運動のなかでの自治的な側面も尊重して、自発的かつ多様な運動が組まれていった。抗議行動の域を超えて、非暴力直接行動によって現状を変えるという市民的不服従の行動が、民主体制下で有効に機能した。

　1960年代に行なわれた座り込み（シット・イン）運動は、ランチ・カウンターでの人種差別を撤廃するための運動であり、学生がリーダーシップをとった。1960年2月1日、ノースカロライナ州グリーンズボロの大手スーパーのウルワースで「白人専用」のランチ・カウンターに座り、食事の注文をしたが断られると、そのまま座り続けた。彼らはノースカロライナ農工大学に通う学生で、あらかじめ議論を重ねたうえで人種隔離を撤廃させる手段として計画を立てて行動に移ったのである。[16]この行動はテレビなどで伝わり、それから10日も経たずに南部15の都市に広まっていった。テネシー州のナッシュビルでは、ジェームズ・ロウソンとダイアン・ナッシュの指導のもと、逮捕され投獄されても、非暴力の規律を守る学生たちの運動は続けられた。座り込み運動はその後、swim-in、read-inと呼ばれたような、公共海水浴場や公共図書館での隔離撤廃を求める、類似した行動形態を生み出していった。

　キングにとっても1960年は転機となった。同年1月下旬にモンゴメリーから生まれ故郷のアトランタに転居したのは、アトランタに南部キリスト教指導者会議（Southern Christian Leadership Conference：SCLC、1957年設立）の本部があり、その活動に力を注ぐためであった。キングは、学生たちの自発的な意志から始まった運動を支援する一方、学生の運動を組織化する必要を感じた。同年

4月15日にノースカロライナ州の州都ローリーのショー大学で開かれた集会で、組織問題について話し合われ、南部キリスト教指導者会議の下部組織になるべきだという意見もあったが、キングは学生たちの意志を尊重して、自治組織をつくることを認めた。学生たちの運動は学生非暴力調整委員会（Student Nonviolent Coordinating Committee：SNCC［スニック］、1960年設立）として組織された。SNCC は、公民権運動を担う全国組織の一つになったが、SNCC は、デモ行進や座り込みなど直接抗議行動によって社会正義を実現することに活動の重心を置いた。SNCC には北部や西部から多くの白人学生も参加した。

　1960年の大統領選の最中に、アトランタで学生たちの座り込みに加わって逮捕され拘留されていたキング釈放に力を尽くしたジョン・F. ケネディが、大統領就任したが、就任後100日経っても選挙公約の公共住宅における差別撤廃を実行しなかったため、1961年にケネディ大統領の公民権実現の決意を確かめる意味で、一連の「フリーダム・ライド」（自由のための乗車運動、州間バスの人種隔離撤廃運動）が決行された。フリーダム・ライドとは、人種平等会議が、1946年にバス内やバス・ターミナルで黒人を差別することは禁止されたにもかかわらず、依然として黒人が差別されていることに着目して、企画した非暴力直接行動である。白人と黒人の混成チームが長距離バスに乗り、南部の慣習とは反対に、黒人が前の席に、白人が後ろの席に乗り、バス・ターミナルでは黒人が「白人専用」のトイレを、白人が「黒人専用」のトイレを使うという計画であった。同年5月4日、人種平等会議のジェームズ・ファーマー議長を先頭に黒人と白人の運動家たち13人のチームで2台のバスに乗り込み、ワシントンを出発した。10日後にアラバマ州に入ったが、1台目のバスは火炎瓶を投げ付けられ、2台目のバスはバーミングハムのバス・ターミナルで暴漢に襲われ、暴行を受けた。地元警察も FBI（連邦捜査局）もそれを見過ごしたが、炎上するバスの光景を含むニュースは世界中に伝えられ、共感と支持を呼び起こし、ナッシュビルの座り込み運動グループが、乗車運動を続ける意志のあるボランティアを集め、この運動を続行した。さまざまな休止要請、脅し、テロ攻撃にもかかわらず運動は続行し、司法長官ロバート・ケネディが州際通商委員会に人種隔離を撤廃させるよう要請したため、同年9月、委員会は人種隔離の撤廃を決定し、年末には州間路線の車両内とバス・ターミナルでの人種隔離をすべ

て禁止する新しい規制を出した。

公民権運動の高まり

　1963年1月キング牧師と南部キリスト教指導者会議は、アラバマ州バーミングハム（当時の人口約35万人）で本格的な差別撤廃運動を起こすことを決めた。1963年が重要だったのは、リンカーンによる奴隷解放宣言から100周年に当たる年であり、公民権運動にとって象徴的な年にしなければならなかったからである。バーミングハムに焦点を合わせたのは、製鉄の町として栄えたが、学校、図書館、ランチ・カウンターからバスの座席や乗り場に至るまで人種隔離が維持され、市内の至るところに「白人専用」「黒人お断り」の文字が見られ、「合衆国最大の差別都市」だと言われたからである。[18]

　同年4月から、ボイコットと座り込み運動が展開された。市の保安局長ユージン・コナー（通称ブル・コナー）は、消火ホースや警察犬を動員し、黒人たちを蹴散らした。多数の黒人たちはひるまず、闘いは40日間続き、その激しい弾圧の様子はテレビで全国放映され、国民に注目された。爆弾がしばしば指導者の家に投げ込まれた。連邦政府の介入に助けられ、黒人たちはここで人種隔離の撤廃を実現した。

　バーミングハム闘争において運動の担い手はメディアを意識して運動を進めた。運動が行き詰まったとき、子どもたちが大きな役割を果たした。同年5月2日には、子どもたちが教会から市庁舎に向けて行進を始めた。子どもたちは逮捕されても黒人家庭に経済的ダメージを与えないし、世論の注目を集めるため、戦略的に活用されたのである。子どもたちの行進はその後も続けられ、5月5日には子どもだけで3000人以上にのぼる最大規模の行進が行なわれた。2500人の被逮捕者のうち2000人は子どもであった。バーミングハムでの運動は、学生非暴力調整委員会の活動家たちの働きかけを受け、南部全域に広がり、3ヵ月間に1412件の示威行動が起こり、1万4000人が投獄された。

　同年5月には、キングを中心に首都ワシントンでの行進の計画が持ち上がった。「運動の気運を盛り上げるだけでなく、連邦政府に圧力をかけて何らかの対策を講じさせる」[19]のが、その目的であった。6月には公民権運動を担っている各団体の指導者が集まり話し合った結果、行進の正式名称は「仕事と自由の

ためのワシントン行進」と決まったように、黒人の経済的地位の上昇も目指すためのものであった。実際に、8月28日にワシントン大行進が行なわれ、ワシントン広場に20万以上の黒人、白人を集めた反人種差別大集会が開かれ、ケネディ大統領が議会に提出した公民権法案の通過と雇用の際の人種差別撤廃を要求した。そのクライマックスで行なわれたのが、キングの「私には夢がある」(I have a dream) 演説であった。キングはその感動的な演説のなかで「私には夢がある(「そうだ！」)(拍手)。今は小さな私の4人の子供たちが、いつの日か肌の色ではなく内なる人格で評価される国に住めるようになるという夢が(「わが主よ！」)。私には夢がある（拍手）」[20]と、力強く語ったように、「肌の色にこだわらない社会」(color-blind society)、すなわち人種的偏見のない社会に向けての訴えかけが大きな反響を呼び起こしたのである。

公民権運動の分裂

ワシントン大行進の18日後、バーミングハム市の教会に爆弾が仕掛けられ、4人の黒人少女が犠牲になった。さらに11月にはケネディ大統領が暗殺された。

連邦政府は、公民権運動に賛同を示すとともに、人種差別是正のため積極的な施策を採った。公民権法はケネディ暗殺後の1964年7月ジョンソン大統領のもとで成立した。これは公民権運動の成果であった。60年代において連邦政府の方は、人種差別を解消するためにアファーマティヴ・アクション (affirmative action：積極的差別是正措置) と呼ばれる政策を採った。アファーマティヴ・アクションとは、過去の人種差別、あるいは性差別に由来する広範な弊害を除去するために、人種、あるいは性別を考慮して積極的に被差別カテゴリーに属する人びとを救済する行為を意味する。その用語が初めて用いられたのは、1961年にケネディ大統領が発した大統領令においてであり、そのなかでは、連邦政府と契約する企業においては、「人種、信条、肌の色あるいは出身国にかかわりなく、求職者の雇用や待遇を保護するため、契約者は〈アファーマティヴ・アクションを講じるものとする〉ことが命じられている」[21]。

しかし、法律上の措置だけで差別が解消されるものでないことは、明らかであった。公民権法が成立した1964年7月にニューヨークのハーレムで黒人暴動

が起こり、その後数年間にわたってロサンゼルス、デトロイトなどの大都市で黒人暴動が頻発した。これは、都市における貧困と対決を迫るものであり、白人との連帯を求めるよりも黒人自身の力に頼るしかないという「ブラック・パワー」の主張が高まり、黒人独自の宗教であるブラック・ムスリムも広まっていった。マルコムX（Malcom X, 1925-1965）は、社会の底辺に生きる黒人の立場からアメリカを見つめ、アメリカ社会に対する根底的批判を展開した。彼は、キングの非暴力の哲学と人種統合の理念を批判し、分離主義へ向かう黒人の動きの思想的支柱となった。

　1965年頃から公民権運動の分裂の兆しが見え始め、1968年にキングが暗殺されると、黒人暴動が激化した。都市化のなかでスラムに住む黒人と主として郊外に住む白人は別個にコミュニティをつくり、日常的に差別と偏見が醸成されていた。貧困やベトナム戦争も引き金になって、黒人問題がたんに法制度の問題ではなく、大都市における貧困の問題とからむ問題であることが明らかになった。こうして、暴力を用いてでも黒人の生活改善を目指す動きも出てきた。キングというカリスマ的指導者を失ったことも、全国的な規模で発生する暴動にブレーキがかけられなくなった要因であった。

公民権運動の成果

　公民権運動で明らかになったのは、運動が一つの権力を形成し、州政府や地方政府の権力と対抗する状況が生まれたことである。しかも、それは連邦政府の権力と同盟を結び、法制度面での差別の解消を実現していったのである。それは、都市のパワー・エリートに対抗する対抗権力を形成し、人種隔離法の廃止、公民権の制定に影響を与えた。多元的な民主社会であったからこそ、対抗権力をつくること、すなわち、トクヴィルが言うような「国家のなかの国家」を形成することができたのである。

　公民権運動を社会運動として見れば、人種隔離（segregation）を撤廃させる、という社会正義実現のための運動だったと言えよう。キリスト教の強い社会のなかで、宗教を基にした社会正義の実現のための運動という側面もあった。キングがナショナル・リーダーになることができたのは、彼の強い信念に対する共鳴板が社会のなかに存在したからでもある。

公民権運動を市民運動として見たら、さまざまな自発的結社が担い手になったと言えよう。市民運動の中核には持続する意志、確信をもった人間が必ずいるが、運動が社会的・政治的な権力になるにはそれだけでは十分ではなく、支持者・共感者から成る運動の外延を広げていく必要がある。もちろん、運動への直接参加者が多いほど、運動の生み出す力は大きくなる。公的支持の拡大において重要な役割を担うのが、マス・メディアである。公民権運動の場合、運動に対する弾圧の様子がテレビを通じて全国に、さらには国外にも報道されることによって、支持者・共感者を増やしていった。

とくに公民権運動の場合、非暴力は外延の広がり、すなわち中立的あるいは無関心な人びとを支持者や共感者に変えるのに有効に機能した。自らが苦難に遭っても正しいことをなそうとする姿勢がこの問題に無関心な人びと、消極的だった人びととの共感を呼び、運動の支持者に変えるのに役立ったのである。非暴力で闘っている人びとや子どもたちが殺害されることも起こった。そういった事件を機に、黒人の一部は急進化し、暴動もたびたび起こったが、公民権運動が広くアメリカの「社会的公正と福祉の前進」に果たした役割と国民意識に与えた影響は大きかった。

4　非暴力主義のディレンマ

非暴力運動は、さまざまな困難に直面した。非暴力抵抗や市民的不服従が法的な差別を撤廃させるのには有効だったとしても、貧困や抑圧に関する問題をすぐには解決できないということから、その有効性に人びとが疑問を感じたことがある。非暴力は、結果的に、暴力的な抑圧を認めさせることになるのではないか、という批判である。

1960年代は、植民地解放戦争が武力で行なわれ、新左翼の思想が若者を中心に浸透し始めた時代である。ナショナリズムも強まり、差別に対抗して黒人でまとまっていこうという動きも出てきた。統合というのは、まやかしであり、抑圧的支配体制に包摂することを正当化する機能を果たす、と見る人びとも増えてきた。たとえば、マルコムXには、「統合と非暴力主義への訴えは、単に黒人を欺き、武装解除して、白人が自分たちの残虐性に対する報復を顧慮する

必要がないようにするためのトリックにすぎない」と思われた。

　したがって、非暴力抵抗運動を維持するには、非暴力に対する確信と粘り強い取り組みの覚悟が必要である。もちろん、非暴力で社会問題を早急に解決することはできないが、その戦略的有効性を高めていく努力とともに、どのような事態に直面しても「それにもかかわらず（dennoch）！」（マックス・ウェーバー）と言い切る人間に支えられたリーダーシップが必要である。ウェーバーは、職業政治家にそのような資質を求めたのが、ガンディーやキングのような大衆的市民運動の指導者にも見られた資質であった。キングは、さまざまな困難に遭遇しても、運動を前進させていこうとしたのであって、キリスト教の倫理に裏打ちされていたが、それだけではなく、彼の思想の核心には非暴力主義があった。

　キング自身、一貫して自らの内面で非暴力主義を深化させていった。注目すべきなのは、1956年には、自宅に爆弾が投げ込まれたり、1958年に自著の『自由への大いなる歩み』のサイン会で黒人女性に刺され重傷を負ったりしたが、逆に非暴力の信念は強まっていったことである。1960年にアトランタに転居してからキングは、不正義に対する抗議行動にとどまらず、人種隔離制度に積極的に闘いを挑んでいくように方向転換した。キング研究家の梶原寿が指摘しているように、「モンゴメリーの抵抗運動は、どちらかと言うとバスに乗らないという不行動によって勝利を収めた運動であった。だが今やキングは、積極的に行動する、つまり不正な法を破ることによる正義実現の必要性を痛感するようになっていた」。1960年代に展開した非暴力運動は、戦略として市民的不服従を用いた非暴力闘争であった。もっとも、モンゴメリーでも抗議運動の発端は、人種隔離条例に違反する、パークス夫人の行為にあり、市民的不服従であったことには変わりはないが、60年代になると攻撃的な市民的不服従を行なっていくというように変わったということである。「遅すぎの正義は正義ではない」とキングがバーミングハムの獄中から書いているように、不当な扱いに抵抗しているだけでなく、不当な制度に闘いを挑んで早急に社会正義を実現していくように転換した。要するに、非暴力抵抗から非暴力闘争への転換である。

　一方では、1960年代はアメリカがベトナム戦争の泥沼に突入していく時代である。国内では非暴力で闘っているのに国外では戦争を行なっている、しかも

貧困のため黒人が最前線に立つ割合が多いという矛盾に直面して、キングは次第にベトナム戦争反対を強く表明するようになっていった。キングのベトナム反戦の姿勢は公民権運動内部では批判されたり、離反されたりしたが、キングはラディカルさを強めていった。というのも、差別、貧困、軍国主義は相互に結びついているのであり、差別に対する闘争だけでなく、貧困や戦争に反対する運動も繰り広げていかねばならないという自覚を強めていったからである。1965年にはシカゴを拠点にしたキングは、最晩年の1966～68年には、貧困に対する闘いも強化しながら、若者に良心的兵役拒否を訴えかけるなど、反戦運動も展開していった。

　構造的暴力の解決は社会構造を根底から変える暴力闘争をとおして行なうべきだとする急進派には、キングが非暴力に固執しているのは生ぬるく映った。マイノリティの人権獲得に闘争を限定すべきだと考える人びとには、キングは急進的に映ったようである。キングは、苦悩しながらもあくまで非暴力にとどまろうとした。キングは、あくまで非暴力で社会を変えていかねばらないと考え、敵対者や批判者からも学び、前進しようとしていた。なぜなら、暴力に依存する世界秩序ではなく、非暴力に依存する文明をわれわれは協力して築いていかねばならないからである。[26]

1) たとえば、black lie（真っ赤なうそ）、blacklist（ブラックリスト）、blackmail（ゆすり）、black humor（ブラック・ユーモア）、black market（闇市場）、black sheep（厄介者）という否定的なラベリングがあげられ、これらの一部は外来語として日本語でも使われている（津田幸男『英語支配の構造――日本人と異文化コミュニケーション』（第三書館、1990年）57頁参照）。
2) 「独立宣言」（1776年7月4日、コングレス〔大陸会議〕において13のアメリカ連合諸邦(ステイツ)の全員一致の宣言）高木八尺訳、高木八尺、末延三次、宮沢俊義編『人権宣言集』〔岩波文庫〕（岩波書店、1957年）所収、114頁。
3) 「ジム・クロウ」（Jim Crow）という用語は、1828年にトマス・"ダディ"・ライスという白人芸人が焼コルクで顔を黒く塗り、「跳べジム・クロウ」という歌と踊りを初演したミンストレル・ショーに由来し、南北戦争後に南部全体に広がった公的人種隔離制度を指すようになった（ダグラス・ブリンクリー『ローザ・パークス』〔ペンギン評伝双書〕中村理香訳（岩波書店、2007年）33頁参照）。
4) 本名のMartin Luther King, Jr. は、正式にはマーティン・ルーサー・キング二世と訳すべきだが、本書では、日本語での慣用に従い、二世は省いた。

5) 梶原寿『マーティン＝L＝キング』〔Century Books、人と思想〕（清水書院、1991年）18-19頁参照。
6) 同上、30-36頁参照。
7) 同上、36-40頁参照。
8) 辻内鏡人、中條献『キング牧師』〔岩波ジュニア新書〕（岩波書店、1993年）34頁参照。
9) 『マーティン＝L＝キング』41-44頁参照。
10) 同上、56-59頁参照。
11) Martin Luther King, Jr., "MIA Mass Meeting at Holt Street Baptist Church" (5 December 1955), in *The Papers of Martin Luther King, Jr.* Vol. Ⅲ (University of California Press, 1997), p. 73（カッコ内は聴衆の反応）。
12) M.L. キング『自由への大いなる歩み――非暴力で闘った黒人たち』〔岩波新書〕雪山慶正訳（岩波書店、1959年）121頁。
13) 同上、121-125頁参照。
14) 『キング牧師』60頁参照。
15) 『自由への大いなる歩み――非暴力で闘った黒人たち』177頁参照。
16) 『キング牧師』76頁参照。
17) 同上、80-81頁参照。
18) 同上、97頁参照。
19) 同上、108頁。
20) マーティン・ルーサー・キング『私には夢がある――M.L. キング説教・講演集』クレイボーン・カーソン、クリス・シェパード編、梶原寿監訳（新教出版社、2003年）103-104頁（カッコ内は聴衆の反応）。
21) 本田創造『アメリカ黒人の歴史 新版』〔岩波新書〕（岩波書店、1991年）218頁。
22) J.H. コーン『夢か悪夢か――キング牧師とマルコムX』梶原寿訳（日本基督教団出版局、1996年）88頁。
23) マックス・ウェーバーは、『職業としての政治』のなかで職業政治家の資質として「情熱」「責任感」「判断力」をあげ、最後に「自分が世間に対して捧げようとするものに比べて、現実の世の中が――自分の立場からみてどんなに愚かであり卑俗であっても断じてくじけない人間。どんな事態に直面しても〈それにもかかわらず！〉と言い切る人間。そういう人間だけが政治への〈天職(ベルーフ)〉を持つ」と述べているが、このことは市民運動や民衆運動の指導者にも当てはまることである（『職業としての政治』〔岩波文庫〕脇圭平訳（岩波書店、1980年［1919年］105-106頁参照）。
24) 『マーティン＝L＝キング』123頁（強調は梶原）。
25) Martin Luther King, Jr., "Letter from Birmingham Jail" (16 April 1963), in *Why we can't wait* (New American Library, 2009), p. 69.
26) キングは、人類が直面しているのは、「非暴力的共存か暴力的共滅か（nonviolent co-existence or violent co-annihilation）の二者択一的選択」だと認識していた（『マーティン＝L＝キング』206頁）。

【文献案内】

　M.L. キング『自由への大いなる歩み——非暴力で闘った黒人たち』〔岩波新書〕雪山慶正訳（岩波書店、1959年）は、キングの自伝的な要素も含む、モンゴメリーでの非暴力の闘いの記録。辻内鏡人、中條献『キング牧師』〔岩波ジュニア新書〕（岩波書店、1993年）は、キングの生涯と公民権運動の展開についてわかりやすく論説している。梶原寿『マーティン＝L＝キング』〔Century Books、人と思想〕（清水書院、1991年）は、キング研究者による評伝。マーティン・ルーサー・キング『私には夢がある——M.L. キング説教・講演集』クレイボーン・カーソン，クリス・シェパード編、梶原寿監訳（新教出版社、2003年）は、キングの演説と講演のなかから代表的なものを収録している。マーチン・ルーサー・キング『黒人はなぜ待てないか』〔新装版〕中島和子、古川博巳訳（みすず書房、2000年）は、1963年のバーミングハム闘争中のキングの思索を示している。マーティン・ルーサー・キング『黒人の進む道』猿谷要訳（サイマル出版会、19868年）は、晩年の著作を収めている。

　マーシャル・フレイディ『マーティン・ルーサー・キング』〔ペンギン評伝双書〕福田敬子訳（岩波書店、2004年）は、キングの実像に迫ろうとしている。中島和子『黒人の政治参加と第三世紀アメリカの出発』〔新版〕（みすず書房、2011年）は、公民権運動についての研究書。

　ローザ・パークス『黒人の誇り・人間の誇り』高橋朋子訳（サイマル出版会、1994年）は、モンゴメリーでのバス・ボイコットの発端となったパークス夫人の自伝。ダグラス・ブリンクリー『ローザ・パークス』〔ペンギン評伝双書〕中村理香訳（岩波書店、2007年）は、ローザ・パークスの生涯を客観的に記述している。キングとマルコムXとの関係については、上坂昇『キング牧師とマルコムX』〔講談社現代新書〕（講談社、1994年）、J.H. コーン『夢か悪夢か——キング牧師とマルコムX』梶原寿訳（日本基督教団出版局、1996年）を参照。

　公民権運動の歴史的背景については、猿谷要『アメリカ黒人解放史』（サイマル出版会、1981年）、猿谷要『キング牧師とその時代』（日本放送協会、1994年）、本田創造『アメリカ黒人の歴史』〔新版〕〔岩波新書〕（岩波書店、1991年）が参考になる。

　Martin Luther King, Jr., *The Papers of Martin Luther King, Jr.* vols. I-VII (University of California Press, 1992-2014) は、キングの著作を網羅している。2015年現在、刊行中である。

7章 ジーン・シャープの非暴力理論

1 戦略的非暴力の理論家

　非暴力闘争は、20世紀において植民地解放をもたらしたり、独裁体制から民主体制への転換を非暴力革命として実現したりしてきた。ナチス体制下のノルウェー、デンマーク、オランダでも非暴力抵抗が行なわれ、有効に機能した。こうした非暴力政治の歴史を記録にとどめるとともに、非暴力手段の潜在的可能性を理論化していく必要がある。非暴力は思想的、原理的に語られる場合が多いが、非暴力を戦略的、政策的にも有効な手段にしていくにはどうしたらよいのか、かつては暴力で行なわれていた政治的社会的変革を非暴力に置き代えていくことはできるのか。このような問題を徹底して考え、現実政治にも関わりながら非暴力行動を理論化していったのが、ジーン・シャープである。

シャープの略歴

　ジーン・シャープ（Gene Sharp, 1928-）は、1928年1月21日アメリカのオハイオ州ノース・ボルティモアで生まれる。オハイオ州立大学で戦争と平和の諸問題、非暴力の研究を始め、1949年に学士、1951年に社会学修士。修士論文は非暴力に関するものだった。修了後、ニューヨークに移り、パートタイムの仕事をしながら、マハトマ・ガンディーの思想と闘争についての研究を行なう。

1953年朝鮮戦争のとき、良心的兵役拒否者として徴兵拒否をし、9ヵ月10日間投獄される（懲役2年の判決）。仮釈放期間中は、平和主義者のA.J.マスティの私設秘書を務めた。仮釈放期修了後1955年にロンドンに移り、その後10年間イギリスとノルウェーで過ごす。最初、ロンドンで『ピース・ニュース』誌（*Peace News*）の編集助手になり、のちにオスロ大学の哲学と思想史の研究所、オスロの社会調査研究所、オックスフォード大学のセントキャサリン・カレッジで研究した。1964年に博士課程の学生のとき、市民的防衛研究国際会議の主催の手助けをした。

1965年にアメリカに戻り、ハーバード大学の国際関係センターの研究員になった。そこで博士論文を完成させ、1968年に政治理論の分野でオックスフォード大学から学位を授与された。ボストンのマサチューセッツ大学に所属し、ボストン大学、ブランダイス大学で教鞭をとった。1970年にサウスイースタン・マサチューセッツ大学教授に就任。1983年にハーバード大学の国際関係センターに非暴力制裁に関するプログラム（The Program on Nonviolent Sanctions）を設置し、ボストンにアルバート・アインシュタイン研究所（The Albert Einstein Institution）を設立した。同年、マンハッタン・カレッジから名誉博士号を授与された。1980～90年代において、執筆活動を続けるかたわら、「ピープル・パワー」運動の指導者や市民的防衛に関心をもつ諸政府のコンサルタントの任に当たった。

非暴力理論家としての影響力

独裁体制から民主体制への非暴力革命が1980年代以降一般的になってきたが、ジーン・シャープはこの民主化運動に大きな影響を与えた。シャープの非暴力理論は、戦略的な観点から非暴力を選択する「戦略的非暴力」の立場である。戦略的非暴力とは、非暴力闘争のほうが暴力的闘争よりも不正な体制や外国軍の侵略に対して、より少ない犠牲で勝利する可能性が高いと主張する立場であり、この概念は、道徳的・倫理的に正しいから非暴力を選択する原理的非暴力に対比されるが、戦略的非暴力は原理的非暴力の反対概念ではないことに留意しておくべきである。つまり、強調点の置き方が違うだけで、双方は補い合う概念だと言えよう。

シャープは、ガンディーを、非暴力を戦略的・効果的に用いた政治的戦略家として捉える研究から研究を開始し、現在では「非暴力闘争のクラウゼヴィッツ」と称されている[1]。あるいは、「プラグマティックな非暴力」の立場に立つ理論家とみなされている[2][3]。とはいえ、ジーン・シャープは、朝鮮戦争の際に良心的兵役拒否者として投獄されたことがあるように、平和主義的信条を持ち合わせているように思われるが、平和主義的信条を公言していない。シャープによれば、彼が兵役を拒否したのは、「つねに自分に正直でありたかったから」である[4]。シャープが一貫して非暴力を研究してきたのは、戦略的非暴力の立場に立って非暴力の有効性を実証し、非暴力闘争手段の技術を向上させることが重要だと考えるからである。

シャープの理論展開のなかで最も重要な点は、シャープの非暴力理論が、非暴力闘争における権力の機能を重視していることである。シャープが権力の概念を重視するのは、独裁政権の弱点を攻撃することによって独裁体制を転覆させることができると考えるからである。マックス・ウェーバーが政治権力は人びとの支持と協力なしには維持できないと認識したように、国民が政府を支持していない場合、独裁体制でさえ崩壊する可能性があるということである。

2　非暴力行動の理論

シャープは、最初の主著である『非暴力行動の政治学』(1973年)のなかで権力概念に注目している。シャープの権力概念は、権力についての社会学的な分析に基づいており、マックス・ウェーバーの『支配の社会学』のなかの「支配の正統性」についての分析などを発展させたものと見ることもできる[5]。シャープは、ウェーバーの支配の正統性についての議論が被支配者の支持、すなわち心理的側面に依拠しているのを継承し、権力が流動化する条件を明らかにしようとしている。というのも、被支配者の自発的服従に基づく権力ほど強靭だとすると、自発的に服従している理由と非協力・不服従によって権力関係を流動化していく条件を明らかにすることが、非暴力行動の有効性を高めることにつながるからである。

権力の特性

　シャープの非暴力理論を支えているのは、権力論である。権力自体は、正当化された強制力であり、垂直的な概念であり、通常の用法を踏まえている。ミクロな社会状況での権力関係を問題にするのではなく、政治体制における権力状況を念頭に置いている。しかし、シャープが強調するのは、民衆の支持や協力がないと成り立たない、という権力の性格である。民衆の支持・協力を調達するために政権側は、意識するにせよ意識しないにせよどのような要素に着目しているのかということである。なぜ権力に注目するかというと、権力を支える基盤を明確化することによって逆に非暴力が有効に機能する状況を明らかにすることができるからである。

　シャープは、『非暴力行動の政治学』の第1部『権力と闘争』のなかで権力の源泉を明らかにしている。①権威——「国民によって自発的に受容され、それゆえ制裁なしでも機能している」。②人的資源——支配者の権力に影響する。なぜなら、彼らは「支配者と協力するか、もしくは支配者に特別の支援を提供する」からである。③スキルと知識——これらも支配者の権力に影響を及ぼす。④触知しえない諸要因——「服従や屈服に向かう習慣や態度、共通の信仰、イデオロギー、使命感の有無」。⑤物質的資源——「支配者が財産、自然資源、財政的資源、経済体制、運輸・通信手段を統制でき、支配者の権力の限界を決定する程度」。⑥制裁——「自分の部下に対して、ほかの支配者との紛争において」どのような制裁をどれだけ用いることができるか、というような要因を操ることによって権力者は服従を確保しようとするのである[6]。

　では、民衆はなぜ政治権力に自発的に服従するのかということが、次に問題となる。この種の議論は、エティエンヌ・ド・ラ・ボエシ（Étienne de La Boétie, 1530-1563）の『自発的隷従論』を嚆矢としている。ボエシは「習慣」によって服従がなされていると見たが、シャープは習慣だけではなく、多種多様な要因があると認識している。①習慣——服従はずっと慣行になっていて、習慣にもなっているが、それが服従の唯一の理由ではない。②制裁の恐怖——「制裁は社会的、経済的圧力のような多様な形態をとりうる」が、国家レベルでの制裁は、服従しない被治者に対する物理的暴力の脅威や使用を含む。③道徳的義務——「被治者は服従の道徳的義務を感じているということである」

が、「服従の道徳的義務感は、一つには、個人が、成長するにつれて、社会の習慣、作法、信念を吸収するふつうの過程であり、もう一つには、注意深い教化の結果」であり、「それらは、被治者のなかに、服従と従順へと導く内的〈抑制力〉をつくり出す」。④自己利益——名誉を受けることへの期待、地位の維持と上昇、経済的利益への期待。経済的報酬を得られるのは少数者だとしても、経済的利益への期待は多数の人がもちうる。⑤支配者との心理的同一化——「支配者や政権や体制と密接な情緒的同一化」であり、信ずべきものを必要するという人間の心理的性向に基づいている。⑥無関心——権威を問題化せず命令を受け入れる性向がある。⑦被治者の自信の欠如——自分自身の強い意志をもっていないと、支配者の意志を受け入れ、自分の生活を指図し、決定をしてくれる支配者に期待する[7]。これらの要因は、複合的に作用して、服従が確保されるのである。

　シャープによれば、服従は不可避的ではなく、本質的に自発的である。政治権力にはそれを支える柱があり、社会のさまざまな権力基盤があって初めて成り立つものであり、本来的に脆いものである。被治者の服従と協力があるから権力は維持されるのだとしたら、政治権力に対して不服従と非協力で対峙したら、政治権力は崩壊することもありうる。シャープは、「被治者が支配したり、命令したりする支配者の権利を否定するなら、彼らは現存の政府を成り立たせている、一般的同意や集団の合意を撤回することになる。権威の喪失は支配者の権力の解体を開始させる。その権力は、支配者が権威を否定される程度に応じて削減される。喪失が極端な場合、個々の政府の存立も脅かされる[8]」と述べている。暴力的な支配は、制裁の恐怖によって服従を確保するが、被治者が権力のメカニズムを自覚し、政権の弱点を衝けば、弱体化させることができる。

　プラグマティックな観点から、暴力による抵抗よりも非暴力抵抗が有効なのは、民衆の支持を獲得していくことができることと、威圧によらない合意を形成できるからである。シャープは、非暴力行動は古今東西行なわれていたのであり、その歴史は不当に無視されてきたと考え、歴史的事例についての実証的研究を積み重ねる必要を説いている。シャープは、非暴力で闘えば犠牲が出ないとか必ず勝利を収めると言っているのではなく、逆に、非暴力で闘っても犠牲は出るし、失敗することもあることは認める。しかし、成功事例を分析する

とともに失敗した事例や要因からも学ぶことによって、非暴力の有効性を高めていくことができるのである。そのためには、権力の性格を理解して、それを反転させていくことが必要である。政治権力が自発的な服従によって成り立っているなら、不服従・非協力によって圧政や不正を正すこともできるはずであり、非暴力の対抗権力を形成することによって、よりよい社会、よりよい世界をつくっていくことができるはずだということである。

非暴力行動の様式

　非暴力行動は多種多様な方法があり、古今東西行なわれてきたことだが、とくに20世紀に入ってから考案された方法も数多くある。シャープは、『非暴力行動の政治学』の第2部『非暴力行動の方法』のなかで198の方法をあげ、それぞれについて概説している[9]。それですべてが網羅されたわけではないが、シャープ自身は、その後の研究においてもそこであげた198の非暴力闘争手段を踏襲し、新たに付け加えることはしていない。どの方法を使うべきかは状況によって異なるが、暴力を含まない行動様式であり、あくまで行動であって、無行動ではない。したがって、行為者は自分の置かれた状況を自分で判断し、屈従するのではなく勇気をもって非暴力で闘う心構えが必要とされる。非暴力行動は一方で道徳的勇気に依存するが、他方で、非暴力で闘ったほうが、犠牲が少ないうえに、勝利の可能性も大きいし、長期的にはよりよい実例になるという合理的な判断によって選択される。

　シャープは、非暴力行動の方法を三つの大きなカテゴリーに区分している。①非暴力的な抗議と説得——不同意の存在を人びとに気づかせる機能をもつ。このなかには、行進、ピケ、官吏に対する「つきまとい」、公的集会、抗議文書の印刷と配布、抗議のための移住、ユーモラスないたずらなどが含まれる。②非暴力的非協力——十分な数の人が参加すれば、支配体制の通常の効率と機能を維持していくのに困難な状況に直面させることができる。このなかには、ストライキ、ボイコット、政治的非協力、行政に対する非協力、市民的不服従、官憲に対する反抗などが含まれる。③非暴力的介入——直接的な仕方で挑戦する。規律が保たれれば、少数でも大きな衝撃を与えることができる。このなかには、座り込み、断食、非暴力的妨害、非暴力的侵入、第二政府の樹立な

どが含まれる。[10]

　非暴力闘争では、これらの手段を組み合わせて用いることになるが、どの手段が適切であるかは、状況によって異なる。シャープの議論は、個々の方法についての検討が中心になっているが、それぞれの違いも明らかにしている。一般的に言って、非暴力手段は特別な訓練を必要とするものではないが、③の非暴力的介入は、準備や訓練をしておく必要がある。過酷な弾圧を受けても、非暴力を維持していくにはそれなりの覚悟が必要とされるからである。

　サボタージュは非暴力手段に入れられていない。たとえば、第二次世界大戦中のナチスによるデンマーク占領に対して用いられたが、破壊活動は他者を傷つけることがあり、非暴力とは言えないからであろう。断食は入っているが、焼身自殺は入っていない。断食は結果的に自らの身体に危害を与えることもあるが、自己浄化の意味ももち、自ら苦難を受けても抗議することによって非暴力的に人びとを覚醒しようとしているからである。焼身自殺は他者を意図的に傷つけないという点では暴力とは言えないが、自らの生命を意図的に否定しているので、そもそも非暴力が前提としている生命の尊重に合致しない。焼身自殺は抗議の意思を強く表す行為であり、暴力と非暴力の境界領域にあることは認めるとしても、決して推奨できる行為形態ではないからである。

　シャープの議論をベースに考えてみると、対象によって非暴力手段が変わってくる。圧政や不正に対しては、①の非暴力的抗議・説得が適している。これらの多くは民主体制下では合法化されている。問題は、人権を闘いの武器として用いることができるかどうかである。特定の法や政策が著しく人権を侵害する場合は、市民的不服従によって対応する。独裁体制に対しては、②の非協力が適している。市民的不服従を含むさまざまな非暴力行動が用いられてきたが、すぐに転覆できない場合でも、権力の基盤を弱体化していくことができる。「協力しないで仕事をする」というような消極的な非暴力抵抗形態でも、長期的には権力基盤を弱体化することができる。軍事的な侵略に対しては、基本的には②の非協力で対応するが、①の非暴力抗議・説得や③の非暴力的介入も活用して抵抗することになる。全面的非協力の態勢が組めれば、侵略者を撤退に追い込んでいくことができる、と考えられる。

　いずれの場合も暴力によって抵抗することもでき、むしろ暴力手段の行使が

人びとの固定観念になっていたし、いまでもなっている。たとえば、圧政や不正に対しては武装蜂起がなされたり、王制や独裁制に対しては暴力革命がなされてきたり、侵略に対しては軍事力によって防衛するのが当然視されてきた。シャープの非暴力理論は、これらいずれの場合でも暴力を非暴力に転換しようとするのが特徴である。ガンディー以来、さまざまな非暴力手段が用いられ、一定の成果を上げるとともに、暴力から非暴力への転換を成し遂げてきたので、その事実に注目し、非暴力の有効性を高めるように努めるべきだということである。

シャープによれば、非暴力行動の技術が及ぼす効果としてあげていることは、民主主義の強化に役立つことである。非暴力行動は、非暴力集団にいる人びとに次のような効果を及ぼすとされる。

①黙従を終わらせる——参加することによって一種の改心がなされ、不平不満をもって結局は服従してしまうのではなくなる。②自分の力を表す技術を学ぶ——自分たちの人生を統御する積極的な主体となるための多種多様な手段があることがわかる。③自尊心の向上——非暴力闘争において「勇気や決断力を示す」ことによって従順でくみしやすい大衆ではなく、「力強く活動する男女」になる。④満足感、熱意、希望をもたらす——非暴力闘争に参加することによって尊厳を感じ、運動に献身したり、未来に希望がもてたりするようになる。④攻撃性、男らしさ、犯罪、暴力——非暴力行動への参加は、ときとして、非暴力行動においても攻撃性や男らしさを表出させることがある。しかし、非暴力行動は、犯罪やほかの反社会的行動の減少に役立つ。非暴力運動への参加は、不条理な暴力を加えられた場合、怒りや怨恨が抑えられないと暴動が起こったり、報復を抑えられなかったりすることもある。⑤集団の統一の増進——非暴力行動の行使は集団の内部的統一を増進させる。年齢、性別、身体能力などで参加を排除する暴力闘争とは対照的に、非暴力闘争は誰でも参加できる行為形態だから統一が強化される。⑥内部の協力の増進——政権に非協力したからといって混乱や無秩序に陥るわけではない。反対に、不平をもつ集団内部と非暴力行為者同士の協力が強まる。協力関係を確固たるものにするのに、組織化が必要とされる。⑦伝播——非暴力行動の技術は伝播し、広がっていく。非暴力行動にとって伝播が重要なのは、非暴力の技術が非暴力活動家の

力を増大させるからである。[11]

　これらの効果は暴力闘争によっても得られるが、非暴力闘争は民衆レベルで効果を及ぼすということである。非暴力行動は、相手を敵視しない行動様式なので、技術だけではなく道徳的信念も必要であり、非暴力の規律を維持するためには確信をもった指導者層も必要である。シャープは、暴力闘争を反転したかたちで、議論を進めて、戦略的にも有効な方法にしようとしている。非暴力行動は、不正に抵抗し、悪に「反撃する」（fight back）方法であり、悪に立ち向かうことが重要なのである。

　非暴力行動が民主主義を根底から強化することにつながるのは、当事者が行動を起こすからである。権力の源泉は、「団結した人びとの力」[12]にあるからである。当事者が先頭に立って闘うのが非暴力闘争である。もちろん、非暴力行動が逆に暴力を誘発したり、かりに物理的暴力は使わなくとも、相手を侮辱するようなことばを浴びせかけたりする心理的暴力に陥る場合もないとは言えない。[13]しかし、非暴力行動のほうが、権力を分散し、人権を尊重し、同意に至るまでの粘り強い過程を重視しているがゆえに、根底的に民主主義と結びついているのである。

3　市民的防衛論の展開

　1970年代から80年代にかけてシャープの関心は市民的防衛に向けられていた。市民的防衛とは、軍事的防衛を非軍事的防衛に置き代えるために提唱された概念である。それは、シャープだけが提唱したのではなく、ほかにもアダム・ロバーツ（Adam Roberts, 1940-）、テオドール・エーベルト（Theodor Ebert, 1937-）らが提唱した防衛構想であった。市民的防衛という用語は、軍事的防衛との差異を明確化し、防衛の主体が一般市民であることを強調するために造られたことばである。「非暴力防衛」という用語を使うのを避けたのは、「非暴力防衛」は平和主義者によって使われており、宗教的信念と関係あるかのような印象があるからである。市民的防衛論者たちは、防衛政策としての非暴力手段の戦略的な有効性を強調したほうがよいと考えていた。ユートピア的プロジェクトのように見えるかもしれないが、彼らはその構想の実現可能性を主張

した。市民的防衛論者のなかで、シャープはほかの誰よりも一貫してかつ十分にその概念を展開した理論家であった。

市民的防衛論の背景

1960年代には公民権運動が展開し、積極的な成果を得た。公民権運動は非暴力手段によって実行され、非暴力闘争の有効性を実証した。ヨーロッパではデンマーク、オランダ、ノルウェーには、ナチスによる占領に反対する非暴力抵抗の歴史がある。一般的には、非暴力抵抗は国内の紛争の場合には効果的で、成功を収めるかもしれないが、外国軍による占領に対しては効果的でないと考えられている。そのため、市民的防衛の目的は、相手を打ち負かした実例をできるだけ多くあげ、非暴力の潜在可能性に照明を当てることによって、非暴力行動の有効性を高めることに置かれた。これは、非暴力行動の方法を理論化することによってなされた。それ以前は、国内闘争も暴力によってなされていたので、シャープにとって、暴力闘争を非暴力闘争に置き代えていくことが非暴力理論の核心に据えられた。

1960年代は冷戦の時代であり、核戦争が実際に起こる可能性があり、核戦争が勃発した場合、人類が絶滅の危機に曝されると考えられていた。市民的防衛の提唱者は、プラグマティックな観点から代替政策として非暴力の市民的防衛を提示している。プラグマティックというのは、有効性を主張しているからだけではなく、人類の非暴力行動の集合的経験から常識的な確信を構築することを求めているからでもある。シャープの『非暴力行動の政治学』が明らかにしたように、創造的成果をもたらした非暴力闘争の事例が数多く存在することは事実であり、非暴力が有効になる条件に注目すべきである。

市民的防衛論の出発点

非暴力手段による防衛構想を信条としてではなく政策として考えていく転換点となったのは、イギリスの退役海軍司令官、スティーヴン・キング＝ホール (Stephen King-Hall, 1893-1966) が行なった提案である。キング＝ホールは、1957年に現役将校に向けて、核兵器を含む軍事的手段よりも、準備された非暴力抵抗の方がよりよい防衛政策となる可能性について講義し、注目を浴びた。

1964年になってイギリス、アメリカ、西ドイツ、ノルウェーの若手の研究者がこの政策を進展させる仕事に着手した。同年4月に「市民的防衛」という小冊子がロンドンで出版され、9月には市民的防衛の性格と問題についての専門家会議がオックスフォード大学で開かれ、参加者には著名な軍事評論家のリデル＝ハート（Basil Henry Liddell-Hart, 1895-1970）もいた。彼らは、教条的平和主義から区別するためにその防衛政策を市民的防衛と呼び変えている。

1968年のチェコスロヴァキアの民衆抵抗は、あらかじめ準備されてなされたものではなかったが、市民的防衛の主唱者の主張に脚光を浴びさせることになった。シャープは、市民的防衛は信条ではなく政策だということを強調している。つまり、市民的防衛を採用する国の市民がすべて平和主義者や非暴力主義者である必要はなく、その政策としての有効性を確信することが求められているのである。市民的防衛は、侵略軍に対し非暴力的闘争を行ない、国民の生命や生活を守ることを目的としているのだから、これまでの歴史的経験として非暴力で闘われた実例が参考になる。シャープの近年の仕事は、市民的防衛についての調査・研究に集中しており、このような発想へと人びとを挑発することを意図している。

シャープら市民的防衛論者は、市民的防衛を平和主義から切り離そうとしてきたのだが、ガンディーやキングは非暴力の強い信念をもっており、そのような信念に支えられたとき非暴力による運動がより効果的になったことに注目するなら、非暴力をたんに戦略的に捉えるだけでなく、倫理的、原理的に捉えていく必要もあるのではないだろうか。

市民的防衛についてのシャープの理論は、戦争の歴史と同じくらい長い歴史をもつ非暴力闘争の応用である。シャープによれば、市民的防衛は「伝統的にもちだされてきたいわゆる〈平和主義〉の問題とはなんのかかわりももっていない」[14]のである。市民的防衛は戦略的非暴力の立場から提唱されてきた。軍事的侵略に対して非暴力的方法で対峙し、粘り強く闘えば、侵略者を撤退させうる方法として有効だと主張されてきた。

脱武装への道

脱武装の過程は、それぞれの国の置かれた国際的位置、国際状況、市民大衆

の非暴力の受容度によって変わってくるが、徐々に進むものと想定されている。シャープによれば、民主国家であれ、短期間で巨大な軍事機構をすべて除去することは不可能だが、市民的防衛の有効性を国民が確信したら、それを自国の防衛の一要素として付け加えるであろう。こうして、市民的防衛に対する依存度を次第に高め、軍事的部門を段階的に消滅させ、ついには両者を入れ替えることが可能になろう。その場合、軍事部門の一部は、新しい市民的防衛体制に適合するよう再訓練されることになろう。脱武装が決定されれば、市民防衛省とよばれるべき機関が中心になって国全体の教育計画など市民的防衛に関する準備を進めていくことになろう。また市民的防衛は、他国が軍事的武装の段階にとどまっていても、一国だけでも、あるいは少数の国でも他国に先駆けて採用することができるのだという。[15]

　脱武装が実現するには、市民大衆の圧倒的な支持がなければなるまい。そのためには、非暴力手段の有効性を説得力あるかたちで示さねばならない。シャープの研究はその点に集中している。このような構想や研究自体、比較的新しいものであり、脱武装にはかなりの時間が必要なのかもしれない。それは、国家間の不信の構造の除去と平行して進んでいくであろう。そのためにも、たんに市民的防衛に限らず、民衆レベルでの情報交換・意思疎通が重要な役割を果たす。市民的防衛において、実際に侵略された場合、用いられる闘争手段は、非協力や不服従である。そういった運動が有効であるかどうかも、国際的環境、リーダーシップのあり方、民衆の非暴力への熟練度など多くの要因に依存していると言えよう。したがって、世界をより非暴力的なものに変えていくためにも、脱武装の目標を非暴力防衛に見定めておくことは重要である。

　とはいえ、問題は防衛政策として非暴力手段がどれだけの支持を獲得できるかという点にある。依然として軍事力によって安全が守られているという意識が根強いからである。つまり、軍事手段の保持が抑止効果をもつということは、たんに政策決定者の意識だけでなく、国民の意識のうえでも否定しえないからである。シャープ自身は、抑止力の存在は認めているが、一方で、核兵器の使用の可能性が核抑止力の前提になっており、核抑止が失敗したときには「大量の破壊と測り知れない死傷者」が出るのは明らかであり、そのようなリスクのない市民的防衛の抑止に置き換えようとしている。[16] つまり、侵略されて

も市民的防衛を行なう用意のあることを内外に示すことは、侵略を未然に防ぐ抑止力たりうるという発想である。しかし、市民的防衛と核抑止力とは性格が異なるし、抑止力を強調することは、冷戦的思考の延長であり、効果的とは思われない。むしろ、市民的防衛の有効性を高めていくのは、防衛体制以外の諸力であり、非暴力の日常的実践とも関係している。国内における紛争の非暴力的解決、民主的自治の実践を積んでいくことがまずもって要請されよう。

1989年6月の天安門事件のように、非暴力が圧倒的な暴力に直面し、無力を曝け出した場合もある。非暴力手段が有効になったのは20世紀にはいってからであり、民主化や人権の思想の広がりとも関係がある。したがって、防衛の問題をたんに非常事態の想定として捉えるのではなく、戦争や暴力的紛争が起こらないような構造をどのようにつくっていくかという観点からも検討していかねばならない。この点で、市民的防衛論の場合、あまりにも非常時に傾いた議論の構成をしていると言えよう。

もちろん、そのような構想が無意味だといっているのではなく、逆にそのような構想を実現するためにも、戦争を起こしえないような国際的な相互依存の構造をつくっていかねばならないと思われる。それは、世界経済、通信技術のような分野から文化交流、民際交流、平和教育など多様な側面で市民間のつながりを強めていくことである。その意味で、平常時の努力と非常時の対応策とをリンクさせて防衛政策を考えていくことが、市民の平和戦略の課題となろう。

4 非暴力革命の理論

民主化は、グローバル化の一側面である。経済、文化の分野でのグローバル化とは対照的に、民主化運動は一般市民による下からのグローバル化の動きである。1989年の東欧革命、その後も旧ソ連圏で2003年にグルジアで「バラ革命」、2004年にはウクライナでは「オレンジ革命」、2005年にはキルギスで「チューリップ革命」と呼ばれる非暴力革命が起こり、2010～11年には中東諸国の人びとがほとんど非暴力手段によって非民主的政権を打倒したことに示される。

非暴力の潜在可能性

　20世紀において、非暴力闘争の成功例が世界中で起こったということも、事実である。したがって、シャープは「非暴力的手段の技術が、全体主義国家および核戦争の出現したその同じ半世紀に、政治の領域においてにわかに優位を占めるにいたったというこの事実は、おそらく意味のないことではないだろう。一方の側には、抑圧と破壊とに依存する権力が位置し、他方の側には非協力、介入、および非暴力の道徳的な勇気に依拠する権力が位置するにいたっているのである」[17]と論じている。シャープが権力ということばを対照的な意味で使っていることがわかる。この「道徳的勇気に依拠する権力」こそが、非暴力の市民的防衛を可能にするものである。

　シャープは、一貫して非暴力の戦略的有効性に関心を持ち続けた。彼は、防衛政策の提唱というところまで議論を進めている。シャープの非暴力理論の鍵概念は、暴力闘争を非暴力闘争に置き代えてきた近年の傾向に依拠している。この置き代えの過程は漸次的に進んでいる、労働争議、マイノリティ集団の抗議行動、農民の闘争、植民地解放運動で、方法はすでに暴力的方法から非暴力的に置き代わっている。国防については、そのような置き代えはまだ起こっていないが、もしわれわれが「戦争のない世界」の実現を真に望むなら、そのための現実的な方法を考え出す必要があり、市民的防衛論とは代替政策として提起されたものである。

　しかし、冷戦終結後の1990年代以降、民族紛争が多発し、戦略的非暴力が必ずしも有効でないような状況が生まれている。戦略的非暴力は、合理的に判断する人間理性への信頼に依拠しているのだが、非合理なエスノナショナリズムに立ち向かうことができるのかということがあり、また、非対称的な軍事構造のなかで「対テロ戦争」という名目での武力行使が行なわれたことがさらなるテロを生み出し、治安も失われる地域が生じてきたからである。残虐な侵略者に対して果たして市民が非暴力で対峙できるのかということがあり、必ずしも非暴力への信頼が増大しているわけではない。

　このような状況のなかで、シャープは、無慈悲な侵略者に対してでも非暴力が無効だとは考えていない。それは、ナチス占領下で非暴力抵抗が起こったという歴史的事実によるものでもあるが、非暴力手段は多種多様に存在し、相手

の能力を見極め、相手の弱点をつくことによって非暴力手段の有効性を増すことができるという理論的認識による。もっとも、シャープは、警察権力を否定しているわけではないし、いますぐ脱武装ができると考えているわけでもない。脱武装の過程において、軍事力は残存することになり、まずスウェーデンのように侵略の脅威の少ない国が防衛力の一部を市民的防衛に置き代えることも肯定的に受け止めている。一方で、防衛戦略において軍事的防衛と市民的防衛の混合戦略を用いることは、相手に暴力を使用する口実を与えることになるので、否定している。実際には過渡期には混合的にならざるをえないが、市民はあくまで非暴力で闘うということになる。しかし、混合的な形態をとるからといって、矛盾しているのではないのは、人類はあくまで戦争の廃絶に向かって進んでいくべきであり、一歩ずつでも防衛においても非暴力転換をなすべきだからである。

非暴力革命の広がり

従来、暴力によってなされてきた革命が非暴力によってもなされうることが証明されたのは、20世紀後半に起こった重大な変化であった。1986年のフィリピン革命、1998年の東欧革命に示されるように、1980年代以降、非暴力革命が主流になっていった。世界で実際に起こっている出来事に即してシャープの主要関心は、次第に市民的防衛から非暴力革命に移っていった。非暴力の有効性を高めるには、民衆レベルで民主主義が定着している必要があり、上からの権力政治に対抗する下からの非暴力革命が起こってきたことが、注目すべきことであった。シャープが現代世界の民主化の新しい局面に積極的に対応していったのは、独裁体制の打倒が現実的な問題となり、対処すべき緊急の課題となっていたからである。『独裁体制から民主主義へ』の初版が1993年にタイのバンコクで公刊され、多くの言語に翻訳され世界中で読まれたように、シャープは「強力で有効な解放運動を生み出すための思考や計画の助けとなる指針」[18]を提示するために全力を注いだのである。[19]

シャープによれば、独裁体制を打倒するには、独裁体制の弱点を攻撃することが最も重要な点である。独裁体制には多くの弱点がある。本質的なこととして、いかなる政治体制といえども被治者の支持なしには持続しえないのである

から、人びとが積極的に抵抗し、政府への協力を拒否するなら、政府の基盤は下から掘り崩されるであろう。もちろん、中東革命後の中東諸国のように、統治権力を確立できず、泥沼の内戦に至ったりすることもあり、民主化は直線的に進むものではない。安定した統治能力をもった政府を樹立し、法の支配や民主制度を確立できるかどうか、民主体制を支える非暴力の市民文化が定着しているかどうかが、その鍵を握っている。シャープの議論は、戦略論・技術論に傾いているが、非暴力民主主義の推進のためには、下からの権力形成と脱武装が不可欠だということを明示している点で、たんなる戦略論の枠を超え、長期的な方向づけを行なっていると言える。

　シャープは、非暴力の有効性に対する確信をもち、戦略的非暴力を強調し、非暴力の戦略的活用の考え方を広めるために研究を積み重ねてきた。シャープの非暴力研究や非暴力行動の歴史から言えるのは、対等な関係に立つ人びとのあいだに権力をつくり出すことが、民主政治の創造と擁護の鍵となるということである。シャープの非暴力理論は、独裁体制から民主体制への体制転換のみならず、軍事的防衛から非軍事的防衛への転換、地域や組織での自治の強化にも適用することができる。シャープの非暴力理論が明らかにしたのは、自分たちの生活圏で民主的な権力をつくり出し、それを基点に社会を変革していく潜在的な力が人間にはあるということである。

1) Gene Sharp, *Gandhi as a Political Strategist: with Essays on Ethics and Politics* (Porter Sargent Publishers, 1979), pp. 1-198 参照。
2) Roger S. Powers, "Sharp, Gene," in Roger S. Powers and William B. Vogele (eds.), *Protest, Power and Change: An Encyclopedia of Nonviolent Action from ACT-UP to Women's Suffrage* (Garland Publishing Inc., 1997), p. 467.
3) Ramin Jahanbegloo, *Introduction to Nonviolence* (Palgrave Macmillan, 2014), pp. 88-111 参照。
4) NHK・BSテレビ「非暴力革命のすすめ～ジーン・シャープの提言～」(2012年2月20日放映)［原題：How to Start a Revolution（制作：Big Indy/Lion Television、イギリス、2011年）の日本語版］参照。
5) Gene Sharp, *The Politics of Nonviolent Action*, Part 1: *Power and Struggle* (Porter Sargent Publishers, 1973), pp. 21, 56 参照。
6) *Ibid.*, pp. 11-12 参照。
7) *Ibid.*, pp. 16-24 参照。

8) *Ibid.*, p. 13.
9) 「非暴力行動198の方法」については、Gene Sharp, *The Politics of Nonviolent Action*, Part 2: *The Methods of Nonviolent Action*（Porter Sargent Publishers, 1973）, pp. 117-435；ジーン・シャープ『独裁体制から民主主義へ――権力に対抗するための教科書』〔ちくま学芸文庫〕瀧口範子訳（筑摩書房、2012年）i-xiii 頁参照。
10) ジーン・シャープ『武器なき民衆の抵抗――その戦略論的アプローチ』小松茂夫訳（れんが書房、1972年）69-70頁参照。
11) Gene Sharp, *The Politics of Nonviolent Action*, Part 3: *The Dynamics of Nonviolent Action*（Porter Sargent Publishers, 1973）, pp. 777-799参照。
12) シャープは、「真の権力は銃身からではなく、団結した人びとの力から生ずるように思われた」と述べている（『武器なき民衆の抵抗――その戦略論的アプローチ』52頁、訳語一部変更）。
13) シャープは暴力を物理的暴力に限定しているので、心理的な次元での暴力は考慮していない（Gene Sharp, *There Are Realistic Alternatives*（The Albert Einstein Institution, 2003）, p. 1 参照）。
14) 『武器なき民衆の抵抗――その戦略論的アプローチ』61-62頁。
15) ジーン・シャープ「戦争の廃絶を実現可能な目標とするために」岡本珠代訳『軍事民論』特集28号（1982年5月）111頁参照。
16) Gene Sharp, *Self-Reliant Defense: Without Bankruptcy or War*（The Albert Einstein Institution, 1992）, pp. 22-23 参照。
17) 『武器なき民衆の抵抗――その戦略論的アプローチ』54頁。
18) シャープによれば、『独裁体制から民主主義へ』は、ビルマ（ミャンマー）の亡命外交官、故・ウー・ティン・マウン・ウィンの要請によって書かれた。ウー・ティン・マウン・ウィンは、当時『新時代ジャーナル』誌（*Khit Pyaing*）の編集をしていた。ビルマだけに焦点を合わせた分析を書くようにとの要請であったが、シャープは、ビルマをよく知っていたわけではなかったので、一般的な分析にせざるをえなかったという（Gene Sharp, *From Dictatorship to Democracy: A Conceptual Framework for Liberation*（Green Print Housmans, 2011）, pp. 87-88 参照）。
19) *Ibid.*, p. ix.

【文献案内】

ジーン・シャープの著作で日本語に翻訳されたものとしては、『武器なき民衆の抵抗――その戦略論的アプローチ』小松茂夫訳（れんが書房、1972年）[Gene Sharp, *Exploring Nonviolent Alternatives*（Porter Sargent Publishers, 1970）]；「戦争の廃絶を実現可能な目標とするために」岡本珠代訳『軍事民論』特集28号（1982年5月）[Gene Sharp, *Making Abolition of War a Realistic Goal*（World Policy Institute, 1980）]；『独裁体制から民主主義へ――権力に対抗するための教科書』〔ちくま学芸文庫〕瀧口範子訳（筑摩書房、2012年）[Gene

Sharp, *From Dictatorship to Democracy: A Conceptual Framework for Liberation*, Green Print Housmans, 2011] がある。とくに『武器なき民衆の抵抗——その戦略論的アプローチ』は、非暴力行動の方法を防衛政策に応用した著作として重要である。

　Gene Sharp, *The Politics of Nonviolent Action*, Parts 1-3 (Porter Sargent Publishers, 1973) は、シャープの非暴力研究の最初の集大成であり、非暴力行動の方法と力学を詳しく分析している。シャープの非暴力研究の出発点であるガンディー研究は、Gene Sharp, *Gandhi Faces the Strom* (Navajivan Publishing House, 1961) と *Gandhi as a Political Strategist* (Porter Sargent Publishers, 1979) に詳しい。

　市民的防衛論に関しては、Gene Sharp, *Civilian-based Defense: A Post-Military Weapons System* (Princeton University Press, 1990)、*Self-Reliant Defense: Without Bankruptcy or War* (The Albert Einstein Institution, 1992) など多数の著作が公刊されている。アルバート・アインシュタイン研究所から刊行された小冊子などの非暴力に関する文献は、同研究所のホームページ上でも公開されている (http://www.aeinstein.org/english/)。中見真理「ジーン・シャープの戦略的非暴力論」『清泉女子大学紀要』第57号 (2007年) は、シャープの市民的防衛を中心にした戦略的非暴力論を現実主義的な観点から批判的に考察している。

　非暴力闘争の理論としては、Gene Sharp, *Waging Nonviolent Struggle: 20th Century Practice and 21st Century Potential*, with the collaboration of Joshua Paulson and the assistance of Christopher A. Miller and Hardy Merriman (Porter Sargent Publishers, 2005) は、シャープの非暴力研究の集大成である。20世紀における非暴力闘争の実例を分析し、21世紀への展望を示している。Gene Sharp, *Social Power and Political Freedom* (Porter Sargent Publishers, 1980)；*The Role of Power in Nonviolent Struggle* (The Albert Einstein Institution, 1990) は、非暴力闘争における権力の機能を明らかにしている。*There Are Realistic Alternatives* (The Albert Einstein Institution, 2003) は、非暴力闘争の論点を明確化している。

Ⅲ部

戦争をなくすための思想と構想

8章 戦争はなぜ起こるのか

1 戦争の概念

戦争の原因を一義的に言うことはできない。さまざまな原因によって紛争が起こるように、戦争もさまざまな原因で起こり、起こってきた、と考えられるからである。経済的な要因があげられることが多いが、宗教やイデオロギーが強く作用している場合もある。戦争の原因を求めるよりも、戦争が発動するメカニズムを明らかにすることのほうが重要なのは、複数の要因が作用して戦争が起こると考えられるからである。

戦争に関する神話

戦争に関しては、さまざまな神話が形成されてきた。しかし、戦争に関する通念には、疑ってみる必要のあるものが多い。いくつか例をあげてみたい。

①「人類が始まって以来、戦争は存在し、戦争には人類の歴史と同じくらい長い歴史がある。」→戦争は人間が発明したものであり、古代のある時点までは戦争はなかったというのが正しいと思われる。なぜなら、地球上のすべての生き物のなかで戦争をするのは、人間だけであり、人類の進化の過程のなかで戦争が行なわれるようになったと考えられるからである。

②「人類が続く限り、戦争はなくならない。」→戦争の廃絶は望ましいだけ

でなく、可能である。戦争は人間がつくり出したものなら、人間がなくすこともできると思われる。

③「攻められたら、武力（軍事力）で抵抗するしかない。」→非暴力で闘って、侵略者を撤退させることも可能である。少なくとも、非暴力でも粘り強く闘えば、効果的になってきていることは証明されてきた。とはいえ、武力抵抗しか途がないという固定観念（武力信仰）が形成されていることは事実なのだから、このような固定観念を打ち崩していく必要があるのではないかと思われる。

戦争の定義

戦争のメカニズムを解明する前に、戦争とは何かということについてはっきり規定しておく必要がある。戦争とは、「集団間の組織的・継続的な武力紛争であるが、当事者の少なくとも一方が統治権力（近代以降は国家または国家機関）であり、武力紛争が単発で終わらず、継続することが特徴である」と定義することができる[1]。

集団間の武力紛争が戦争の要件であるので、個人間の争いは戦争とは言わない。集団間の闘争も、デモやストライキなどの非暴力手段によって行なわれる場合は、戦争とは言わない。暴力団の抗争も、比喩的に戦争と呼ばれることはあっても、通常は戦争とは言わない。現代では、武力紛争の少なくともどちらか一方が国家ないし国家機関であることを要件としている。国家間の武力紛争が典型的な例だが、内戦と呼ばれる政府軍と国内反体制派との武力紛争も戦争のなかに入れられる。また、単発的な衝突に終わらず、暴力的な紛争が継続する場合が戦争と呼ばれる。つまり、かなり大がかりで一定の領域で行なわれる組織的な武力紛争のことを指す。

2　戦争発動のメカニズム

戦争の原因について一般化できないのは、紛争の原因が一般化できないのと同じである。財の希少性を争う経済的理由、覇権を求める政治的理由が戦争原因としてあげられることが多いが、実際には、さまざまな原因で戦争は起こ

り、あらゆることが戦争の原因になると言っても過言ではない。つまり、どの戦争なのかを特定しないと、原因について意味あることは言えない。

とはいえ、平和学は「戦争の原因と平和の条件を研究する学問である」以上、戦争の原因についても、ある程度一般化して考える必要がある。どういう条件によって戦争が起こるのか、戦争が発動するメカニズムが明らかにできれば、どのように戦争を防止し、起こさなくするかが明らかにできると思われるからである。同じような条件にあっても戦争に至らない場合があるのは、戦争を抑制する要因があるはずであり、逆に、戦争が起こってしまうのは、戦争を起こすメカニズム（仕組み）があると考えられるからである。したがって、本章で取り上げる原因というのは、戦争が起こるメカニズムを指している。

戦争に起源はあるのか

戦争は人間が発明したものではないか。地球上の生命体のなかで戦争をする生き物は、人間だけなのではないか。人間以外の動物もほかの動物を襲って食用にすることはあり、同じ種のなかでも縄張り争いや殺し合いも見られるが、組織的・継続的に殺戮を行なうのは人間だけである。しかも、人間の場合、人間同士が殺し合うだけではなく、ほかの生き物も殺し、自然を破壊している点が、ほかの動物に見られない特異な点である。

「万物の霊長」と言われる人間がなぜ最大の殺戮者・破壊者になってしまったのか。ここで押さえておかねばならないのは、「歴史が始まって以来、戦争のなかったときはない」という場合の「歴史」は、「有史」（recorded history）のことであり、有史以前には戦争のなかった時代もあったのではないか、ということである。だとすると、いったい戦争はいつ始まり、なぜ戦争が恒常化するようになったのか考える必要があるのではないか。

その点については、考古学の知見が参考になる。考古学や人類学では、戦争に起源があったというのが定説であり、地域によって違うが、殺傷痕や装飾などの史料、環濠や武器の発掘によって戦争の起源は１～２万年前だと推定されている。[2] 戦争は、狩猟時代にもなかったわけではないが、農耕を中心に定住が始まり、集住して権力を形成し始めてから頻繁に起こるようになっていったと見られる。戦争の起源は、地域ごとに異なっているので、日本を事例として考

えてみたい。

　日本の場合、考古学者の松木武彦によると、縄文時代にはなかった戦争が、弥生時代になって朝鮮半島から稲作文化や武器とともに到来したということである。考古学では「弥生時代起源説は定説化しており、反対意見は皆無である」という。戦争が存在したことは、①人をあやめるためにだけつくられた道具と、身を守るための防具である武器、②集落や都市における土塁や壁、バリケードなどの守りの施設、③武器によって殺されたり、傷つけられたりした人の遺骸、④墓の主が生前、戦闘の場で役割や能力を認められていた人物であることを示す、武器をそなえた墓、⑤武器を飾り立てたり、巨大化した武器を拝む武器崇拝、⑥戦いを表した芸術作品、といった痕跡によって証明されるが、③は個人間の殺人の痕跡である可能性も否定できないから、③以外の５つが、戦いが組織化され、日常的に準備されていたこと、戦いにまつわる思考が社会に定着していたことの証拠になるとされる。そのような証拠の９割以上が農耕社会に伴って現れたという事実が示唆しているのは、食糧の備蓄（富の蓄積）と人口の急増によって、富の奪い合いが生じることが直接の引き金になって戦争が発生したということである。農耕社会といっても、現在の農業とは違って単一の資源に依存し、気候不順などの環境変化に対する耐性が少なかったことによって、飢餓や凶作に見舞われた場合の一つの反応として戦争が始まったと見られる。

「戦いの思考」――戦争文化の醸成

　しかし、「そうした生産面・生活面の条件がそろっていても戦争が発動されない社会もあるし、その逆もある」という考察のほうが重要である。つまり、経済上・生活上の前提があってすぐ戦争になるのではなく、「戦争行為が実際に発動される具体的なプロセスには、人びとの意識や思想――ここでいう思想とは、人びとの世界観やものの考え方をさす――のレベルでの要因が、かなりの比重をもって働いていると判断される」ということである。たんに支配者の意志だけで戦争が起こるのではなく、人びとのあいだに松木武彦が言う「戦いの思考」、すなわち、戦争を肯定し、受容する意識がなければ、戦争は起こりえないということである。「戦争をじかに発動するのは、政府あるいは王、民

会、部族会議による政治的な決定だろうが、その決定は、それらの独断によるものではなく、社会の中のさまざまな人びとの、歴史的に形成された、戦争に対する考えや態度や心理によって規定されている。この点についての分析は、国家や民族レベルで戦争発生のメカニズムを捉え、未来の戦争の発動を抑制していく際に有効だろう」というように、自分たちが抱える問題や他民族との紛争を武力によって解決するという思考が、古代の農耕社会から見られる、戦争発動の基底にある考え方である。

　もっとも、「戦いの思考」にすべての人が染まっていたとは考えづらい。日常的な生活は、恒常的に暴力を用いていたのでは成り立ちがたいからである。戦争指導者となる支配者と動員される民衆のあいだには意識のズレがあると考えられる。他方で、戦争は権力現象であり、その起源はあるいはもっと古いのかもしれないようである。殺傷人骨の頻度から言えることとして、縄文時代でも成人男子の２％以上が武力行使による死傷者であったと言われ、それ以前の時代も平和であったと規定できるかどうかには疑問が呈されている。しかし、弥生時代に階層分化が進み、権力関係が固定化していき、土地や食料を奪い合うというよりは、「政治経済的な権利関係あるいは権力に拘わる紛争を決着させるために集団の一部である戦闘員が武力行使に及ぶような場合」が多かったと考えられ、大規模環濠集落における攻防には多数の民衆が動員されたと推測され、それを可能にする権力機構が弥生時代には存在したのであり、好戦的な支配者をコントロールする仕組みがない場合に戦争が起こったと見られる。

　考古学の知見の示すところでは、日本においては農耕社会である弥生時代に戦いを称え、武器をあがめる「戦いの思考」が生まれたと考えられ、「紀元前５～前４世紀に、〈戦いの思考〉、すなわち、武力によってトラブルを解決するという行動原理とその道具である武器が、稲作とともに伝わってくることによって本格的な集団どうしの戦いが列島中央部で始まった」。そのことを特徴づけるのが「英雄」の誕生である。古代ギリシアにおける、勇猛果敢な武将アキレウスにしても、『古事記』や『日本書紀』に登場するヤマトタケルにしても、勇士であり、戦いで勝利を収めることによって称えられるのだが、「英雄はつねに争いや戦争を背景として現れるという事実」があり、「戦いという背景なしには、英雄は存在しない」という事実がある。とくに戦争指導者が非日

常の世界である外部世界と戦う場合、かれの存在をとおして非日常の世界とつながり、「人びとはかれの活動や、かれが身につける見たこともない先進的文物を通じて、〈外〉の世界を意識した。そして、自分たち自身の姿をかれに仮託することで、〈外〉の世界との対決や対話を体験し、そのことによって、〈われら〉という共通の帰属意識を生み出していった」[14]というように、他者を敵視することによって国がまとまり、同胞感覚を強めていったのである。

　こうして国の歴史は英雄中心に書かれ、英雄は物語や劇や映画だけでなく、絵画や音楽の題材にもされてきたが、その際注意しておくべきなのは、英雄が多くの場合、殺戮者であったという事実であり、われわれは、英雄の伝記や物語によって知らず知らずのうちに戦いを受け入れ、肯定するという感性が形づくられていくということである。

武器の発達

　しかし、「戦いの思考」だけで戦争が頻発するようになったわけではない。武器の発達と戦いの組織化が戦争の欠かせない要件になった。考古学者の発見によれば、紀元前3世紀から2世紀に入る時期に、朝鮮半島から短剣・戈（ほこ：穂先がピッケル状の長柄武器）・矛（ほこ：両刃の剣状の穂先をもつ武器）が伝わり、短剣を主体として接近戦の武器として使用された。短剣が選ばれたのは、手の延長というような武器であり、「短剣を振るって相手を倒すためには、危険をおかして、そのふところ深く飛び込んでいかなければならない。大胆さが求められる武器だ。それだけに、短剣をきらめかせて相手を倒すシーンには、自分自身にとっても、それを見る者にとっても、心根にうったえるところがあったのだろう」[15]というように、武器の属人性と行為の英雄性によるところが大きいと見られる。

　日本列島の古代における戦いの組織化と軍事的発展は、ヨーロッパの古代から中世にかけての展開と大きく異なるものではない。日本の封建社会における敵討ち（仇討ち）は中世のフェーデと呼ばれる血讐と共通する。とはいえ、陸続きであった地域とは違って、同質的な文化を形成した日本においては、江戸時代のように、他国から自国を閉ざすことによって比較的安定した時代もあったことは事実である。つまり、辺境にあり他国と深く交流せずにすんだのだ

が、逆に、そのことが、軍事技術の遅れや、黒船到来によって開国を余儀なくされ、近代化を急ぐという外部環境への過剰反応につながった。個人個人が他者としての異文化の人びとと接触する経験が希薄になるなかで、集団的自我形成がなされていったと考えられる。

　西洋においての兵器の発達は、戦争の様相を変えていった。15世紀に銃が発明され、戦争で使われるようになると、戦争の様相も一変した。たやすく多くの人間を殺傷できるようになったからである。19～20世紀には欧米において武器は飛躍的に発展した。1903年にライト兄弟による飛行機の有人飛行が成功すると、10年も経たずに戦争で飛行機が活用され、空爆が行なわれるようになった。空爆では、それ以前のように目視で相手を認識することはできなくなり、戦闘員と非戦闘員の区別は不可能になった。

　空爆は、民間人の犠牲者のほうが多くなる傾向に拍車をかけることになった。第二次世界大戦時中の1945年3月10日の東京大空襲では、1665トンの焼夷弾が投下され、大火災を発生させ、死者推定10万人以上、負傷者約40万人に及び、女性や子どもも大量虐殺された。アメリカのスティムソン陸軍長官が、原爆開発の指導者オッペンハイマーに東京大空襲による「皆殺し」(wholesale slaughter)について国内で「何の抗議の声もあがらないのは恐ろしいことだ」とまで語っていたように、少なくとも文官の最高指導者たちは、空爆の残虐性をよく認識していた。スティムソンは、東京大空襲のあとで担当補佐官に「今後は精密爆撃を遵守せよ」と命じたが、それは、人道的理由からだけではなく、空軍によって日本が徹底的に爆撃し尽くされると、「原爆の威力を示す目標がなくなることを心配したことが大きな理由であった」という。[16]

　原爆や化学兵器が発明され、使用されたのも20世紀であり、これらの兵器は無差別殺傷兵器である。兵器の発達は一瞬のうちに「地獄」をつくり出すことを可能にし、原爆を投下した兵士を「英雄」とみなせないことは明らかであった。核戦争は、自殺行為であり、経済的利益にも合わないことも明らかであり、核兵器は、「抑止」や「威嚇」、あるいは大国であることの誇示のためにしか機能しない兵器であり、もはや兵器の発達が戦争目的の追求を不可能にしたという事態が生じた。しかしながら、核兵器を使わない戦争は何度も起こっているのであり、「戦いの思考」が消え去ったわけではない。

3 現代の戦争の特徴

19世紀から20世紀前半においては、帝国主義による領土拡張の戦争が顕著だった。それは、総力戦としての二つの世界大戦によってピークを迎えた。20世紀は「戦争と革命の世紀」だと言われるように、19世紀から20世紀前半にかけては、戦争というかたちで大規模な暴力がふつうの人びとの日常に押し寄せ、多くの人びとの自由を奪い、生命を奪った。近代の戦争は国家主権の絶対性に基づくが、兵士を中心にした国家間の限定戦争であったのに対し、20世紀前半において全面戦争、あるいは総力戦として国民すべてを戦争体制に組み込む戦争形態が現れたのである。

総力戦としての世界大戦

総力戦の原型は、フランス革命後の革命戦争とそのあとのナポレオン戦争にあり、その特色は「傭兵的職業軍人に代わる国民皆兵制（兵役義務制）による国民戦争であること、〈自由のための十字軍〉という戦争のイデオロギー化、戦争と革命の結合[17]」にある。国民を政治的、経済的、文化的に総動員することによって戦争が遂行されるので、ナショナリズムが大きな機能を果たす。戦争が勃発したあとは国全体が総司令官の一元的指揮に服し、戦争に勝利することが目的になり、その目的のために国内のあらゆる資源が動員されることになる[18]。第一次世界大戦も第二次世界大戦も、帝国主義とナショナリズムが起因となった戦争であり、総力戦として戦われ、甚大な犠牲を出した。

第一次世界大戦（1914-18年）は、バルカン半島に展開していたドイツ・オーストリア内部の汎ゲルマン主義とロシアを背景とした汎スラブ主義の勢力争いが導火線となり、セルビアにおけるオーストリア＝ハンガリー帝国皇太子暗殺事件がきっかけとなって勃発した戦争だが、その背景には帝国主義諸国の市場争奪と軍備拡張競争があった[19]。戦争の大義としては、民族自決主義、民主主義、国際平和機構があり、ドイツ・オーストリア側にトルコ、ブルガリアが加わり、一方の連合国側には、フランス、イギリス、ロシア、イタリア、アメリカ、ベルギー、セルビア、モンテネグロ、ルーマニア、ギリシア、ポルトガ

ル、日本が加わり、戦場はヨーロッパを中心にアフリカやアジアにも及んだ。とくにドイツ対連合国の戦いであった西部戦線では、塹壕戦が行なわれ、戦いは長期化し、膠着状態を打破しようとして毒ガス、戦車、飛行機なども使用された。最終的には、連合国側の勝利に終わるのだが、2600万人の死者を出し、その半数は非戦闘員であった。

第二次世界大戦（1939-45年）は、第一世界大戦後のドイツがヴェルサイユ条約による賠償金支払いに苦しみ、世界恐慌後の経済的・社会的混乱のなかで1933年にナチスが政権を掌握し、ヒトラー独裁体制はドイツ「生存圏」獲得のため1939年9月にポーランドへの侵略を始めたことから始まった。日本は1931年の「満州事変」と1937年の盧溝橋事件から中国大陸における宣戦布告もない戦争を開始していたが、1940年に日独伊三国同盟条約に調印し、「世界新秩序」建設という名目で1941年12月8日に日米開戦に踏み切った。三国同盟に基づいて、ドイツとイタリアもアメリカに対して宣戦布告し、これら三国などの枢軸国側とイギリス、フランス、ソ連、アメリカなど連合国側の戦いになり、戦場はヨーロッパとアジアを中心にし、全世界を巻き込む全面戦争となった。ドイツのナチズム、イタリアのファシズム、日本の軍国主義に対して民主主義を擁護するという名目で戦われた戦争であった。空爆も頻繁に行なわれ、原子爆弾が広島、長崎に投下された。5300万人以上の死者を出し、その6割は非戦闘員であった。また、戦死者数には入っていないが、戦時下のドイツおよびドイツ占領地で強制収容所がつくられ、600万人のユダヤ人が大量虐殺され、戦時下での犠牲は甚大な規模に及んだ。帝国主義的領土拡張の野望が戦争の背後にあったが、もはや戦争によって領土を獲得することはできず、無差別殺傷兵器の使用が民間人と軍人の区別もできなくしてしまうことを証明した戦争だったとも言える。

第二次世界大戦後の戦争形態

これまでの戦争のなかで、第二次世界大戦が規模しては最大であったが、その後もイデオロギーの対立を背景に世界大戦（核戦争）の脅威が存在した。1962年のキューバ危機では、米ソは一触即発の状態に陥ったわけであるが、核戦争に勝者がないことは明らかであり、第三次世界大戦は瀬戸際で回避され

表4　主要な戦争の死者数（1500～1945年）

戦　争（期間）	死者数（人）	非戦闘員の犠牲者の割合（％）
ドイツ農民戦争（1524-1525）	175,000	57
オランダ独立戦争（1585-1604）	177,000	32
三十年戦争（1618-1648）	4,000,000	50
スペイン継承戦争（1701-1714）	1,251,000	不明
七年戦争（1755-1763）	1,358,000	27
フランス革命戦争／ナポレオン戦争（1792-1815）	4,899,000	41
クリミア戦争（1854-1856）	772,000	66
米国南北戦争（1861-1865）	820,000	24
三国同盟戦争――パラグアイ対ブラジル・アルゼンチン・ウルグアイ（1864-1870）	1,100,000	73
普仏戦争（1870-1871）	250,000	25
米西戦争（1898）	200,000	95
第一次世界大戦（1914-1918）	26,000,000	50
第二次世界大戦（1939-1945）	53,547,000	60

出所）レスター・R.ブラウン編『地球白書1999-2000』浜中裕徳監訳（ダイヤモンド社、1999年）276頁の表をもとに作成

た。全面戦争は起こらなかったものの、局地戦争や地域紛争がアジア、中東、アフリカなどで多発し、依然として国家が戦争の当事者になっている基本構造は変わらない。

しかし、次のような変化も起こっている。①領土をめぐる国家間戦争という形態はほとんどなくなり、戦争指導者が先頭に立つこともなくなった。②自由主義と共産主義のイデオロギーの対立を背景にした代理戦争が主流になった。また、冷戦終結後は、民族や宗教を軸にした内戦・紛争が特徴的になった。③世界は平和圏と戦争や紛争が断続的に起こる紛争圏に二分され、紛争圏での戦争に平和圏を構成する欧米諸国が軍事介入し、当事国になってきた。

戦争の件数については、ウプサラ大学データプログラム（UCDP）とオスロ平和研究所（PRIO）の統計データによれば、1946年から2013年までで254の武力紛争が起こり、それらを犠牲者数で戦争（戦場での犠牲者数1000人以上）と紛争（戦場での犠牲者数25人以上1000人未満の小規模武力紛争）とに分けると、戦争は114で紛争は140である。件数では冷戦終結後がピークで50を超えていたが、過去10年では31～37で推移し、およそ40％減になっている。戦争は1990年代はじ

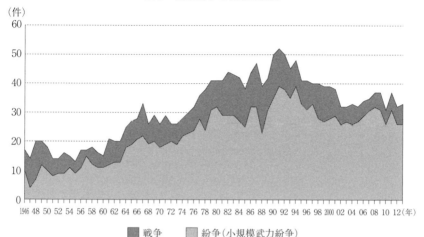

図3　武力紛争の件数の変化

出所）UCDP/PRIO Armed Conflict Dataset v. 4-2014a, 1946-2013 "Armed conflicts by conflict type and year"（http://www.pcr.uu.se/digitalAssets/66/66314_1armed-conflict-by-intensity.pdf 2015年5月5日アクセス）をもとに作成

めには15だったが、2013年には7になっている[20]。

　第二次世界大戦後、内戦型の戦争が主流になるとともに、「宣戦布告なき戦争」が一般的になっていったのも特徴的である。その結果、従来の国際法規が適用されず、民間人に対する虐殺も頻発してきた。また、国内反体制型のゲリラ戦が中心になることによって、戦闘員と非戦闘員とを区別しづらくなっていることがあげられる。兵器の発達にもよるが、民間人（非戦闘員）の犠牲のほうが兵士の犠牲よりもはるかに大きくなった。たとえば、1950～53年の朝鮮戦争では300万人の死者が出ており、その約半数が非戦闘員の死者だったが、1960～75年のベトナム戦争では230万人以上の死者が出て、そのうち半数以上が非戦闘員であった。その後、この傾向はさらに強まり、1981～94年のモザンビーク内戦では100万を超える死者の約95％が非戦闘員であったように、民間人の死者のほうが兵士の死者よりも圧倒的に多くなってきた[21]。1983～2005年の第二次スーダン内戦でも、約200万人の死者が出ており、そのほとんどが民間人であった。

　地域的には、冷戦終結後、共産主義政権崩壊後の旧ソ連・東欧圏で社会主義

8章 戦争はなぜ起こるのか

表5 第二次世界大戦後の大規模戦争の死者数（1946～2000年）

戦　争（期間）	死者数（人）	非戦闘員の犠牲者の割合（％）
中国国共内戦（1946-1950）	1,000,000	50
朝鮮戦争（1950-1953）	3,000,000	50
ベトナム戦争（1960-1975）	2,358,000	58
ビアフラ内戦（1967-1970）	2,000,000	50
カンボジア内戦（1970-1989）	1,221,000	69
バングラデシュ独立戦争（1971）	1,000,000	50
アフガン内戦（1978-1992）	1,500,000	67
モザンビーク内戦（1981-1994）	1,050,000	95

出所）レスター・R.ブラウン編『地球白書1999-2000』浜中裕徳監訳（ダイヤモンド社、1999年）279頁の表をもとに作成

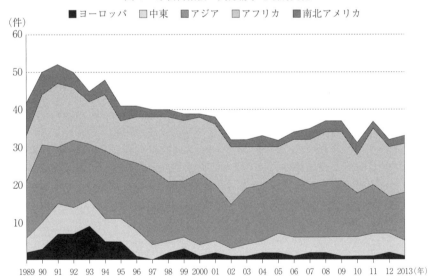

図4　冷戦終結後の武力紛争地域別変化

出所）Lotta Themnér and Peter Wallensteen, "Armed conflicts, 1946-2013," *Journal of Peace Resarch*, Vol. 51 (4), p. 543の表（Armed conflicts by region, 1989-2013）をもとに作成

イデオロギーという統合の求心力を失ったため民族を軸にした戦争や紛争が頻発した。ヨーロッパは、第二次世界大戦後武力紛争が少なかったが、東欧諸国の国家解体・再構築の過程で武力紛争が起こった。他国への軍事介入は別にして、オセアニアや北アメリカ大陸など武力紛争が起こらなかった地域もある一方、中東、アフリカ、アジアでは恒常的に戦争が起こってきた。アフリカや中東では、紛争と呼ばれることもあるが、大量虐殺を伴う内戦が起こっており、戦争が起こってきたという事実に変わりはない。

地域紛争の原因

ところで、紛争という用語は、戦争よりも幅広く使われ、武力紛争（armed conflict）だけを指す概念ではない。たとえば、民事紛争のように日常語としても使われる用語でもある。戦争と紛争の境界を確定することは難しい問題だが、ここでは、地域に限定された小規模武力紛争は、戦争ではなく紛争と呼ぶことにする。逆に言えば、国家を主体とした武力紛争で、規模が大きく継続的なものは、戦争と呼ぶのが適切である。もっとも、戦争が違法化されているから、紛争という用語が使われるという側面もあるが、継続的な戦闘に至らず、また地域に限定された暴力紛争が起こる場合、戦争と区別して地域紛争という呼称も用いられている。非国家主体同士のものもあるし、戦争と変わらず国家が当事者になっている場合もあるが、地域に封じ込められているのが、その特徴である。

地域紛争が発生するのは、「神話」「恐怖」「機会」という三つの条件が満たされた場合だと言われる。①敵意を正当化する神話——他の集団に対する敵意とそこでの象徴の一体化が必要である。②集団的な恐怖——自分の存在が危うくされているという、少なくとも一方の側の恐怖が必要である。恐怖が極大化すれば、自衛のためにその集団が採用しうる手段も過激化する。③動員と戦闘を可能にする機会——反政府集団は、国家に対抗して政治的動員を実行できるだけの機会をもたなくてはならない。これには、天然資源の略奪、国外同胞からの送金、地域紛争を抱える国家に敵対する国家からの支援など、財政的基盤があげられる。したがって、民主国家においては、よほど強い民族的神話と恐怖がない限り、地域紛争は起こらないと言える。また、政府側の軍事力の脆弱

さ、自陣営の凝集力の高さが条件となる。これらの必要条件が満たされると、指導者が民衆を動員し、地域紛争が発生すると考えられる[22]。

地域紛争は、民族間の紛争であることを強調するために、民族紛争と呼ばれる場合もあり、呼び方が定まっているわけではない。内戦との区別も必ずしも明確ではなく、地域住民にとっては、大量虐殺が起こる場合もあり、戦争と変わりのない状況も多発している。また、民兵として一般住民が大量虐殺に加担する場合もあり、子どもが兵士になったり、兵士にされたりして、殺戮行為に加わる場合もある。冷戦期のようなイデオロギーを背景にはしていないが、暴力行使を正当化するメカニズムが働いていることは確かである。低強度戦争という言い方もあるが、憎悪と恐怖が暴力を生み出すのであり、神話や言説が恐怖を煽っているのである。

「新しい戦争」の形態

1990年代から顕著になったグローバル化によって、軍事力の連携が強化され、国家は武力を行使しづらくなる一方、従来の戦争とは異なった新しい戦争形態が現れている。つまり、湾岸戦争以降、アメリカの主導する戦争が空爆から始まっていることは、それが「ピンポイント爆撃」として軍事施設をねらったものだったとしても、ふつうの市民も巻き込み、子どもも犠牲にすることは避けられない。空爆する側は、高射砲や対空ミサイルによって撃ち落とされないようにするため、高度を上げて爆撃するが、そのことによって命中精度は低くなり、民間人の犠牲も大きくなる。

2003年からのイラク戦争も空爆から始まり、フセイン政権は倒されたが、民衆のあいだに増幅された反米感情、怒りや憎しみが、非対称的な軍事力の構造のなかでテロの温床になっている。空爆自体が一般市民をも犠牲にするという現実に留意するとともに、暴力の克服という視点から、通常兵器を含めた兵器の発達と拡散が危機を惹き起こしているという認識をもつべきである。

このような軍事力の非対称的な構造のなかでテロという形態での暴力が起こり、恐怖と憎悪をバネにした新しい型の内戦、国際政治学者のメアリー・カルドーが「新しい戦争」と呼ぶような戦争形態の変化が起こっている。カルドーは、従来の戦争や地域紛争とは異なった「グローバル化された」戦争の変化の

態様を次の３点から明らかにしている。①戦争の目標──民族、宗教、言語など特定のアイデンティティに基づく権力追求に変化した。②戦闘様式──従来のゲリラ戦が人びとの「感情と理性」をつかもうとしていたのに対し、「新しい戦争」の戦闘主体は「恐怖と憎悪」を生み出すことによって、住民をコントロールすることを目的とするように変わっている。暴力行為の多くが市民に対して向けられ、犠牲者のほとんどは市民である。従来の戦争が垂直的・階層的に組織された部隊によってなされたのに対し、「新しい戦争」では、戦闘主体が、準軍事的組織、犯罪組織、警察部隊、傭兵集団、正規軍や正規軍から離脱した集団など、多様な集団から成り、先端技術も活用し、子どもでも簡単に使える小型武器、携帯電話やインターネットなど通信技術も利用して、交渉やプロパガンダを行なう。③資金調達の方法──戦闘集団は新しい「グローバル化された」戦争経済によって、資金を調達している。二度の世界大戦の戦争経済は集権的、自給的であったのに対し、新しい戦争経済は分権的であり、略奪や闇市場、あるいは外部からの支援によって資金を調達している。武器や麻薬の不法取引などさまざまな資金源を維持するために暴力を継続することが不可欠になり、戦争を通じて従来の社会関係は悪化していく。[23]

カルドーによれば、「新しい戦争」は、異なる言語、宗教、民族をもつ集団間の戦争のように見えるが、自集団中心的なアイデンティティ・ポリティクスが基底になっているのである。ホッブズは内乱の時代のイングランドにおいて主権の確立を平和実現の手段と考えたが、グローバル化の時代でも、一足跳びに世界政府にはいかないとしても、地域レベルでの排他主義に対抗する試みや人権や市民的礼節を守ろうとする動きをコスモポリタン的な関心で支え、国際機関が社会の安定と武装解除を行なっていくよりほかに方法はない、とされる。「新しい戦争」は、急激なグローバル化のなかで、国家基盤が破綻し、政府の統治能力が失われた「破綻国家」（failed state）において、戦争、犯罪、人権侵害が混じり合ったかたちで頻発している。したがって、この問題を根本的に解決するには、公的権威による組織的暴力のコントロールを国家レベルでも地域レベルでも再構築しなければならないという状況に立ち至っている。[24]

以上のように、現代における戦争や地域紛争の原因は複合的である。近代までのように戦争で領土を獲得することは国際的には否定されても、人類は、依

然として「自衛」のために軍事力を保持し、行使する言説には事欠かず、もっぱら人の殺傷に用いる武器の保持を止めていない。戦争の形態は変わっても、戦争が異常な出来事であり、人類の発展のなかで克服していかねばならない現実であることに変わりはない。

4 戦争克服への道

　戦争がなぜ起こるかについて、これまでの検討から言えるのは、戦争に訴えることが利益になると信ずる人びとがいて、自民族・自国民を戦争に動員できる指導者がいて、その指導者を下支えする思想や文化があるから戦争が起こるということである。したがって、戦争をなくすには、①戦争や暴力を肯定する言説の構築（ナショナリズム、帝国主義、人種主義など）、②武器の発明と発達、③権力の組織化（都市国家→領邦国家→絶対主義国家→近代国家）という三つの構造的要因に注目する必要がある。時代や地域によって戦争形態は変わってきたが、これらの諸要因に注目することによって、戦争克服への道を拓いていくことができると考えられる。とくに重要なのは、いかに時間はかかっても、戦争文化、すなわち人間を戦争や暴力に向ける思考様式を克服していくことである。

戦争文化の克服

　古代から現代まで通時的に言えるのは、人びとの意識を規定する、二通りの考え方、価値観が醸成されてきたということである。戦争文化と平和文化がそれであり、戦争文化を形づくる「戦いの思考」は、正戦論やナショナリズムのような、戦争肯定・正当化の思想や意識に発展してきたが、はじめは人間が集住し、権力を形成するところで生じた意識形態である。戦争は権力現象と言えるが、権力現象と言っても、内部に対する法的統制と外部に対する暴力的対抗では大きな違いがある。

　戦争は、その意味で他者に対して「抑制の効かない」暴力を組織的・持続的に振るう政治形態であり、他者との接触を断ったときに「束の間」の平和が訪れることがあるように、自他の差異化と関係している現象である。しかしなが

ら、グローバル化の時代のなかで、他者と隔絶して生きていくことは不可能である。また、閉じた共同体には、停滞的で抑圧的な、息苦しさもあることは事実である。「開かれた社会」を形成・維持していくためには文化接触が必要であり、対立や衝突を、暴力を用いず解決していく平和文化を定着させていかねばならない。

　戦争文化とは、文化や民族に優劣をつけ、自国や自民族を優越させ、他国や他民族を見下すことによって戦争に向かう思考様式である。これは、暴力によって紛争を解決することを肯定する立場である。これに対し、平和文化とは、あらゆる差別の撤廃を目指し、自己を相対化し、他者を尊重する心性を育む文化である。あくまで非暴力で紛争を解決することを追求することをよしとする思考様式である。松木武彦が主張するように、環境破壊、資源浪費、あらゆる種類の差別、テロリズム、抑圧を否定し、人びとのあいだに信頼と友情を構築していく地道な努力の積み重ねが、時間はかかっても着実に戦争廃絶への道につながっていくのである。[25]

　道具もことばも人間が作ったものであり、基本的には人間らしい生活を可能にするものである。道具の一種である武器も他の動物から身を守ったり、獲物を取ったりするための手段として作られたものであり、対人的に使用される目的ではなかったはずである。しかし、人間に対して使われるようになると、止めどなく発達し、人類を絶滅することも可能な核兵器の保持に至ったのである。ことばは人間と動物との種差であり、人間が高度な文明を発展させえたのも言語の発展によるものであり、言語は人間間のコミュニケーションを可能にするだけではなく、思考したり判断したりする機能も果たすのだが、一方で記憶に蓄えられた言説が恐怖や偏見の培養器になることもある。言語の発展と戦争とが無関係でなかったのは、戦争を肯定し正当化する言説が構築され、それが流布され、人びとの固定観念になっているからであり、戦争に関する言説を脱神話化していくことが戦争克服のために必要なことである。

　戦争の本質は集団殺戮にあるのだが、戦争が肯定されてきたのは、実際に戦争が起こってきたし、起こりうるという現実の重みによる。戦争に限らないが、とくに戦争においては、ふだんは温厚な人間であっても、集団のなかに自己を埋没することによって、鬼畜のような振舞いをするようなことがあること

は、よく知られている。戦争はいったん始まると、勝敗が重要になり、目的が手段を凌駕していき、歯止めが利かなくなってしまうからである。しかし、そうならなかった人もいたのであり、そういった少数者の行動から学ぶ必要があるとともに、戦争や暴力を肯定する、誤った観念を克服していかねばならない[26]。

非武装化への道

　戦争を克服するには、なぜ武器が作られ、いまでも生産され続けているのかを考える必要がある。戦争は武力の継続的行使であり、武力という点に注目するなら、なぜ人類が武器を持つようになったかを深く考えないとならない。基本的には、「攻められたらどうする」という恐怖や不安が武装へと方向づけてきたのであり、恐怖や不安の感情を削減させていくことが、戦争をなくすための道である。

　ヨーロッパにおいては、近代初期に都市は非武装化され、市民は武装解除され、都市間での戦争はなくなった。それは、統一国家の形成とともに進んだ過程であり、国家に暴力手段を集中させ、国家権力の行使を法の支配下に置くことによって可能になったのであり、世界が非武装化されたわけではなかった。都市国家間、領域国家間の戦争が近代国家間の戦争に置き代わっただけであるが、ヨーロッパの歴史は非武装化の一つのモデルを示していると言える。その意味では地域統合から世界統合へ進むなかで、軍事力の必要性を感じられなくしていくことが考えられる。もちろんまったく暴力手段がなくなることは考えづらいし、世界統合がなされても警察的な強制力は残るだろうが、長い道のりになるとしても、軍事力の必要を最終的になくしていくことも可能であろう。

　こういった権力の組織化が戦争克服の一つの道であることは確かだとしても、より重要なのは、平和圏を広げていくこと、紛争圏において民衆の統治能力を強化していくこと、非武装化した市民社会を世界中に拡大し、相互に連携・協力することによって戦争や武力紛争を終結させ、予防する非暴力文化を生活の隅々に定着させていくことである。個人個人が民族や国家の枠を越えて交流していくことによって、武力信仰から人類を解き放つことができるであろう。市民社会や個人同士の交流・連携が平和構築の担い手であり、非暴力文化

Ⅲ部　戦争をなくすための思想と構想

を構築していくことが戦争克服への確かな道である。

　戦争を起こすのは人間であり、戦争を食い止めることができるのも人間である。戦争は一人の人間である指導者が起こすこともできるが、平和は一人の人間では築くことはできない。平和を構築できるのは人びとの連帯と協力である。市民一人ひとりが個の自覚に立ち戻って、「戦争のない世界」をつくろうと決意し、戦争に向かう動きにストップをかけることによってしか、その目標に近づいていくことはできないのである。

1) 戦争の定義については、Istvan kende, "Local Wars 1945-76," in Asbjorn Eide and Marec Thee (eds.), *Problems of Contemporary Militarism* (Croom Helm, 1980), p. 261 参照。
2) 佐原真『戦争の考古学』〔佐原真の仕事4〕金関恕、春成秀爾編（岩波書店、2005年）120-135頁参照。
3) 松木武彦『人はなぜ戦うのか――考古学からみた戦争』〔講談社選書メチエ〕（講談社、2001年）24-27頁参照。
4) 矢野健一「考古学から戦争の起源をさぐる」、君島東彦編『平和学を学ぶ人のために』（世界思想社、2009年）所収、153頁。
5) 『人はなぜ戦うのか――考古学からみた戦争』10-12頁参照。
6) 同上、13-14頁参照。
7) 同上、17頁。
8) 同上、19頁。
9) 同上、21頁。
10) 「考古学から戦争の起源をさぐる」155頁参照。
11) 同上、158頁。
12) 『人はなぜ戦うのか――考古学からみた戦争』57頁。
13) 同上、65頁参照。
14) 同上、88頁。
15) 同上、54頁。
16) 荒井信一『空爆の歴史――終わらない大量虐殺』〔岩波新書〕（岩波書店、2008年）130-133頁参照。
17) 古川純、山内敏弘『戦争と平和』（岩波書店、1993年）35頁。
18) 同上、36頁参照。
19) 同上、36頁参照。
20) Lotta Themnér and Peter Wallensteen, "Armed conflicts, 1946-2013," *Journal of Peace Resarch*, Vol. 51 (4), pp. 541-543 参照。
21) 最上敏樹『いま平和とは――人権と人道をめぐる9話』〔岩波新書〕（岩波書店、2006

8章　戦争はなぜ起こるのか

22) 月村太郎「地域紛争をどうみるか」、月村太郎編『地域紛争の構図』（晃洋書房、2013年）所収、9-10頁参照。
23) メアリー・カルドー『新戦争論――グローバル時代の組織的暴力』山本武彦、渡部正樹訳（岩波書店、2003年）1-13頁参照。
24) 同上、13-17頁参照。
25) 『人はなぜ戦うのか――考古学からみた戦争』250頁参照。
26) 国際平和年とそれを提唱した国連のために、国際的な専門家が書いた「暴力についてのセビリア声明」（1986年）は、戦争が生物学的必然ではないことを科学的に言明している。奴隷制も生物学の一部だという主張が正しくないことは今日では自明とされているように、第5命題において「戦争は〈本能〉あるいはなにか単一の動機によって引き起こされる」ということは科学的に正しくなく、現代の戦争において、服従、被暗示性、理想主義のような人格特性、社会的技能、コスト計算、企画、情報処理のような合理的思考の制度的利用もなされている、と主張している（デービッド・アダムズ編集・解説『暴力についてのセビリア声明――戦争は人間の本能か［声明文と解説］』中川作一訳、杉田明宏、伊藤武彦編集（平和文化、1996年）30-31頁参照）。

【文献案内】

最上敏樹『いま平和とは――人権と人道をめぐる9話』〔岩波新書〕（岩波書店、2006年）は、人類の歴史上の戦争について、その態様の変化を明らかにしている。松木武彦『人はなぜ戦うのか――考古学からみた戦争』〔講談社選書メチエ〕（講談社、2001年）は、考古学の立場から、戦争の起源、戦争形態の変化、戦争をなくすための道筋を明らかにしている。国立歴史民俗博物館監修『人類にとって戦いとは①戦いの進化と国家の生成』（東洋書林、1999年）も、考古学の視点から戦争の発生のメカニズムを明らかにしている。佐原真『戦争の考古学』〔佐原真の仕事4〕金関恕、春成秀爾編（岩波書店、2005年）は、戦争の起源についての研究を概説し、戦争には起源があることを明らかにしている。アーサー・フェリル『戦争の起源――石器時代からアレクサンドロスにいたる戦争の古代史』〔新装版〕鈴木主税、石原正毅訳（河出書房新社、1999年）は、石器時代から古代ギリシアまでの戦争の軍事的側面を描き出している。猪口邦子『戦争と平和』〔現代政治学叢書〕（東京大学出版会、1989年）は、戦争の原因と平和の条件についてさまざまな資料を駆使して、分析している。Michael E. Brown et al. (eds.), *Theories of War and Peace* (MIT Press, 1998) は、戦争と平和に関する多様な国際政治理論を批判的に検討している。

　デービッド・アダムズ『暴力についてのセビリア声明――戦争は人間の本能か［声明文と解説］』中川作一訳、杉田明宏、伊藤武彦編集（平和文化、1996年）は、戦争が本能によるものでないことを科学的に明らかにしている。羽仁五郎『君の心

が戦争を起こす』〔KAPPA BOOKS〕（光文社、1992年）は、戦争を準備する勢力によって、人間の心が管理・コントロールされ、戦争に向かう意識が形成されていくこと、政権党がうそをつき、ことば巧みに国民をだましていることを批判した書である。

　アレン・ネルソン『ネルソンさん、あなたは人を殺しましたか？――ベトナム帰還兵が語る「ほんとうの戦争」』〔シリーズ・子どもたちの未来のために〕（講談社、2003年）；『戦場で心が壊れて――元海兵隊員の証言』（新日本出版社、2006年）は、戦争の実相を伝えている。著者は、海兵隊員としてベトナム戦争を体験し、女性や子どもを殺害した体験からPTSDに苦しみながらも、戦争の語り部となった平和活動家である。荒井信一『空爆の歴史――終わらない大量虐殺』〔岩波新書〕（岩波書店、2008年）は、空爆する側の論理と空爆される側の現実との乖離が生み出されてきた歴史を記述している。月村太郎編『地域紛争の構図』（晃洋書房、2013年）は、現代の地域紛争の諸相を分析している。

9章 世界連邦思想の検討

1 恒久平和の条件

　戦争のない世界への希求が実現可能なものとして構想されるようになったのは、ヨーロッパ近代においてである。それまでは、世界が限定されていて未知なる地表があり、世界がどこまで広がっているかわからなかったことと、自然災害や伝染病のほうが多くの被害を出す、大きな問題であったからである。20世紀になって医学の発展によって伝染病が次々と克服されていく一方で、二度の世界大戦と核兵器の出現によって戦争が人類の生存を脅かす最大の問題になったのである。

　第二次世界大戦後の核戦争の現実的脅威のもとで世界連邦運動が一時的にではあれ、大衆レベルででも広まったことは、世界政府樹立によって恒久平和が実現できると考えられたからであるが、国家連合によって戦争をなくそうという思想自体は古くから存在した。そういった思想を辿ることも必要だが、やはり第二次世界大戦後に切迫した課題として世界連邦が唱えられたことに注目する必要がある。東西冷戦や冷戦終結後のナショナリズムの再燃によって理想としては遠のいたかのように見えるが、1990年代から顕在化したグローバル化のなかで経済、文化、情報の面で地球社会が形成され、世界統合の下部構造としてのグローバル経済は急速に形成されていると言える。

157

III部　戦争をなくすための思想と構想

自由経済と相互依存

　自由経済や自由貿易が国境を越えて広がると、それだけ戦争が起こりづらくなることは事実である。古代から交易はあったが、戦争が起こったのは、他国を植民地化することによって経済を成長させることが可能だったからである。第二次世界大戦後、帝国主義は断罪され、民族自決権のもとで主権国家システムが構築され、国際分業が進んだが、世界経済自体が本当の意味で相互依存を高めるのは1990年代以降のグローバル化によってである。東西冷戦下では米ソの対立を背景にして一つの世界がつくられているとは到底言えない状況があったからである。

　冷戦時代は、目指す世界が違うイデオロギーが対立していたので、自由貿易は進んでも国境による障壁はかなり大きく、両陣営内での政治経済的相互依存はあっても、全世界的な相互依存は存在しなかった。冷戦が崩壊することによって、市場社会化や資本の自由移動というかたちで経済の世界化の傾向が強まっているとはいえ、国境が開放されているわけではない。国家間の物流には関税がかけられる場合も多いが、労働者の移動を含む人の移動は国家によってはるかに制限されている。世界通貨ができないのも、通貨は国家と密接に結びついているからである。しかし、長期的に見れば、経済的、文化的な意味での共通の基盤は形成されつつあり、そのような傾向は少なくとも大国間の戦争を不合理なものとしている。

　また、情報、運輸手段の発達は、瞬時に世界中を結びつけることを可能にし、インターネットを通じて情報交換、意見交換しやすい条件が形成されてきている。意識的・観念的なレベルで世界を意識するのではなく、実際に行き来したり、ソーシャル・メディアを使って交流したりすることが格段と容易になってきた。だからといってすぐに世界市民が形成されるわけではないが、地球市民社会は形成途上にあり、共通の価値観や規範が人類のあいだに形成される過程にあり、それは戦争を抑制する力になっていくと思われる。

世界法と世界政府

　世界法や世界政府をつくって、戦争のない世界を実現しようという考え方は古代からあったが、それはこれまでずっと空想でしかなかった。今日でも、大

国が覇権争いをしているので、実現可能とは考えられていない。戦争を起こすこと自体が非経済になり、戦争を抑制するさまざまな力も形成されている。世界はアナーキーな状態にあるとは言えないし、逆に、世界政府ができると、権力の組織化・一元化が起こり、自由の脅威になるという批判も根強く存在する。

しかし、戦争を非合法化、非正当化する制度的仕組みを構築しない限り、戦争を実効的に抑制することはできないであろう。また、貧困や人権侵害は、人類共同体が構築されることによって解決可能になる可能性もある。しかし、一元的な価値観で統制するのではなく、多元的な価値や宗教を認め、多言語・多文化の人類社会を前提にして世界秩序のあり方を構想していかねばならないであろう。政治的にも、地域や国家の自治を尊重した連邦制度が前提とされねばならない。世界法は存在しないが、世界人権宣言やさまざまな国際条約は存在している。国連は、大国の権力政治が行なわれる場であり、環境問題や経済社会問題、人権問題で役割を果たしているものの、強制権限をもつ機関にはなっていない。世界法や世界政府に強制力をもたすことの是非についての議論はあるが、世界法や世界政府をもつことによって戦争システムを克服できる、と考えられてきた。

もちろん、どのような筋道で世界政府に至るか、あるいは至るべきかについては、明確化できないし、ロードマップを描ける状況にはない。とはいえ、世界連邦が戦争廃絶の道であることは確かなのだから、世界政府論の是非も含めて、世界連邦ができないと恒久平和は実現できないか、世界統合の望ましい道筋は何かについて検討していきたい。

2　世界政府論の展開

「世界国家」ないし「世界政府」という構想は、東洋にも、西洋にも歴史的に古くからあったが、その場合の「世界」は、東洋の一部であったり、西洋ではキリスト教世界であったりし、今日のように地球全体を包括する世界ではなかった。「世界政府」の創設、すなわち世界連邦運動が本格的に展開するのは、第二次世界大戦後のことである。第二次世界大戦後に世界連邦運動が広がった背景には、①主権国家システムが続く限り、戦争をなくすことができないとい

う認識、②第三次世界大戦が勃発したら、それは核戦争になることは必至であり、核兵器の使用はなんとしても阻止しなければならず、そのためにも世界連邦政府の樹立が必要とされるという認識があった。①の立場から世界政府の必要を論じたのが、エメリー・リーヴス、ジョン・デューイらであり、②の立場から世界連邦を論じたのがバートランド・ラッセルらであるが、世界戦争の防止のための構想という点で共通している。軍事的主権を世界政府に譲渡して世界統合を図るという、彼らの思想的立脚点を検討したい。

主権国家の克服

エメリー・リーヴス（Emery Reves, 1904-1981）は、『平和の解剖』（1945年）のなかで第二次世界大戦後の世界連邦思想の基本となる考え方を示した。『平和の解剖』は、時代の要請に応えるべく書かれ、実際に多くの言語に翻訳され、ベストセラーとなり広く読まれただけではなく、世界連邦運動においてバイブルのように活用された。リーヴスの議論は、戦争の原因とそれを根本的に除去する方法についての考察から成る。

リーヴスは、戦争の原因が人間の闘争本能にあるというような見方をしりぞけ、主権相互の接触にあるとする。ここでいう主権とは、国家主権のことだけではなく、社会集団にも帰属させている。リーヴスによれば、①社会を構成する団体である、種族、王朝、教会、都市国家、民族が無制限な主権を行使するならば、それらの集団間に戦争が勃発する、②これらの社会単位間の戦争は、その主権がより高い単位に移されるときに終わる。つまり、「戦争は平等の主権をもち、一つに結合されない社会単位が相接触すれば、場所と時とを問わず起るもの」であり、相争う主権が統一されると平和の時期が来る、という認識である。[1)]

リーヴスの平和論の特徴は、主権の否定ということにあるのではなく、主権の移譲ということにある。民族国家が国家主権を拡張しようとし相互に接触すると、戦争が誘発されるのであり、19～20世紀には民族主権国家が形成されたが、統一に向かう移行期に戦争が起こり、統一されれば平和になるという繰り返しが歴史であったから、世界政府が設立されれば、主権国家間の戦争がなくなるという論理である。もちろん、この場合、世界帝国による平和か、世界共

和国による平和かという問題があり、民主主義が基底に据えられている。世界憲法を制定し、それをもとに世界議会、世界裁判所、世界行政府のような諸機構を創設するということだが、人民が人類社会の主権組織と直接結びつくという構想である。

　リーヴスは、「相接触する団体や単位の間の関係が、民主主義的に管理された法と法制によって規律されていたならば、近代科学がいかに強力な武器を製造せしめても、戦争は起らないであろう[2]」と述べ、国際法ではなく世界法の制定と民主的な法の規制・調停によって戦争をなくすことができると考える。というのも、条約は主権相互のものであり、何千結ばれたかわからないが、長続きせず、戦争を防止できなかったのは、実効性のある法ではなかったからであり、社会における平和は構成員が法に拘束されているから実現しているように、世界法が形成されない限り、平和は実現しないからである。

　リーヴスは、「平和は法である。それは秩序である。それは政府である[3]」という立場から国際法、集団的安全保障、民族自決権のいずれにも反対し、世界法のもとでの民主的な世界秩序を構想している。世界統一をしないと戦争は避けられないという主張だが、問題はどのようにして世界政府を実現するかであり、それについてリーヴスは民主的方法で、と主張するだけで、具体的な道は示していない。リーヴスは、国際民主主義によって統一するのが望ましく、征服による政治的統一は、莫大な犠牲を生み、血なまぐさいと述べる一方で、「もしわれわれが、全世界体制に到達することができず、合理的考え方の結果としての共同の同意と民主主義的方法によって、統一を創造することができないならば、——その時こそ、むしろ過程を遅延させないで、征服による統一を急がせようではないか」と、征服による統一も否定していない[4]。リーヴスは、世界政府への歩みは歴史の法則のようなものであり、不必要な戦争による災禍を避けるために早急な世界秩序形成を説いたのである。

　アメリカを代表する哲学者のジョン・デューイも、第二次世界大戦直後に世界政府の樹立を唱えた思想家の一人である。デューイは、アメリカ発祥の哲学であるプラグマティズムの思想家であるが、第一次世界大戦後は戦争非合法化運動に参加したこともあり、社会運動家でもある。リベラリストであり、個人の自由を最大限尊重する立場に立っている。そのデューイが書いた論文「世界

政府論」(1946年) も、世界大戦が二度起こった事実をふまえ、世界政府の必要性を考察している。それは、新しい事態には新しい考え方で対応していかねばならないという発想からである。デューイによれば、「この新事態に適応するためには、全世界の国民が、新しいものの考え方と、計画の仕方と、もののやり方を採用しなければならないのである。さもなければ、この原子爆弾時代に生きながらえることはできない。文明をほろぼすまいとするならば、各国民がもっと協力的な好意をしめしあうことが必要である[5]」。

　世界大戦と原子爆弾という、20世紀の新しい状況のもとで世界政府は必要となるという認識である。デューイの場合、戦争システムの克服を果たしていかねばならないという年来の問題関心があり、戦争と原爆の災禍が明らかになるなかで、人類の破滅を食い止めねばならないという規範的要請から世界政府の可能性を検討している。デューイは、一国の独裁専制による世界政府の樹立は望ましくもないし、現実的でないとし、「武力によっては、外面的な統一がなされたようにみえても、社会的統一は期待されない。武力によってもたらされた統一は、さらに強力な武力をもって維持する必要に迫られるから、結局戦争システムという無政府状態の連続となる[6]」と述べている。

　デューイは、世界政府は必要だが、その前提として世界社会が形成されないとならないと考える。科学技術の発展と国家間の相互依存の増大によって世界が縮小した結果、かえって利害の衝突を生むことになり、二度の世界大戦を生ぜしめたが、「経済上の相互依存性の発展が、やがては世界の調和と平和をもたらすであろうとした昔日の夢を、今ここで全く根のないうわごととして片付けてしまうのは、文明に対する背信である[7]」というように、デューイは世界各国民が協力して世界社会を形成していくことに期待する。排外的な愛国心に反対し、各民族の多様性を尊重しつつ、共通の伝統と価値観を形成していくと論じている[8]。

世界政府論批判

　リーヴスやデューイの世界政府論については、発表当初から多くの批判がなされてきた。もともと、リーヴスやデューイにしても世界政府樹立への具体的な手続きが示されておらず、具体性に欠ける側面が強かったからである。戦争

の廃絶や富の公平な分配という世界統合の理念は認めるとしても、空想的だと思われたのである。実際に、イデオロギーの対立やアジア、アフリカで独立国が生まれていくなかで世界政府の現実性は遠のいていったが、それ以前に、世界政府思想の理想主義が政治的現実主義の立場から批判されたのである。

　ラインホールド・ニーバーは、神学者であり、自由主義者であるが、世界政府批判の急先鋒としても知られる。ニーバーは、「世界政府の神話」（1946年）のなかで世界政府論の非現実性を抉り出している。第一の錯誤としては、歴史的過程や要因を無視して単純に世界統合はなしえない点、第二の錯誤としては、国家統一にあったような倫理的、言語的、地理的、歴史的な条件がない点があげられ、世界共同体が形成されていない状態で世界政府を樹立することは、圧政に等しい強制力がなければできないから、世界政府論は有害だという議論である。現実の問題を一つずつ解決していくことが重要であり、アメリカが一方で世界政府を説きながら、原子爆弾に関する危険な知識をある種の世界法廷に譲渡しないのは、「二重人格の恥」を世界に曝しているのであり、世界政府論は複雑な歴史の問題に単純な回答を安売りすることになると言い、理想主義がかえって圧政をもたらすことになるということに無自覚な理想主義者の無責任さを痛烈に批判している[9]。

　ニーバーが主著『光の子と闇の子』（1944年）のなかで述べているように、世界政府はその基盤となる世界共同体ができない限り、実現不可能なのであり、ニーバーは、世界政府論者を念頭に置いて「彼らは、いろいろな憲法形態の基礎にはヴァイタリティにみちた社会的過程が横たわっており、そうした憲法形態は、この過程の手段、および、シンボルにすぎないということを認識していないか、あるいは理解しないが故に、共同体建設の問題を、純粋に立憲的条件で見積ってしまうのである[10]」と、痛烈に批判している。要するに、世界を統合する一つの主権が形成されるには前提が必要であり、各国において統一がなされてきたような条件を現在の世界は欠いているのだから、世界政府によって戦争の危険を解消しようとするのは、「偽りの解決」であり、むしろデモクラシーを擁護していくことこそが現実的な道だということである。

　世界政府の問題点としては、ニーバーが言うように、政治的現実主義の欠如と世界的圧政の可能性である。世界政府という強大な一元的権力が形成され、

自由に対する抑圧が生じるのではないかということである。ニーバーがいみじくも指摘するように、勢力均衡による平和のほうが、権力の専制化を抑えることになる可能性が高いということになる。

では、集権的な権力となることを防ぐにはどうするかということについては、ガンディーが実践したような非暴力が世界連邦の前提とされなければならないということである。世界政府を批判する人たちに共通しているのは、世界的な規模での専制政治への危惧である。もっとも、デューイの場合は、人類の文明の進展のなかで世界政府を考えようとしており、世界社会、世界デモクラシーの形成は肯定的に受け止めていた。カントが、世界政府を新しい専制と考え、国家連合を主張したように、あくまで集権的ではなく分権的なシステムとして世界連邦は構想していかねばならない。

3　世界連邦の実現可能性

ニーバーの世界政府批判は説得的だが、一方で国際連合が設立され、ヨーロッパでは地域統合の動きが出てきた。一気に世界連邦へという道筋は非現実的だとしても、長期的なスパンで考えれば、世界統合は不可避という歴史の動きが胎動し始めていたと言えよう。ニーバーが前提とした世界共同体もグローバル化の急速な進展のなかで現実味を帯びてきたと言えなくもない。世界連邦運動は、第二次世界大戦後から1960年代までは広がりを見せたが、その後停滞していった。というのも、世界連邦への道筋が現実味を失うとともに、1962年のキューバ危機での核戦争の回避以降、米ソ両大国が平和共存に向かい、第三次世界大戦の危険性が遠のいたからである。

冷戦終結後、市場化が進み、インターネットの普及と相まって世界社会の基盤は形成されてきたが、世界連邦はタイムテーブルに載せられてはいない。ナショナリズムの再燃や国連改革が進まないことも、その要因になっている。そこで、世界連邦思想・運動の側からはどのような方向で世界連邦が構想されてきたのか、検討しておきたい。

9章 世界連邦思想の検討

最小限論と最大限論

　世界連邦運動は、創設すべき世界政府が連邦制をとるという点では共通している。世界連邦政府は、①「各構成国家のみならずその国家の人民一人一人に国内法と同様に適用される世界法を制定し、解釈し、施行しうる機能をもった一つの政府」である、②世界法によって特定の権能を世界政府に与えるが、「他のあらゆる権能は現存の国家と人民に留保されるという意味で、それは連邦制をとる」、③「同じイデオロギーなり同じ経済組織なりをもつ国家群だけの連邦ではなく、世界全体を包括しようとするものである」という三つの条件を具えなければならない、と考えられた。[11]

　世界連邦運動のなかでは、目指すべき世界連邦には大きく分けて、最小限論と最大限論という二つの立場があるとされた。最小限論とは、「当面の戦争を防止するのを主要目的とし、世界政府の権限をそれに直接必要な範囲に限定しようとする立場」であり、最大限論とは「世界政府の権限を戦争防止に直接必要な範囲だけでなく、政治経済文化の広い領域にまで及ぼし、それによって従来、戦争の原因となってきた社会的矛盾をも同時に解決しようとする立場」である。とはいえ、現実的には、冷戦期の状況からいって、ソヴィエト圏を引き入れることはできないから、「まず可能な範囲から連邦組織をつくって、それを徐々に全世界的規模に押し広げようという立場」があったが、最初から「全世界的規模で行かねばならないという立場」という対立軸があった。[12]

　核戦争による人類壊滅の回避ということを目的とすれば最小限論ということになるが、世界連邦運動の主唱者だった谷川徹三は、最大限論の立場をとることを明記している。谷川は、「世界連邦シカゴ草案」（1947年）の立場に賛同し、社会経済的な権利の実現および人種差別の撤廃という正義の実現も目指すべきだとしている。植民地問題の解決なくしては恒久平和の実現はありえないのであり、憲法において交戦権を放棄した国の国民として「その多くが今なお植民地あるいは半植民地的状態にある東洋の一国の国民として、社会的政治的経済的正義の実現せらるべき世界政府を要望する」[13]と述べている。

　「世界連邦シカゴ憲法草案」の「前文」では、「全地球の人民は、人類の共同目標が精神的卓越と物質的福祉とにおける人間の向上にあり、この目標を追求するためには、世界平和の実現が先決条件であり、その平和の先決条件として

165

はさらに正義の支配が必要とされ、平和と正義とは興亡を共にする関係にあり、不正と戦争とは不可分に、国民国家の相争う無政府状態から生まれるものであり、したがって国民の時代は終わりを告げ、人類の時代が始まらねばならないという点で意見の一致を見たので、諸国民の各政府は、そのそれぞれに有つ主権を正義に基づく単一政府の中に委譲し、その政府に各自の有する兵器を引き渡し、ここにその制定する本憲法をもって世界連邦共和国の盟約並びに基本法を定めることに決したのである」とあるように、人類主権の樹立の目標がたんに戦争の廃絶にあるのではなく、正義の実現にあるとされている。

　しかしながら、民間レベルでの運動でどのように世界政府が実現可能なのかについての道筋は示されていない。世界連邦運動が、啓発運動にならざるをえず、第二次世界大戦後も一方で戦争が絶えず、他方で南北問題や貧困の問題が注目されるなかで、個別の戦争を阻止したり、飢餓や貧困の問題に直接関わったりするほうが、実際的であり、意味あることと感じられるようになっていった。いずれ機が熟すれば、世界連邦という選択肢もありうるが、当面は暴力や構造的暴力と闘うほうが重要な課題だと考えられたのである。とはいえ、戦争を違法化して、社会的不正義に全人類的な立場から取り組むという世界連邦思想の積極的な意義は消え去ったわけではなかった。

国連改革の道

　世界連邦主義者は、国連と世界連邦は根本的に違うと考えていた。なぜなら、国連は大国が常任理事国となり、大国中心の制度であり、人類が直接世界連邦政府と結びつく回路がないこと、国連の目指す集団的安全保障体制は武力行使を肯定しているのに対し、世界連邦は、軍事力を世界法のもとでの警察力行使に置き代えようとするものだからである。にもかかわらず、現実的には、世界連邦は国連をもとにしか創設できないではないかというジレンマを抱えていた。したがって、世界連邦運動のなかからさまざまな国連改革案が提示されてきた。

　これは、国連を世界連邦に転換するには国連憲章の改正が不可欠であり、国連憲章は５大戦勝国が常任理事国となり、優越した地位をもっているという点を変えない限り、民主的な世界連邦は実現しないという発想に基づいている。

国連憲章下で認められているのは自衛権の行使による戦争だけであり、侵略戦争や武力による威嚇は認められていないのである。したがって、世界連邦運動に始めのころから関わっていた国際政治学者の加藤俊作が述べているように、「もし、加盟国がこの条項を遵守するならば、侵略のための戦争は起こりえないわけで、したがって自衛のために軍備をもつ必要もないはずである。すなわち、国家の安全は加盟国が完全に軍備を廃絶した時に初めて実現するものである。この場合、世界社会の秩序維持にあたる〈世界警察〉は、さほど大規模である必要はないであろう[15]」とされる。

　拘束力のある世界法を制定し、軍事的機能を警察的機能に置き換えるのが世界連邦思想の眼目であり、それは、国連が目指す集団的安全保障体制とは違うはずである。冷戦のため集団安全保障体制は実現しなかったし、現在でも実現していないが、かりに「憲章が規定したような国連軍が編成されたとしても、それはあくまでも各国が保有する軍隊で編成されるのであって、国連が独自の軍隊をもつわけではない。したがって、もしある国が他国に侵略したとしても、その侵略国と友好関係にある国は軍隊を出さないであろうし、結局、侵略国と敵対的な加盟国の軍隊が国連軍の名のもとに侵略国と戦うことになり、それは実質的な国家対国家の戦争と変わらないことになる[16]」。国連の強制措置は、規定上は戦争ではないことになるはずだが、1991年の安全保障理事会の決定に基づいて行なわれた強制措置は、湾岸戦争と呼ばれたように、「平和を維持するための戦争」になり、戦争を廃絶することにはならない。[17]

　にもかかわらず、世界連邦への道筋として国連改革が現実的な途として考えられてきた。国連自体も、国連憲章の効力発生後10年未満に「国連憲章再検討全体会議」を開く予定でいたが、その会議は、ソ連の反対のため開かれずに現在に至っている。国連憲章改正の唯一の例外は、安全保障理事会の非常任理事国および経済社会理事会の理事国の増員であったが、安全保障理事会が大国中心の機構で、権力政治の舞台になっている状態に変わりはない。しかし、一方で、国連が、南北問題、環境問題、人権問題に果たしてきた役割は大きく、それは世界連邦運動にも影響を及ぼさずにはいなかった。冷戦下でも、環境問題、人口問題、資源の問題、宇宙開発、世界的な規模でのデモクラシーの進展、基本的人権の意識の広がり、交通・通信手段の急速な発展が、地球市民と

か世界市民という意識を生み出していったが、そのような変動を受けて「機構中心主義」(constitutionalism)の運動であった世界連邦運動は、「機能主義」(functionalism)の運動に重点を置き代え、共通の目標をもつほかのNGOとの協同行動をもたらすことになり、そのことは「国際刑事裁判所規程」(ローマ条約)の採択運動に典型的に表れているという。[18]

1977年7月のパリで開かれた第17回世界連邦世界大会(以下、世界大会と略記)で採択された「パリ宣言」では、「人権の尊重」にこれまで以上のスペースを割き、欧州統合に伴い、地域的機関の位置づけがなされている。たとえば、欧州人権協定から学ぶべき点が取り上げられている。世界大会では、急速に増大してきたNGOの果たす役割も重視されてきた。[19] 世界大会では、常に「国連改革」が取り上げられてきた。その内容としては、次のようなことが提案されていた。国際司法裁判所に強制管轄権を付与し、同裁判所に控訴可能な地域裁判所を設置する。国連を二院制にし、上院を加盟国から同数の議員から成る議院とし、下院として加重投票制を加味した人民院を新設する、という点が盛り込まれていた。この場合、選ばれた議員は欧州議会同様、国家代表としてではなくあくまで世界代表として行動する。現在、経済社会理事会(ECOSOC)のもとにある人権委員会を昇格させて人権理事会を設けるか、もしくは環境理事会を設ける。国連憲章第71条を改正して、現在経済社会理事会の管轄内事項に限られていたNGOの活動をその他の分野に拡大して、その権限を強化する。[20]

しかし、世界連邦運動の目標が「世界法による世界平和の実現」である以上、これらの改革の積み重ねで世界連邦に到達できる保証はない。世界法秩序は、国民国家を基盤にした集団安全保障体制を超えた世界を目指しているからである。しかしながら、こういった国連改革の道をとりながら、一歩一歩世界連邦の理念に国際社会の現実を近づけていくしかないのが現実だということは認めざるをえない。つまり、国連の目指す集団安全保障体制と世界法秩序の構築を目指す世界連邦思想とには大きな違いがあるとはいえ、国連を民主的・非暴力的に改革していくという道を歩まざるをえないのが現実である。世界連邦はたしかに「理想」かもしれないが、「空想」ではないはずである。世界連邦樹立には、「意志と努力」が必要であり、「われわれが〈世界連邦〉を単なる

ユートピアとしてシニカルに傍観しているかぎりそれは永久に実現しない。なぜならそれはわれわれ人間がつくるものであり、〈理想〉と〈現実〉は不可分離的だからである」と言えるのかもしれない。

地域統合から世界連邦へ

　世界連邦への現実的な道筋は立っていないが、第二次世界大戦後、ヨーロッパ統合は現実化していった。ヨーロッパ統合にしても、不戦共同体をつくるという理念があり、二度にわたる世界大戦という現実のうえに実現していったのである。世界連邦思想自体、ヨーロッパ統合の動きはそれが排他的なブロック化につながらない限り、世界連邦と相反するものではないと認識していたが、最初から世界統合を目指していたので、ヨーロッパ統合をモデルにするという考えはなかった。しかし、逆に、いくつかの段階を経てヨーロッパをほとんど包括する統合に進んできたEUの歴史と原則は、世界統合への道を考える際に多くの示唆を与えていることも事実である。つまり、EUのような地域統合がなされていって、それぞれの地域連合機構の調整機関として世界連邦が形成されていく道も、世界連邦実現の可能性の一つである。

　とくに示唆的なのは、国民国家を残しながら、国民国家の枠組みを超える国家統合の道を模索してきたことである。国民国家の統合という動きがヨーロッパで起こったのは、もともと中世からのキリスト教世界という共通の基盤があったが、戦争を繰り返してきた歴史がある。とくに第一次世界大戦後、平和主義の思想と運動がヨーロッパに広がり、戦間期にヨーロッパ政府の構想もなされた。とくにオーストリアの貴族、リヒアルト・クーデンホフ・カレルギー（Richard N. Coudenhove-Kalergi, 1894-1972）の『汎ヨーロッパ論』（1923年）がヨーロッパ統合に影響を与えたとされる。カレルギーは、長年にわたって対立関係にあったドイツとフランス、その他の諸国がヨーロッパ合衆国を形成すれば、ヨーロッパ内部での戦乱を防ぎ、外部からの侵略にも対応でき、経済的にも繁栄すると考えただけでなく、実際に「汎ヨーロッパ連合」と呼ぶ運動団体を創設し、実践運動を行なった。

　この運動は、ヒトラーの政権掌握によって中断するが、第二次世界大戦後にこの運動は復活し、欧州鉄鋼石炭共同体や欧州経済共同体（EEC、1957年設立）

というかたちで現実化していった。EEC はベルギー、フランス、ドイツ、イタリア、ルクセンブルク、オランダが経済統合を目指して結成されたもので、その後 6 ヵ国が加わり、1967年には欧州共同体（EC）という体制に移行した。

　ヨーロッパ統合は、不戦共同体をつくろうという試みであり、経済統合から政治等に進んできた。1991年のソヴィエト連邦解体後、旧ソ連、東欧地域において民族紛争、内戦、戦争が起こったが、他方でヨーロッパ統合が EU というかたちで進展していった。1999年1月には通貨統合が始まり、11ヵ国が参加した。2002年1月には EU15ヵ国のうち、12ヵ国が自国の通貨を放棄し、新しい単一通貨（ユーロ）を採用した。EU は2013年にクロアチアが加盟し、28ヵ国になり、構成国はまだ増えていく可能性がある。EU の中心をなすフランス、ドイツ、イギリスは産業先進諸国であり、このような先進諸国で国家の枠組みが変わっていくことは、国民国家の将来の方向性を示唆するものとして早くから注目されていた。

　ヨーロッパ統合でつとに注目されていたのは主権国家の超克という方向性であり、世界連邦の先駆けとなる可能性である。実際に起こっているのは、スケール・メリット（規模の利益）を目指した経済統合でもあり、経済のブロック化ではあるが、「主権の共有」ということも俎上にのっている。1993年にマーストリヒト条約が結ばれ、統合に拍車がかかり、共通の通貨・金融政策の形成、単一通貨の採用が目指された。文化、政治面での統合も進んでおり、1979年以来欧州議会も活動している。とくに人権や環境の面での協力した取り組みが模索されている。文化政策の方向性としては、単一のヨーロッパが志向されているわけではなく、文化や言語の多様性は尊重される方針である。

　このような多様化と統合を行なってきた EU に関して注目されるのは、多言語主義を採用し、すべての加盟国の公用語を EU の公用語としたこと、小さな単位での自治を基本にしてそれで対応できない問題を大きな単位で補完するという補完性の原理を採用したことである。ほかにも注目されるのは、共通の権利がかなり確立されてきていることである。社会保険、年金（帰国した母国での受け取り）、労働者の自由な移動なども認められている。参政権を含む市民権に関しては、各国対応はまちまちだが、地方選挙権に関しては多国人にも認めている国が多くなっている。1989年に欧州議会では、働き生活する居住外国人す

べてに地方参政権を与えよという決議がなされている。EU における外国人の人権、社会権、言語権など、このような人権面での先進的な取り組みも、注目される。

　EU は、既存の国家の枠組みを否定するのではなく、国家連合をつくっていこうとする現実主義的な動きだが、長い歴史と伝統のうえでの試みであり、ほかの地域にそのまま応用できるものではないが、地域統合の一つの範例として重要であることに変わりはない。EU は、ヨーロッパという地域を前提にしており、世界統合を目指すものでもないが、各地域での統合が進んだのちに、それら各地域の調整機関としての世界連邦の形成という一つの方向性を示唆している点でも注目される。

　とはいえ、ヨーロッパ以外では経済的な結びつきは強化されているが、国民国家を越える枠組みが並行して形成されてきたとは言えない。むしろ、ナショナリズムが再燃し、地域紛争や領土問題が民族を軸に起こっている。東アジア共同体構想が後退しているのは、ヨーロッパのような地道な取り組みの積み重ねがなかったからでもあるが、域内での政治・経済体制の違い、歴史問題、領土問題などによるところも大きい。しかし、底流において市場や人的交流の増大は続いており、経済や文化を基盤にして徐々に統合に進んでいく可能性もあり、長期的には統合の可能性も大きいことを見据えて、国境を越えるさまざまな動きを加速させていく必要がある。

世界政府の是非

　世界連邦への道筋が明確にできないのは、国際社会を構成している諸国家が自らの権益を放棄することは考えづらいからである。とくに国連の安全保障理事会の常任理事国である大国が覇権的地位から自ら降りることは想定しがたいからである。国連が権力政治の舞台になってきたように、常任理事国に拒否権があったから国連は維持されたという側面もある。権力政治状況はすぐには変わらないが、グローバル化のなかで相互依存関係は格段と進んでいることも事実である。

　デイヴィッド・ヘルドのような世界レベルでの民主制度を構想する政治学者も世界連邦に対して懐疑的だが、国際政治学者のなかにも世界国家不可避論を

主張する論者もいる。アレクサンダー・ウェントは、ヘーゲル的な目的論的視点から、諸国家システム→諸国家社会→世界社会→集団的安全保障→世界国家という発展段階を立てている。もちろん、それぞれの段階で停滞や後退も含まれているが、人間が承認を求めている以上、歴史のテロス（終わり）として世界統合を想定せざるをえないという議論である。「100年から200年（？）以内」に世界国家に進むとしているが、自ら疑問符を付けているように、科学的な根拠があるわけではなく、一つの哲学的認識だと言えよう。

　たしかに、国家間のアナーキーを抜け出し、統合していくほうが合理的だということは言えても、そうなるかどうかは確定的ではないように思われる。かりに世界のほとんどの国・地域が加入するような世界統合がなされても、スイスがEUに加盟していないように、加盟しない自由、脱退する自由を認めることになるのではないかとも思われる。国家主権をもつ近代国家が形成されえたのは、外部が存在したから統一できたのであり、外国の侵略や脅威から自らを守るために主権国家化を必要としたのであり、世界統合によって脅威がなくなるなら、主権の統一は必要でないという議論も成り立つからである。

　世界政府の利点としてあげられるのは、戦争システムを終わらせ、戦争を非合法化・非正当化できること、環境問題や人権問題に人類的視点から取り組んでいくことができること、富の公平な再分配が可能になることなどがある。というのも、現在の国際システムでは、国家はどうしても国益によって動かされ、人類的視点からの施策を実行しづらい、という弊害が付きまとっているからである。両大戦間の平和主義が見抜いたように、戦争とは集団殺人を正当化するシステムにほかならないのであり、罪のない者同士が殺し合うシステム自体が廃絶されねばならないからである。世界政府の樹立というのは、世界法が実効的に支配する世界の創出ということである。そればかりではなく、世界政府が樹立されれば、富の配分をより公正に行なっていくことができるようになるだろう。また、著しい人権侵害に対して人類の責任として対処していくことも容易になるであろう。

　実際に、グローバル化によって、世界は急速に距離感が縮まり、融合しているのであり、この動態を否定することはできない。したがって、どのような世界秩序が望ましいか考えなければならない。一極集中の世界ではなく、権力が

多元的に存在する世界が望ましいことは言うまでもない。かりに世界政府が形成されるとしても、連邦制度が唯一採りうる方向性である。

世界政府の欠点としてあげられるのは、強大な権力が生まれることによって自由そのものが脅威に曝されるという恐れと、世界的な内戦の可能性を否定しえないことである。世界警察軍は国連軍とは違って、軍事行動をとることを目的としてはいないが、世界警察（世界政府）軍と集団間の世界内戦の可能性もゼロではない。世界連邦構想では、世界警察軍に軍事力を集中させるということであって、軍事力の廃絶ではない。もちろん、これは移行期のことであり、武装解除が進み、世界警察軍は犯罪を取り締まる世界警察になっていくことも考えられる。しかし、武器が存在する限り、組織的・持続的に使用されれば、内戦と呼べなくもない。もちろん世界法が存在するならば、集団的暴力行使は犯罪として扱われることになるが、実力手段が一極に集中することが、逆の危険性をはらんでいるとも言える。

したがって、世界統合の前に構築しておかねばならないのは、政府間および市民レベルでの信頼関係・協力関係の構築である。つまり、非暴力で対等な地球文化を築くことが世界連邦の前提として必要だが、戦争を正当化する装置としての国家主権の問題性を克服していかねばならないこともまた事実である。おそらく重層的で多元的な世界が形成されていくなかで、下からの民主的諸力によって戦争の非合法化・非正当化が実効的なものとされてから、多元的な政治主体間の調整機関として最小限の暴力手段を具えた世界政府が実現していくのが望ましい道筋であろう。

1) エメリー・リーヴス『平和の解剖』稲垣守克訳（毎日新聞社、1949年）132頁参照。
2) 同上、133頁。
3) 同上、167頁。
4) 同上、307頁参照。
5) ジョン・デューイ「世界政府論」鶴見和子訳『思想の科学』第1巻第2号（1946年5月）56頁（歴史的仮名遣いを現代仮名遣いに変更。以下、同）。
6) 同上、57頁（訳語一部変更）。
7) 同上、60頁。
8) 同上、62頁参照。
9) Reinhold Niebuhr, "The Myth of World Government," *The Nation* (March 16, 1946),

III部　戦争をなくすための思想と構想

    p. 314; 武田清子「ニーバー「世界政府の神話」解説」『思想の科学』第 1 巻第 2 号（1946 年 5 月）63 頁参照。
10)　ラインホールド・ニーバー『光の子と闇の子――デモクラシーの批判と擁護』武田清子訳（聖学院大学出版会、1994 年）165 頁。
11)　谷川徹三『世界連邦の構想』〔講談社学術文庫〕（講談社、1977 年）26 頁参照（強調は谷川）。
12)　同上、27 頁参照。
13)　同上、31 頁。
14)　同上、53-54 頁。
15)　加藤俊作「運動としての世界連邦論」、日本平和学会編『世界政府の展望』〔平和研究第28号〕（早稲田大学出版局、2003 年）所収、16 頁。
16)　同上、16 頁。
17)　同上、17 頁参照。
18)　同上、14 頁参照。
19)　同上、14 頁参照。
20)　同上、15 頁参照。
21)　同上、18 頁参照。
22)　Richard N. Coudenhove-Kalergi, *Pan-Europe*（A.A. Knopf, 1926）, pp. 105-193 参照。ただし、カレルギーのいう「汎ヨーロッパ」には、ヨーロッパ諸国の植民地も含まれる（*Pan-Europe* 巻末の地図参照）。
23)　世界連邦建設同盟編『世界連邦運動二十年史』（世界連邦建設同盟、1969 年）55-56 頁参照。
24)　Alexander Wendt, "Why a World Government is inevitable," in Luis Cabrera（ed.）, *Global Governance, Global Government: Institutional Visions for an Evolving World System*（State University of New York Press, 2011）, p. 27 参照。

【文献案内】

エメリー・リーヴス『平和の解剖』稲垣守克訳（毎日新聞社、1949 年）は、第二次世界大戦後の世界連邦運動のバイブルとなった書である。谷川徹三『世界連邦の構想』〔講談社学術文庫〕（講談社、1977 年）は、世界連邦主義者の立場から世界連邦思想を概説している。ジョン・デューイ「世界政府論」鶴見和子訳『思想の科学』第 1 巻第 2 号（1946 年 5 月）、ラインホールド・ニーバー『光の子と闇の子――デモクラシーの批判と擁護』武田清子訳（聖学院大学出版会、1994 年）は、世界連邦の前提としての世界社会形成の必要性を説いている。

世界連邦建設同盟編『世界連邦運動二十年史』（世界連邦建設同盟、1969 年）は、世界連邦の思想と運動を概説している。加藤俊作「運動としての世界連邦論」、日本平和学会編『世界政府の展望』〔平和研究第28号〕（早稲田大学出版局、2003 年）所収は、世界連邦運動の歩んだ道を検討し、その意義と課題を明示している。千葉

眞『連邦主義とコスモポリタニズム——思想・運動・制度構想』(風行社、2014年)は、連邦主義とコスモポリタニズムという視点から、第二次世界大戦後のエメリー・リーヴス、ジョン・デューイ、ラインホールド・ニーバーの世界連邦思想を検討し、第二次世界大戦後、核戦争の現実的脅威のなかで展開された世界連邦運動の意義と限界を明確化している。

Reinhold Niebuhr, "The Myth of World Government," *The Nation* (March 16, 1946) は、世界政府運動の盛んな時期にその実現可能性を否定的に論じている。近年の文献では、Alexander Wendt, "Why a World Government is inevitable?," in Luis Cabrera (ed.), *Global Governance, Global Government: Institutional Visions for an Evolving World System* (State University of New York Press, 2011) は、世界国家不可避論を展開している。

非暴力防衛の可能性

1 非暴力防衛とは何か

　戦争をなくすには、将来に向けての構想も必要だが、現に存在している軍事力をどうするのかということに応えていかねばならない。侵略のための戦争も武力による威嚇も否定されているのだが、侵略を受けた場合の備えとして軍事力が肯定されているのが通例であり、このような状況を変えていかない限り、戦争はなくならないであろう。

　日本の場合、日本国憲法9条で戦力保持と交戦権を否定しているのだが、もし自衛隊まで違憲だとして否定した場合、万が一のケースででも、実際に攻められたらどうするのかという問いが執拗に護憲派に対して投げかけられてきた。これに対し護憲派は、「攻められたらどうするのか」という問いは、近隣諸国を敵視することにつながり、「諸国民の公正と信義に期待する」という憲法前文の精神に反するという理由から、こういった問い自体を批判的に見てきたようである。

　たしかに、仮想敵国を想定するという敵視政策が、逆に近隣諸国との緊張を増大させる側面があることは否定できない。また、このような問いを発する人が、自衛のための最小限の軍事力は必要であるという答えをあらかじめ想定し、そこに答えを誘導していこうとしており、別様な答えを予期しているとは

言えないようである。もっと問題なのは、この問いが、国境を越えて協力や信頼の関係を樹立することではなく、戦争に備えるという意味で戦争準備の思想につながることにもなりかねないことである。

軍事的侵略の可能性

　日本の場合はともかく、第二次世界大戦後もたびたび軍事的侵略が起こったことは事実である。最近では、1991年の湾岸戦争のもとになった、90年のイラクのクウェート侵攻という事態がある。このときは、冷戦終結後ということもあり、国連の安全保障理事会を舞台に国際協調行動が図られ、米国を中心とする多国籍軍がイラクによるクウェートの占領解除という目的で介入型の戦争が行なわれた。このときも武力解決に反対する平和運動の動きも盛り上がったが、不法な侵略者に対する制裁に踏み切っていった。逆に、2003年に始まったイラク戦争も、イラクから見たら米英軍の攻撃は侵略行為であり、イラクは実際に軍事的に抵抗し、フセイン政権崩壊後も、自爆攻撃も含む内戦状態が続いた。

　このように、外国軍が占領目的で攻めて来ることはあるのだから、「攻められたらどうするか」という問い自体を非現実的だと言ってすませてしまうわけにはいかないのである。第二次世界大戦後も数多くの戦争や武力紛争が起こったのは事実であり、内戦に外国軍が介入していったケースが最も多いが、国境を越えて外国軍が攻め込むというケースも稀ではない。もっとも、北米や西ヨーロッパ、オセアニアのように戦争の起こる可能性がほとんどない平和圏もあるが、紛争が起こりやすい紛争圏もあり、第二次世界大戦後の戦争・紛争の多くがアフリカ、アジア、中東、中南米において起こったことも事実である。したがって、軍事的侵略が絶対に起こらないとは言い切れない世界の情勢にあったと言える。

　ただ、その場合、軍事的侵略に対しては軍事力で対抗するのが一般的であり、またそのことを当然視する世論も強いが、果たして軍事力には軍事力でしか対抗できないのだろうか。戦争という、人間の生命を合法的に奪う理不尽な行為に取って代わる構想はありえないのか。本章で明らかにしたいのは、自衛戦争に取って代わる民衆の抵抗方法であり、それを支える思想である。

Ⅲ部　戦争をなくすための思想と構想

非暴力防衛とは何か

　非暴力防衛とは、たとえ軍事的侵略を受けても、国民が一丸となって非暴力抵抗運動を行ない、侵略の目的を遂げさせず、軍事的侵略を敗北に追い込んでいくことをねらいとしている。領土を守ることよりも、国民の生命や生活や社会組織を市民が直接守るという意味において、それは市民的防衛（civilian defense, civilian-based defense：CBD）とか社会的防衛（英：social defense、独：soziale Verteidigung）と呼ばれている。それは、軍事的レジスタンスを意味する民間防衛（civil defense）とは区別され、あくまで非暴力でなされるとされる。今までのところ、市民的防衛を自国の防衛政策として明確に採用している国はない。その意味で、市民的防衛はいまだ仮説的性格を免れていない。ただ、外国軍に対して非暴力で抵抗するという思想、実際に非暴力で抵抗した事例は今までにいくつか存在し、それらは市民的防衛の可能性を示唆していると思われる。シャープらは市民的防衛という用語を用いるが、本章では軍事的侵略に対しても非暴力手段で対抗するという意味を強調するために非暴力防衛ということばを用いることにする。

　非暴力防衛は、防衛のパラダイムを根底的に変える構想である。軍事的防衛の場合、防衛の主体は軍隊であり、軍事力によって領土や統治体制を守ることを目的としている。それに対し、非暴力防衛の場合、防衛の主体は市民であり、市民が社会や生活様式を守ることを目的にしている。軍事的防衛の場合、民主主義や人権が停止されるのに対し、非暴力防衛では、民主主義や自治が徹底化される。軍隊においては、秘密裡に決定がなされ、指令は上から下に降下してくる。軍事型社会においては、秘密が広範に保持され、知る権利は制限されるのが当然視される。軍隊は共通語を使い、言語的・文化的多様性を否定するのに対し、非暴力防衛を採用する政治社会においては、多様性、対等性、公開性が確保され、民主的自治が保障されやすい。

2　非暴力防衛というオルタナティヴ

代替防衛構想の誕生

　外国軍が侵攻してきた場合、軍事力で対抗して自衛戦争になるか、軍事力が

10章　非暴力防衛の可能性

機能しない場合は民間人が武装して戦うというゲリラ戦が、通常とられる形態である。近代以前のヨーロッパであれば、民兵という形態もあり、戦うことは市民の義務とされていた。カントは、『永遠平和のために』（1795年）のなかで「常備軍の全廃」を要請しているが、その理由として、常備軍が刺激となって軍備競争が起こり、常備軍そのものが先制攻撃の原因となること、殺したり殺されたりするために人を用いることは、人間を単なる機械や道具として国家の手で使用されることを意味し、人間性の権利と合致しないということをあげ、その上で「国民が自発的に一定期間にわたって武器使用を練習し、自分や祖国を外からの攻撃に対して防備することは、これとはまったく別の事柄である」[1]と述べているように、危急の際には民兵組織による防衛を想定していた。

　しかし、19世紀になると、このような常識を覆す考え方が現れてきた。トルストイの無抵抗主義がそれで、トルストイは、『イワンのばか』（1885年）のなかで侵略軍に対して暴力で抵抗しなくとも勝利を収められるのだということを示唆した[2]。トルストイの思想は、「目には目を」ではなく「悪に抗するな」（「マタイ伝」5章38-39節）という新約聖書のことばに基づいており、個人の倫理にとどまっていた。しかし、19世紀において、集団的非協力としての「受動的抵抗」が民族解放闘争や労働運動を契機として飛躍的に進展し、ストライキやボイコットという集団的非協力手段が確立され、それらは、暴力的な抵抗ではなく、ほとんどが非暴力でなされた[3]。20世紀になると、ガンディーは、南アフリカとインドで、民衆の抵抗運動は非暴力で行なわねばならないという原理を打ち立て、積極的に抵抗運動を展開した。彼は、最初「受動的抵抗」ということばを使ったが、すぐにそれが自分たちの運動を表すのには適当でないことに気づき、サティヤーグラハ（真理の把持）と呼んで、正しいことを正しい手段で積極的に追求する運動形態をつくり出した。ガンディーは、運動の構成員が暴力を振るった場合には、自ら断食することによって、すなわち自ら苦しむことによって、非暴力の規律を徹底させようとした。

　これらの闘争は国内におけるものだったが、第一次世界大戦頃から侵略軍に対してでも軍事力で反撃するのではなく、非協力で臨んだほうが、犠牲が少なくてすむという発想が抱かれるようになった。バートランド・ラッセルは、第一次世界大戦中に発表した論文「戦争と無抵抗」（1915年）のなかで、受動的抵

抗のほうが戦争に勝るという議論を展開した。ラッセルの議論は政策提言と言えるレベルのものではなかったが、ガンディーの率いた南アフリカやインドでの非暴力闘争の成果が知られるようになると、非暴力でも団結すれば、軍事力に立ち向かうことができるのではないかという発想が生まれてきた。

非暴力防衛についての学問的研究はリチャード・グレッグから始まったとされるが、グレッグは、『非暴力の力』(1934年)のなかで「戦争に比べて、非暴力抵抗はより安全でより効果的な政策手段である」という視点から、戦争を非暴力抵抗に置き換えることを探究している。グレッグは、ガンディーの非暴力闘争の成果を参考にして、クラウゼヴィッツも意識して、戦略的な議論として展開しているのが特徴で、非暴力闘争でも死者は出るし、犠牲者も出るが、死傷者が出る可能性は、ずっと少なくなると認識している。戦争に比べ、非暴力で抵抗したほうが、決して加害者になりえないという点で道徳的に勝っており、より人間的な闘い方なのである。このように非暴力闘争の積極的側面に注目することによって、戦争を非暴力闘争に代替させようとする考え方が生まれてくるのである。

非暴力防衛の事例

実際に、20世紀には、外国軍の侵略や占領に対しても非暴力で一致団結して抵抗することが可能であり、成果をあげうることを示唆する次のような事例が現れた。

〔1〕ルール闘争——第一次世界大戦後の1923年、ドイツは賠償金の支払いに失敗したため、フランスとベルギーによるルール地方占領を招いた。フランスとベルギーのルール占領に対して、ドイツ人官僚、鉄道員、炭鉱経営者、労働者が石炭の搬送拒否など消極的抵抗を試みたものである。ドイツ政府は、「受動的抵抗」の決定を出した。ルールの石炭の搬出を拒否する闘争として展開した受動的抵抗は、占領軍にルールの経済統制を困難にしたと言えよう。しかし、非暴力に徹し切れなかった点が、抵抗運動の効果を減殺させることになった。占領軍は受動的抵抗を打ち砕くことには成功したが、経済的目的を達成することはできなかった。ドイツ側もインフレを抑えることができず、受動的抵抗の中止を指令せざるをえなくなった。フランス側も、占領の失敗が翌

1924年にポアンカレ内閣の総選挙における敗北の誘因となった。しかし、民衆抵抗の成果としては、フランスとベルギーが政治的目標とした、ラインラント分離独立の企てを打ち砕いたことがあげられる。

〔2〕ナチス占領下の非暴力抵抗——1940〜45年に行なわれた、オランダ、デンマーク、ノルウェーの抵抗運動の主要な側面がそれである。これらの事例は、ナチスの占領下であっても、非暴力抵抗がある程度の効果を発揮したこと、占領軍を追い返すことはできなかったし、またそのようなことを目的としていたわけでもなかったが、非暴力抵抗によって占領支配の効率を妨げることができることを実証した。第二次世界大戦後、ヨーロッパで非暴力防衛構想が進展していくのは、ナチスに対しても非暴力で抵抗した実績があるからである。

最も注目すべき事例として、ノルウェーを取り上げれば、1940年4月にノルウェーがナチスに占領されたのちノルウェー人はナチスおよびノルウェーの傀儡政権に対して非協力を幾度となく示した。1940年夏から行なわれたスポーツ・ストライキがその一例である。最初は、ノルウェーのサッカー・チームがドイツ兵のチームと試合をするのを拒否することから始まったが、「少数の例外を除けば、ファシストの支配するスポーツ組織のいっさいの活動が占領のあいだ終始ボイコットされた。そうしたボイコットには、公式のスポーツ行事やスポーツ試合に対する参加と出席が含まれていた」[7]。このスポーツ・ストライキは上からの指令で行なわれたのではなく、全国のスポーツ団体から自然発生的に生じ、大多数の青年を結集し、解放の日まで持続して行なわれたのである。

1942年から行なわれた教員の抵抗運動がそれを引き継いだ。教員たちは、新設された国民社会主義組織に1942年3月までに加入し、国民社会主義のイデオロギーにそった教育をするように命令されたが、公然と拒否した。1000名に及ぶ教員の逮捕や北辺寒冷の地にある強制収容所への集団移送にもかかわらず、彼らは屈服しなかった。その後、逮捕された教師たちの10人に1人を射殺するという脅しに対してその夫人たちも決して屈服しなかったので、ナチスの傀儡政権であるクヴィスリング政権は教員たちを釈放せざるをえなかったのである[8]。

〔3〕チェコ事件——1968年、ソ連などワルシャワ条約軍のチェコスロヴァキア侵攻に対して、民衆が一致団結して非暴力で抵抗した事例である。国民的規模で外国軍の占領支配に対して非暴力抵抗で闘い、また長期間にわたって続き、占領支配を困難にしたという点で範例的重要性をもつ事件である。民主化を求める「プラハの春」という情勢のなかで社会主義体制の崩壊を恐れたソ連をはじめ、東ドイツ、ポーランド、ハンガリー、ブルガリアの5ヵ国のワルシャリ条約軍が1968年8月20日にチェコスロヴァキア領内に侵攻し、5ヵ国軍は、党、政府などの主要な建物を占拠し、ドプチェク第一書記、チェルニーク首相はじめ改革派の要人を逮捕し、ソ連に連行した。

これに対し、チェコスロヴァキアの民衆は非暴力手段による抵抗を試みた。この抵抗は国民が一丸となってなされ、トップレベルではスヴォボダ大統領自身がソ連軍に住居を取り囲まれたにもかかわらず、ソ連の要求をきっぱり拒み、新しい政府をつくろうとせず、民衆レベルでは、小売店や農民は侵略軍に物資を供給することを拒んだ。民衆は戦車の前に座り込んだり、交通標識を壊したり、取り替えたりして占領目的を妨害したり、ラジオ放送やポスターで占領軍の兵士を説得し、その士気や効率を落とそうとした。これらの行為は、国民的結束のもとで自然発生的になされ、一定の期間成果をあげたが、1969年4月にはドプチェクが第一書記を解任され、フサークがこれに代わり、また、当初驚くべき規律をもって行なわれた民衆抵抗も、1969年春、対ソ・アイスホッケー試合での勝利に陶酔した民衆が非暴力の規律を失ったとき、その敗北は決定的なものとなった。

〔4〕バルト三国における非暴力防衛——1991年にソ連崩壊以前に独立を宣言したリトアニア、ラトヴィア、エストニアというバルト三国で非暴力防衛の政策が決議されたり、真剣に検討されたりしたことである。これはソ連という超大国の軍事的脅威のもとでなされたわけであり、自助を望みながら、軍事力で対抗しても意味がない状況での現実的選択でもあった。実際に、バルト三国の独立運動は、非暴力的方法でなされ、1991年1月にリトアニアやラトヴィアで独立を阻止しようとするソ連軍の武力介入に対し多くの市民が非暴力で抵抗した。これは「即席の」ではあったが、非暴力防衛の実例であり、この経験が、危機が去ったあとこれらの国で非軍事的防衛政策の検討に向かうきっかけ

になった。これら各国では非暴力行為や市民的防衛に関する文献がそれぞれの国の防衛省の支援のもとで翻訳出版され、市民的防衛を軍事的防衛と組み合わせて採用する方向で検討された。政府高官がそのことが何よりも市民的防衛に関する著述に基づいていたことを正式に認めたことは、市民的防衛に関する長年の研究広報活動、非暴力抵抗の経験が非暴力防衛採用の源泉になりうることを示唆している。バルト三国も独立後は通常の軍事力への依存を強めたように、もちろん、軍事的防衛から非暴力防衛への転換は簡単に進むとは思われない。しかし、少なくとも国防の一構成要素として非暴力手段を採用することが、現実的な選択肢となってきたと言えよう。

〔5〕反ゴルバチョフ・クーデター阻止——非暴力防衛の最近の事例として注目されるのは、1991年8月にソ連で起こった市民によるクーデター阻止である（反クーデター防衛）。ソ連の民主化・分権化に反対する政府の要人たちがゴルバチョフ大統領を軟禁し、非常事態を宣言し、国家非常事態委員会への支持を国民に訴えた。軍部の一部を動かしてのクーデターだったが、モスクワでは数万の民衆が自発的に通りに集まり、戦車の前に立ち塞がり、エリツィンらが立てこもる合同庁舎ビル「ホワイトハウス」の周囲をバリケードと「人間の鎖」で取り囲み、クーデターを阻止した。わずか3日間で終わったこの事件は、ソ連共産党の崩壊、ソ連邦の崩壊につながった。クーデターからの社会防衛を可能にしたのは、市民社会の反発力であった。

市民的防衛論としての進展

1960年代になって、市民的防衛論として非暴力防衛の検討が始まるのだが、その担い手となったのは、イギリス、アメリカ、西ドイツの若手の平和研究者である。1964年にアダム・ロバーツが中心になって「市民的防衛」という概念を編み出し、軍事的防衛でなく非暴力で闘ったほうが効果的だという観点から同名の小冊子を出し、同年9月にはオックスフォード大学で市民的防衛に関する専門家会議を開催した。ロバーツは、平和主義者から自らを区別し、現実的な政策として検討していくことを意図していた。つまり、市民的防衛ということばを使うことによって、防衛の主体が市民にあることを示すとともに、国内の非暴力闘争で有効な手段を防衛においても効果的に用いるための条件を示そ

III部　戦争をなくすための思想と構想

うとしたのである。当初から軍事専門家や退役軍人がこの市民的防衛構想に関心をもっていた。ロバーツは、すでにこの時点で全面的非協力を提唱しているが、彼が意図したのは「実践可能な代替策の提言[11]」であった。

　1968年のチェコ事件で、ソ連などワルシャワ条約軍の侵攻に対して民衆が非暴力で抵抗したことは、市民的防衛論者の主張に脚光を浴びさせると同時に、研究にもはずみをつけた。チェコ事件では、政府レベルから民衆レベルまで国民が一致団結して軍事的侵略に対抗したこと、民衆が非暴力手段によって占領目的を遂げさせないような闘いを持続的に行なったこと、占領軍に対して抗議や説得によって士気を鈍らせたことなど、市民的防衛論で示唆されていたことが、現実化した。チェコ事件の場合、8ヵ月にわたって民衆の非暴力抵抗は続いたが、結局は敗れてしまう。しかし、準備なしに非暴力手段が有効に使われ、ガンディーのようなカリスマ的指導者もいないのに民衆が一定の規律をもって非暴力で闘ったことから、逆にあらかじめ準備していれば侵略者を撤退に追い込むこともできると考えられた。ジーン・シャープは、このことから、もし前もって非暴力で国を守る準備と訓練が十分になされていたなら、侵略者は「たとえその国を容易に侵略することはできても、その国を成功裡に支配することはできないということをみてとるようになるであろう[12]」というような、プラグマティックな視点から研究を進めていくのである。

　シャープは、1970年代以降、市民的防衛論の代表的な提唱者となるが、戦略的非暴力の立場から、市民的防衛は戦略的・戦術的に軍事的防衛に勝っていることを証明し、国防政策としての採用を目指している。彼は、非暴力行動の実証研究から研究を始めたのであり、200近い非暴力闘争手段があるとして、とくにストライキとボイコットによる非協力を中心にして非暴力手段を効果的に用いれば、侵略軍を撤退させることもできる戦略として構想している。全面的非協力の態勢が組めれば、「非暴力の電撃戦」と言われるように、短期間での勝利も可能だという。

　市民的防衛論は国防政策としての採用を目指し、また戦略的有効性に重きを置いた議論である。政府による採用というかたちとしては、どうしても軍事的防衛の補完的政策としての採用というかたちになりがちである。したがって、社会的防衛という用語も使われるように、国を守るという防衛に対する固定概

念に挑戦していくという意味で、防衛の客体も国家から社会に置き換えていくほうが望ましく、戦略的な議論だけでなく、社会の非暴力的構造改革も必要である。しかし、ここでは、非暴力を強調する意味からも、草の根のレベルからのアプローチという意味からも、非暴力防衛（nonviolent defense）という用語を採りたい。日本の場合、憲法で戦力の保持が禁止されているにもかかわらず、現実的な政策として非暴力防衛の構想が真剣に検討されてこなかったが、日本国憲法の平和主義を徹底していくうえでも調査・検討が加えられて然るべきである。

3　非暴力防衛への転換

防衛のパラダイム転換

「攻められたらどうするか」という問いへの回答は、非暴力で侵略軍と闘うべきだということになるが、非暴力防衛とは、防衛の考え方を根本的に変えようとするものである。

軍事的防衛から非暴力防衛への転換は、軍事力への依存から脱却していくこと（脱武装）にあるが、非暴力防衛は防衛の主体と客体も転換しようとしている。従来、防衛の主体は軍隊にあるとされてきたが、非暴力防衛ではそれを一般市民にシフトさせている。また、軍事的防衛では防衛の客体は、国民と領土にあるとされてきたが、非暴力防衛では市民社会や民主体制を守るということに転換している。この転換の根底にあるのは、侵略は経済的支配など何らかの目的をもって行なわれるものだから、非協力によってその目的を遂げさせないようにするという考え方である。政治権力の維持は被治者の服従と協力に由来しているが、「これは国内だけでなく、外国からの侵略と占領にもあてはまる」[13]という、権力の性格を重視し、非協力によって政治支配を不可能にするところに、非暴力防衛の眼目がある。

この意味で、非暴力防衛の対内的行使として注目されるのが、シャープの言う「反クーデター防衛」（anti-coup defense）という概念である。つまり、防衛の目的を社会や生命に転換したら、外国軍だけでなく国内においても圧政やクーデターによる権力簒奪から市民社会を守るということが重要な課題にな

り、外国軍だけでなく自国軍に対しても対峙する状況が起こると認識できるのである。反クーデター防衛、すなわちクーデターからの社会防衛に関して、シャープは、「全面的非協力」をその戦略として勧めている[14]。

非暴力防衛の可能性は、民主体制下であればクーデターからの社会防衛ではかなり大きいと思われるが、外国軍の侵略に対してはまだ十分な信頼性を獲得しておらず、一般民衆の間に非暴力で外国軍に抵抗できるという意識が形成されているとは思われない。もちろん、チェコ事件など過去の非暴力抵抗の経験から多くのことを学ぶことができるのは事実であり、非暴力についての教育、非暴力の訓練、非暴力行為の事例研究および広報活動も必要だが、それだけですぐに軍事的防衛から非暴力防衛への移行が実現するとは思えない。依然として暴力手段の即効性に対する信頼が大きく、防衛においては軍事力が必要だという固定観念が強いからである。

非暴力防衛の戦略的有効性

したがって、非暴力防衛のほうが軍事的防衛よりも有効で、信頼できることを説得的に示さなければならない。ジーン・シャープが長年にわたって行なってきたことは、非暴力闘争の戦略的有効性を高めるために、非暴力闘争の事例研究と理論的研究を積み上げていくことである。シャープは、非暴力抵抗はあくまで闘いであって、積極的な闘争様式であることを強調するために、非暴力闘争ということばのほうをよく使っている。

非暴力防衛は、非暴力闘争において使われた手段を組み合わせて行なうことになるから、非暴力防衛が有効であるためには、非暴力闘争手段の潜在能力を高めておく必要がある。過去の事例から見て、非暴力防衛において中核をなすと思われる闘争手段は、非協力である。社会的、経済的なレベルではボイコットとストライキであり、それらは占領支配の効率を妨げる。政治的非協力は、占領支配の正統性を否定する。シャープが言うように、「全面的非協力」の態勢が組めれば、短期間での勝利も望みうる。ソ連の反ゴルバチョフ・クーデターは短期間で阻止できたが、外国軍侵略との闘いには長い時間がかかることが予想される。しかしながら、粘り強く闘えば、外国軍を撤退に追い込んでいくことができる戦略として、非暴力防衛は構想される。

外国軍の侵略に対して用いることのできる非暴力手段には、次のようなものがあげられる。①非暴力的抗議（プロテスト）――行進、ピケ、ヴィジル（沈黙の抗議行動）、官吏に対する「つきまとい」、公的な集会、プロテストのための文書の印刷および配布、栄典の放棄、プロテストのための移住、ユーモラスないたずらがあり、これらの手段は反対運動が禁止されているところでは大きな効果をもたらす。②非暴力的非協力――種々のストライキとボイコットであり、かなりの数の人が参加すれば、侵略軍による支配体制が通常の支配の効率と機能を維持するのを困難にする。③非暴力的介入――座り込み、ハンスト、第二政府の樹立などで、比較的少数の人間で比較的大きな効果をあげうる[15]。④情報伝達――侵略・占領に対する抵抗の間接的手段として有効である。これは、国の内外に向けて占領の実態とそれへの抵抗の存在を知らせることによって、国内の民衆の士気と国際世論の反応を喚起する機能をもつと想定される。コミュニケーション手段には、電話、携帯電話、ファックス、コンピューター・ネットワーク、短波無線、テレビ、ラジオ、ビデオテープなどがあるが、それらを使って侵略と抵抗の実態を知らせ、抵抗運動に加わった民衆の士気を高め、国際世論の反応を喚起することが可能である。

　とくに注目されるのは、コミュニケーションの役割である。近年、急速に発達したコンピューター・ネットワークの場合、国民国家の枠組みを下から突き崩す動きであり、緊急時よりむしろ平常時において市民間のつながりを確保し、相互理解を深めることによって、危機的状況を未然に防ぐ可能性が期待できる。したがって、非暴力手段の有効性は地球的な規模での民主化、情報化の進展とともに高まっていくものと思われる。

非暴力防衛の闘争様式

　侵略に対して軍事的レジスタンスやゲリラ戦で対抗する場合、戦闘は長期化し、市民の生活基盤を破壊し、自然環境の破壊や人間精神の荒廃をもたらすであろう。反対に、市民が一貫して非暴力で抵抗した場合、侵略者側も、狙撃兵によって狙われていると思っている場合に比べ、抵抗する民衆に対して「ちょっとしたことで手助けをしたり、残虐行為を避けたり、そして決定的な時点では叛乱を起こしたりする、という可能性はより大きなものになってゆく

であろう[16]」。実際に、1956年のハンガリー事件のときには、侵略者側のソ連の将校のなかにもハンガリーの側に身を投じて戦う者も現れたし、1968年のチェコ事件のときには非暴力で立ち上がった民衆がソ連軍兵士に侵攻の不当性を説いた結果、ソ連軍兵士の士気は衰え、兵士の交代を余儀なくされた[17]。

　このようなことが可能になるのも、非暴力闘争が相手を敵視する闘いではないからである。つまり、非暴力防衛は、侵略者を敵と認識するのではなく、説得を試み、改心可能な闘争相手と考える。相手を敵と認識する軍事的闘争では、最終的には殲滅戦に至る可能性があるが、非暴力防衛の場合、敵・味方の区分自体を否定していると言える。もっとも、非暴力闘争でも、自陣営と相手陣営に分かれるという分極化の現象は起こるが、非暴力防衛では、侵攻の不当性を訴えてさまざまな抗議活動を行なうなかで相手を説得するのである。非暴力の規律が守られれば、相手側に侵略行為の不当性を自覚させることができるし、意思疎通することもできる。「共通の人間性」に信頼を置いて闘いを進めるということがその特徴であり、侵略者からも支持や共感を得ようとするのである。

　非暴力防衛では、戦争とは違って参加は自発的である。ストライキやボイコットに参加することは強制されるわけではない。もっとも、シャープは、非暴力防衛に軍事的闘争同様の準備と訓練が要ると述べている。シャープによれば、非暴力防衛の成功の鍵は、とりわけ抵抗の精神、防衛する住民の連帯、防衛する社会の強さ、抵抗と非暴力の規律を維持する民衆の能力などにかかっている[18]。したがって、非暴力防衛の成否は、たんに戦略の選択だけでなく、その基盤となる市民社会の形成度、多元的な権力基盤の有無、攻撃者の性格や戦略によって決まってくると言えよう。

　非暴力防衛では、戦争とは違って指導者は先頭に立って闘うことになる。戦争においても近代以前の場合は、指導者も戦場に立ったが、現代ではゲリラ戦を除いてそのようなことはない。むしろ、安全地帯から戦争の指揮を執るようになっている。非暴力防衛では、当事者が決定し、自ら実行することになる。戦争では指揮官が命令を下す。非暴力防衛には、そのような指揮官はいないが、指導者が現れ、参加者に影響を及ぼすと考えられる。

　たとえば、ブライアン・マーティンが指摘しているように、非暴力闘争にお

10章 非暴力防衛の可能性

いてガンディーやキングは先頭に立って闘ったのに対し、現代の戦争指導者は、戦場には立たないという意味で戦闘の非当事者であり、自らは生命のリスクを負わずに兵士には負わせるという存在である。非暴力防衛では、市民のなかから活動家が出てきて、先頭に立って闘い、現場にいて苦難を共にし、全体を見渡し、状況判断を下すことになるであろう。[19]

民主的自治の強化

軍事的防衛は、根本的に民主主義に反するものである。戦争においては、作戦は秘密裡に決定され、決定プロセスは公開されない。垂直的な命令系統をとおして指令が下され、兵士は服従するしかない。軍隊は多言語・多文化を認めず、一元的で垂直的な組織である。もちろん、軍隊のみならず軍事的社会が人権を尊重する社会ではないことは、人間にとって最重要な権利である生命権を奪うことを正当化していることからも、明らかである。[20] これとは対照的に、非暴力防衛では、市民は対等な立場で行動でき、国境を越えて抵抗運動の実態を知らせ、国際的支援を受けることができる。外国軍に対する抵抗は、地域や職場を基盤にして行なわれ、自治体や市民団体がその基盤となるであろう。したがって、非暴力防衛の採用は、民主的自治や市民社会の強化に役立つであろう。

逆に言えば、非暴力防衛を可能にするのは、民主的自治の日常的な積み重ねである。国内において不正義に対して立ち上がり、創造的な成果をあげていれば、それを記憶にとどめ、範例として生かしていく必要がある。久野収が「レジスタンスは、国家機関の命令する危険な国策へのレジスタンスからはじまるのです。他国の侵略に対するレジスタンスは、このレジスタンスがなければ、ものをいわない」[21] と述べているように、自国の戦争政策に対する日常的な抵抗の積み重ねが、実際に侵略があったときに非暴力防衛の態勢を築くための前提となるであろう。この「危険な国策」には、安全保障に関するものだけではなく、人権侵害や環境破壊に関するものも入るであろう。肝心なのは、日常的に不正を正していく政治文化を醸成していくことである。

武力による防衛を当然視する考えの根底にあるのは、恐怖や不安の感覚である。もちろん、不安をゼロにすることはできないかもしれないが、恐怖のうち

Ⅲ部　戦争をなくすための思想と構想

に暮らすよりは一歩ずつでも相互の恐怖や脅威を削減していく必要がある。そのためには、経済協力だけでなく、他国や他文化の人びとと交流し、国境を越えた協力・連携関係を構築していく市民活動が重要である。なぜなら、軍事的防衛が相互の不信や脅威に基づいているのに対し、非暴力防衛は日常的に相互信頼の文明を築こうとしているからである。それでは、なぜ防衛という発想をするのかということになるが、自衛の名のもとに戦争が合法化・正当化されている国際社会の枠組みが続いている現状において、政府と民衆を分け、政府は民衆を動員して戦争を始めるかもしれないが、民衆の連帯によって戦争準備を阻止し、侵略行為に抵抗することができることを示していくことが重要だからである。そのことは、「戦争を起こさないようにするにはどうするか」という、より大きな問いに対する回答にもなるであろう。

1) カント『永遠平和のために』〔岩波文庫〕宇都宮芳明訳（岩波書店、1985年）17頁。
2) トルストイ「イワンのばかとそのふたりの兄弟」、『トルストイ民話集　イワンのばか他八篇』〔岩波文庫〕中村白葉訳（岩波書店、1966年）所収、48-51頁参照。
3) マイケル・ランドル『市民的抵抗――非暴力行動の歴史・理論・展望』石谷行、田口江司、寺島俊穂訳（新教出版社、2003年）68頁参照。
4) Bertrand Russel, "War and Non-Resistance," *Atlantic Monthly*, vol. 116 (August 1915), pp. 269-270 参照。
5) Richard B.Gregg, *The Power of Non-Violence* (J.B. Lippincott, 1934), p. 157.
6) *Ibid.*, p. 125 参照。
7) ジーン・シャープ『武器なき民衆の抵抗――その戦略論的アプローチ』小松茂夫訳（れんが書房、1972年）35頁。
8) 宮田光雄『非武装国民抵抗の思想』〔岩波新書〕（岩波書店、1971年）95頁参照。
9) Philip Windsor and Adam Roberts, *Czechoslovakia 1968: Reform, Repression and Resistance* (Columbia University Press for the Institute for Strategic Studies, 1969), p. 118 参照。
10) 『非武装国民抵抗の思想』101頁参照。
11) Adam Roberts, "A Case for Civilian Defence," in Adam Roberts, Jerome D. Frank, Arne Naess and Gene Sharp, *Civilian Defence* (Peace News, 1964), p. 19.
12) 『武器なき民衆の抵抗――その戦略論的アプローチ』113頁。
13) ジーン・シャープ「戦争の廃絶を実現可能な目標とするために」岡本珠代訳『軍事民論』特集28号（1982年5月）、105頁。
14) Gene Sharp, *Self-Reliant Defense: Without Bankruptcy or War* (The Albert Einstein Institution, 1992), p. 40 参照。

15) 『武器なき民衆の抵抗――その戦略論的アプローチ』69-70頁参照。
16) 同上、117頁。
17) 『非武装国民抵抗の思想』87-89頁。
18) Gene Sharp, "Coups d'état," in Roger S. Powers and William B. Vogele (eds.), *Protest, Power and Change: An Encyclopedia of Nonviolent Action from ACT-UP to Women's Suffrage* (Garland Publishing Inc., 1997), pp. 132-133 参照。
19) Brian Martin, *Technology for Nonviolent Struggle* (War Resisters' International, 2001), pp. 71-72 参照。
20) 生命権については、上田勝美「世界平和と人類の生命権確立」、深瀬忠一ほか編『平和憲法の確保と新生』（北海道大学出版会、2008年）所収、18-20頁参照。上田は、生命権を「すべての人権の基礎」に位置づけている。
21) 久野収『平和の論理と戦争の論理』（岩波書店、1972年）353頁。

【文献案内】

　7章で紹介したジーン・シャープの諸著作、とくに『武器なき民衆の抵抗――その戦略論的アプローチ』（れんが書房、1972年）は、軍事的防衛に代わる、非暴力の市民的防衛の可能性について論じた先駆的研究である。Richard B. Gregg, *The Power of Non-Violence* (J.B. Lippincott, 1934) は、「非暴力の力」という概念を打ち出した先駆的研究である。宮田光雄『非武装国民抵抗の思想』〔岩波新書〕（岩波書店、1971年）は、日本において初めて、非暴力抵抗によって軍事的侵略に対抗できることを論証した古典的著作。寺島俊穂『市民的不服従』（風行社、2004年）は、自衛戦争に代わる道として非暴力防衛を提唱し、それを憲法9条の理念と接合させている。

　Philip Windsor and Adam Roberts, *Czechoslovakia 1968: Reform, Repression and Resistance* (Columbia University Press for the Institute for Strategic Studies, 1969) は、軍事侵攻に対するチェコスロヴァキアでの抵抗について詳述している。Olgerts Eglitis, *Nonviolent Action in the Liberation of Latvia* (The Albert Einstein Institution, 1993) は、ラトヴィアでの非暴力防衛の実践について明らかにしている。

　Brian Martin, *Uprooting War* (Freedom Press, 1984) や Robert J. Burrowes, *The Strategy of Nonviolent Defense: A Gandhian Approach* (State University of New York Press, 1996) は、非暴力防衛の社会的基盤について分析している。Brian Martin, *Technology for Nonviolent Struggle* (War Resisters' International, 2001) は、非暴力闘争の様式について明確化している。

11章 日本国憲法の平和主義

1 平和主義の問題状況

　戦後日本の平和主義の基盤に平和憲法があることは確かであり、依然として多くの憲法学者は自衛隊違憲論であるが、憲法学の特徴として解釈学が中心となっており、憲法9条を思想的に捉えなおしたり、あるいは政策論として展開したりする議論は主流ではない。仮に9条の改憲がなされた場合、憲法学者は元の9条に戻せと主張するのだろうか。多くの憲法学者は自衛のための軍事組織を肯定するようになるのではないかと思われる。したがって、重要なのは、憲法9条を超える原理のなかに9条を位置づけることである。憲法9条があるから自衛隊の保持や派遣がいけないというだけではなくて、憲法9条に体現された思想がどのような世界史的な文脈のなかにあるのかを認識することである。

改憲論の動向

　改憲の動きが出ては消えてきたのが、戦後日本の政治史の一側面である。改憲論のターゲットになってきたのは、つねに憲法9条である。改憲の範囲や改憲の理由づけには違いがあるが、共通しているのは、安全保障上の必要という現実主義的要請をもとに、現実に合わせて憲法を変えようという意味で9条の

改憲が主張されてきたことである。そこには、理念に合わせて現実を変えていく理想主義の衰退と憲法9条が体現していた戦争の記憶の風化という傾向が一貫して見られる。

　そのような傾向は、1990年代以降の改憲論の動きのなかで強化されてきたと言えよう。戦後生まれの世代が国民の中心を占めていくなかで、憲法が理想としていたものの意味が十分に理解されないまま、日米安保や自衛隊を容認するなら、憲法9条のタガを外してもよいのではないかという意識が強まってきたようである。憲法状況のこのような転回点となったのが、1991年の湾岸戦争である。つまり、湾岸戦争以後、紛争解決のための軍事行動を容認し、それへの協力のために、集団的自衛権の不行使という政府の憲法解釈を変えるように仕向ける圧力が強まると同時に、明文改憲をして憲法の制約を取り払おうという動きも強まってきたのだが、そこには、国連軍であれば参加できるという方向とアメリカの軍事行動への協力の足枷を外す方向という二つの方向が見え隠れしている。

　前者は、方向性としては国連を中心にした集団的安全保障の一翼を担う方向だとも言えなくもないが、たとえ国連によってにせよ、武力による国際紛争の解決が憲法9条の理念とは矛盾することは明らかである。後者は、2002年のアフガン戦争、2003年からのイラク戦争において明らかになったように、アメリカの単独行動主義による軍事行動に日本が加担するかたちで進んでいった方向である。もう一つの傾向として、冷戦終結後、アメリカが唯一の超大国となり、自由主義や市場経済に対抗する思想的原理がなくなるなかで、軍事面のみならず経済面や意識面でもアメリカ追随の傾向が強まっている。1990年代以降、新自由主義的な経済・社会システムが日本社会に急速に浸透してきているが、他方ではナショナリズムが強調され、「国益」や「公共の安全」が重視されているが、このような状況のなかで起こっているのは、平和憲法と言われる日本国憲法の世界史的な意義に対する自覚の喪失であり、憲法9条に対する根底的な理解の後退である。

平和主義の変質

　近年は、平和主義には反対しないが、その意味内容をねじ曲げようとする傾

向も強くなっている。武力行使を容認しても平和主義だという主張である。積極的平和主義の主張と集団的自衛権の行使容認の閣議決定がそれである。

　積極的平和主義ということば自体は、1990年に「朝日新聞」の「PKO積極参加は外務省の悲願」という記事のなかにも出てくる用語だが、2014年になって日本政府は、積極的平和主義を日本の安全保障政策の柱に据える、という発信を内外に向けて行なうようになった。国内向けには「積極的平和主義」だが、外務省の英訳では proactive contribution to peace であり、再度日本語に訳しなおすと「積極的平和貢献」という意味である。proactive というのは「予防的な」とか「あらかじめ行動を起こす」という意味であるから、「積極的平和主義」は国外の紛争にも積極的に関わっていくという態度表明にほかならない。実質的には、「日米同盟」を強化して、アメリカと歩調を合わせて国際紛争を積極的に解決するために貢献するということだが、「積極的」には、平和（安定した秩序）をつくるためには、軍事力の行使も含まれるのに、軍事力行使には触れずに国際貢献を強調している。平和主義を名乗りながら、軍事的貢献にまで踏み出そうとするのは、平和主義の本義から大きく逸脱した使用法である。軍事力行使を平和主義と言いくるめているのは、ダブル・トーク（二枚舌的使い分け）である。そこには、軍事力の予防的行使も含めた「積極的軍事主義」への変質が見て取れる。

　また、2014年には、集団的自衛権の行使が可能という閣議決定もなされた。日本政府は、従来、憲法9条を変えない限り、集団的自衛権は行使できないと想定していたが、憲法解釈を変えることによって、実質的に憲法を「改正」し、既成事実に慣れさせておいてから、明文改憲に進もうという意図が見て取れる。

　このように、日本国憲法の平和主義を大きく変えようとしている現状があるので、日本国憲法の平和主義の原点に立ち戻って、その世界史的意義を捉えなおしておきたい。

2　平和憲法の論理構成

　まず、平和憲法の思想原理について明らかにしておきたい。前文では、動態

的平和観が表明され、平和的生存権が明記されていることが、注目される。9条第1項では非暴力原理、9条第2項では非武装原理が表明されている。それらが一体となって憲法平和主義を構成しているのである。

前文——非暴力による平和構築

前文のなかで「日本国民は、恒久の平和を念願し、人間相互の関係を支配する崇高な理想を深く自覚するのであつて、平和を愛する諸国民の公正と信義に信頼して、われらの安全と生存を保持しようと決意した。われらは、平和を維持し、専制と隷従、圧迫と偏狭を地上から永遠に除去しようと努めてゐる国際社会において、名誉ある地位を占めたいと思ふ。われらは、全世界の国民が、ひとしく恐怖と欠乏から免かれ、平和のうちに生存する権利を有することを確認する」と述べていることは、平和的生存権の規定であり、地球的な課題に取り組み、国境を越えて信頼の文明を築いていこうとする意思表明である。

前文で表明されているのは、国際協調主義および平和的生存権である。ここでは、「名誉ある地位を占めたい」という部分だけを強調して、国際貢献を主張したり、日本が武力による集団的安全保障へ参加することもできると論じたりするのは論外だとしても、どのようにしたら世界平和に貢献できるのかそのビジョンを示すことが要請されていることは確かだと思われる。

その際、前文のなかに「政府の行為によつて再び戦争の惨禍が起ることのないやうにすることを決意し」とあることに注目する必要がある。ここに書かれていることは、文字通り政府の行為によって戦争が起こされたという認識である。民衆に責任がないというわけではないが、政府が戦争を起こし、民衆は戦争に動員された度合いが大きいということである。したがって、信頼すべきなのは自国や他国の政府ではなく、「平和を愛する諸国民の公正と信義」だということになる。ここには、政府と民衆を分け、民衆にこそ信頼を置くべきだという思想が現れている。

ここから言えるのは、個人個人が国境を越えて相互理解し、信頼や協力の関係を築いていくのが重要だということである。とくに隣接する国々の人びととのあいだに信頼関係を強固なものとしていくことが重要である。政府が脅威を煽るときでも、隣国の人びととのあいだの交流を絶やさないことである。平和

的生存権も、動態的な概念として理解していく必要があり、貧困や差別のない社会を構築していくなかで理解していくべきである。

9条第1項——非暴力による紛争解決

日本国憲法の第2章の章題が「戦争の放棄」になっており、9条第1項において、「日本国民は、正義と秩序を基調とする国際平和を誠実に希求し、国権の発動たる戦争と、武力による威嚇又は武力の行使は、国際紛争を解決する手段としては、永久にこれを放棄する」と戦争の放棄が明記されている。また、この条項のなかで「正義と秩序を基調とする国際平和を誠実に希求し」という箇所には、永続的な平和の秩序形成を目指すという意味が込められていると考えられ、戦争放棄は、たんに日本が戦争に加担しないということだけでなく、最大の不正義である戦争の廃絶を可能にする世界秩序の形成に積極的に関与するために率先してなされるという連関が認められる。

もう一つには、戦争のみならず武力の行使も国際紛争の解決の手段として否定していることが示唆しているのは、紛争の非暴力的な解決である。戦争放棄には、自衛戦争の否認も含まれているという制憲議会での議論に留意するなら、自衛のためであっても武力の行使はできず、非暴力的な抵抗によって対処するということになるとともに、外交などを通じて国際紛争が解決されるよう最大限の努力をするということになる。もっとも、政府の解釈においても、第1項において自衛戦争は否定しているわけではないが、第2項において陸海空軍を保持できず、交戦権も主張できない⁴⁾から、これによって実質的に防衛戦争もできなくなる。⁵⁾

9条第2項——非武装原理と交戦権放棄

第2項で、「前項の目的を達するため、陸海空軍その他の戦力は、これを保持しない。国の交戦権は、これを認めない」とあるのは、戦争放棄を実効的なものにするには戦争手段である軍事力を保持しないという徹底性を表している。「陸海空軍その他の戦力」を保持しないというのは、日本の非軍事化という占領方針にそったものであり、マッカーサー・ノートから存在していた規定だが、第1項と合わせて考えると、戦争放棄の徹底化という側面が強い。「そ

の他の戦力」を付け加えているのは、警察力などの軍事力への転用の可能性を封じるためである。

　交戦権については、政府の説明では「戦争を行ふということに基いて生ずる種々なる権利」であり、具体的には外国船の拿捕や占領地の保護を受けることができないという狭い意味での理解であるが、緊急の際に戦争に訴える権利という広い意味での、国際法上の権限である交戦権を否認することによって、国際社会において「戦争をしない国家」として新しい地平を築く意思表明として位置づけられるべきである。

　現代日本の改憲論でターゲットにされているのはこの第2項だが、この第2項こそが先駆的な歴史的意義をもつものである。自衛隊が存在してもふつうの軍隊のように海外で戦闘行為に参加できないように規制してきたのは、交戦権の否認によるものである。もちろん、自衛隊は違憲の存在であり、災害救援隊などに改組していくのが望ましいのだが、自衛隊が存在していても非暴力的にしか活動しえなくしているのが、憲法9条の政治的機能である。

3　平和憲法の思想的背景

　このような徹底的に平和主義的な憲法が生まれた背景はどこにあるのだろうか。字句通りに読めば、非暴力非武装以外の道はないはずであり、これはたんに日本の置かれた状況だけでなく、人類史の流れのなかで捉えなければならない。そこで、戦争廃絶という理念が憲法9条になかに結晶化していった経緯を明らかにすることによって、憲法9条を戦争廃絶に向かうべき人類の歩みの重大な一歩として位置づけていきたい。

両大戦間の平和思想との関係

　憲法9条を人類史的に考えるとしたら、第一次世界大戦後の反戦平和を求める動きに注目する必要がある。第一次世界大戦は総力戦であり、民間人の死者が軍人の死者よりも上回り、偏狭なナショナリズムによって人びとが戦争に動員されたことから、戦争終結後、反戦文学や反戦運動が広がり、一方では国際連盟のような国際平和組織が設立され、国家間の平和の実現が図られた。この

ような反戦運動の盛り上がりのなかで出てきたのが戦争非合法化運動であり、久野収がつとに指摘しているように、憲法9条の条文は、不戦条約を実現させた第一次世界大戦後の平和運動、とりわけ戦争非合法化（戦争違法化）の思想および運動と関連が深いということである[7]。

戦争非合法化の思想とは、戦争を国内法、国際法の双方において公的に犯罪化し、戦争を違法とする思想であり、第一次世界大戦中にアメリカで着想され、第一次世界大戦後の1920年代に運動としてアメリカ国内で広がったものだが、その根底にある考え方は、現在の国際法および条約の体制を「戦争システム」、すなわち戦争を前提とする体制とみなし、「戦争システムから脱却するために、戦争を合法的前提とする体制を国際法、国内法の両側から非合法化しようという目的をもつところに」その特色がある[8]。

このような運動の基盤のうえに、W.E. ボーラ上院議員（William Edgar Borah, 1865-1940）が4度にわたって連邦議会に提出した「戦争非合法化」決議案（1923年2月14日、12月20日、1926年12月9日、1927年12月12日）は、紛争解決の手段としては戦争か法かの二者択一しかないので、アメリカ合衆国の主権的諸州の紛争を解決してきた連邦最高裁判所をモデルにして、世界的な規模で紛争を平和的に解決する国際最高裁判所を設立し、戦争を非合法化すべきであるという訴えを含んでおり、ジョン・デューイらの支援運動と相まって、不戦条約成立に与えた影響が大きいと言われる[9]。また、ここで注意しておくべきなのは、「〈戦争非合法化〉の理想が侵略、自衛戦争の区別を認めず一切の戦争制度そのものを否認し、武力による制裁も実質的戦争になるから認めなかったことは、その意味で、〈不戦条約〉の〈戦争違法化〉指向を徹底したものというべきであり、日本国憲法第9条にダイレクトにつながってゆくことになる」[10]ということである。要するに、不戦条約の原型となっているのは戦争非合法化の思想であり、不戦条約の解釈において自衛戦争が認められることとなったのとは対照的に、戦争非合法化の思想は戦争そのものの違法化を目指すものであり、その延長線上に憲法9条が位置づけられるのである。

不戦条約との関連

憲法9条第1項と不戦条約との類似性がたびたび指摘されてきた。不戦条約

(1928年8月27日署名、1929年7月24日発効）第1条には、「締結国は、国際紛争解決の為戦争に訴えることを非とし、かつ其の相互関係において国家の政策の手段としての戦争を放棄することを其の各自の人民の名に於て厳粛に宣言す」とあり、国家の政策手段としての戦争の放棄が定められているが、これは「国際紛争を解決する手段」としての戦争の放棄という憲法9条第1項と合致する。ここで戦争と武力行使が禁止されることになったが、自衛の場合はどうなのかということが条約締結の外交交渉で問題となり、不戦条約は、侵略戦争のみを否定したのであって、自衛権の行使としての戦争は留保されたのである[11]。一方で、不戦条約との違いとして、憲法9条第1項では、「人民の名に於て」を省き、人民も政府もという意味を込めるとともに、強調のため「永久に」を入れていることがあげられる。また、制憲議会では、吉田茂首相は自衛戦争を含むすべての戦争の放棄である旨、明言している点も大きな違いである。

　不戦条約締結に当たって、不戦条約が自衛権を制限するものではないという提案がアメリカからなされ、各国政府はそれに同意して加入したのであり、「世界のほとんどすべての国によって、自衛のためには、戦争や武力の行使も禁止されることなく、それを行ってもさしつかえないとされたのである[12]」。このように自衛権を留保することによって自衛戦争を容認することになってしまったのが、不戦条約の不備であった。その点を強く自覚していたからこそ、制憲議会においては自衛権の放棄にまで踏み込んだ答弁がなされたのである。憲法9条第1項でいう「国際紛争を解決する手段」というのはたんに侵略戦争のみを指すのではなく、不戦条約の反省のうえに立って自衛戦争も含むものと考えられた。ともあれ、不戦条約を契機に侵略戦争の禁止が政治原理として確立したわけだが、それをどのように発展させていくのかということが問われており、自衛権を肯定するにしても、非暴力手段による行使しかできないという意味で憲法9条を理解すべきである。

日本国民の厭戦感情

　このような世界史的な方向の具現化という側面とともに、憲法9条には国民の厭戦感情が凝縮したかたちで現れていると言えよう。兵役拒否に関する研究で明らかになったのは、近代日本においては、公然と自己の意思を示して戦争

を拒否する良心的兵役拒否を実践した人はわずかしかいなかったが、一方さまざまな手段を用いて徴兵から逃れる徴兵忌避を実践した人の数は多かったということである。ということは、近代日本には個人の尊厳や権利を普遍化する文化的土壌に欠けていたが、それにもまして国民の厭戦感情は強かったということである。つまり、抵抗精神をもった個人が十分に確立されず、表立って戦争に反対することが困難な雰囲気も存在したが、そのような状況のなかでも、徴兵制という強制的な措置に対して徴兵忌避という消極的手段で抵抗した人は数多くいたということである。徴兵忌避は、近代日本の隠された政治的伝統であり、また、豊臣秀吉の刀狩以来1873年の徴兵令に至るまで、300年以上にわたって武士を除いて社会が非武装であったという点も、市民武装の伝統のある欧米とは異なった点である。

　1946年1月24日のマッカーサーとの会見で戦争放棄を進言した幣原喜重郎が体現していたのは、「戦争はこりごりだ」という民衆の思いである。終戦直後、幣原は偶然乗り合わせた電車のなかで「知らん間に戦争に引入れられて」ひどい目にあわされたという声を聞いたが、それがもとになって戦争放棄および軍備の廃棄を決意するに至ったという[13]。幣原は、「あの野に叫ぶ国民の意思を実現すべく[14]」努力することを自らの使命としたのであり、幣原のことばを介して具現化したのは、日本国民のエートスとしての厭戦感情であったと言える。

　戦争に対する厭戦感情が国民のあいだに広がっていた時期に戦争放棄の条項をもつ憲法改正の政府の草案が公表されたのである。「憲法改正草案要綱」は1946年3月6日に発表され、同年4月17日には、憲法の全文を網羅した政府の「憲法改正草案」が発表されたが、日本国民は総じて、戦争放棄条項を歓迎して受け止めた。「毎日新聞」1946年5月27日付の調査（回答総数2000名）では、「戦争放棄条項を必要とするか」という問いに対し、「必要あり70％、必要なし28％」であり、「戦争放棄の条項に修正の必要ありや（この条項を必要とする者について）」という問いに対して、「必要なし80％、必要あり19.7％（その理由・自衛権保留規定を挿入せよ）」であった[15]。広島、長崎に原爆が落とされた記憶も生々しく残っているなかで、飢餓に直面していた民衆の思いは、どのような理由であれ戦争を起こしてはならないということにあったのである。

幣原喜重郎の平和思想

　憲法9条の理念が幣原喜重郎（1872-1951）に発していたことは、多くの証言から明らかである。とくに重要だと思われるのは、マッカーサー自身が憲法調査会会長の高柳賢三のこの点についての質問に対して、「戦争を禁止する条項を憲法に入れるようにという提案は、幣原首相が行なったのです。首相は、私の職業軍人としての経歴を考えると、このような条項を憲法に入れることに対して私がどんな態度をとるか不安であったので、おそるおそる、憲法のことについて会見したいという申し込みをしたのでしたと言っておられました。私は、首相の提案に驚愕しましたが、首相に私も心から賛成であると言うと、首相は、明らかに安どの表情を示され、私を感動させました」と答えていることである。

　もとより幣原は、1924～27年、29～31年にわたって外相を務め、「幣原外交」と呼ばれる国際協調主義の外交を展開し、中国への内政不干渉政策をとり、1930年のロンドン海軍軍縮条約の締結で知られる自由主義的で現実主義的な平和主義者であった。とくに重要なのは、幣原が外相を務めた当時、アメリカでは法的な制度としての戦争の廃絶を求める戦争非合法化の運動があったが、幣原は、「ワシントン駐在大使としてウッドロー・ウィルソンやフランク・B.ケロッグのような国際舞台の主要な政治的人物と知り合いになっただけではなく、現役の外交官や外相として、自らその運動に加わった」ことである。幣原は、戦争を違法化する思想を共有し、不戦条約を生み出す外交的努力の一翼を担ったのである。幣原外交は、とくに軍部から軟弱外交と非難され、幣原は満州事変の収拾に失敗し、政界を退き、悶々とした日々を送っていたが、戦時中には議会の「翼賛政治会」に入ることを拒否し、憲兵の訪問を受けたが、頑として決心を変えなかった点など、自由主義的な態度を堅持した稀有な政治家であった。

　幣原の思想のなかできわめて重要だと思われるのは、戦争と文明を対峙させていることである。幣原は、「戦争とは集団的殺人のことである。個々の殺人は既に人間において罪悪である。ただ殺人が集団的に行なわれる場合にのみ、戦争と称して合法化しているにすぎない。一度殺人が合法化されると、より多く殺す程賞められて英雄になるという奇妙な矛盾を呈する」と言い、「戦争を

なくするには国家間の紛争を平和的方法で解決しなければならぬ。平和的方法とは武力によらないことだから、武力を持たないのが一番確実な方法である。だが世界が全く武力を持たないという真空状態を考えることはできない」ので、交戦権の統一をなす必要があり、世界政府を創る方向で歩みを進めるべきだとした。[20]しかし、それはすぐに実現できるとは思われないので、日本が戦争放棄・無軍備国家として世界の先駆けになるという考え方である。戦争の本質を集団殺人とみなし、二重の道徳規範を克服しようという思想は、両大戦間の平和主義の特徴であり、幣原がそのような平和主義を継承していたことが重要である。

　また幣原は、『外交五十年』のなかで日本のような国家にあっては、少しばかりの軍備を持つことがほとんど意味をなさないとともに、軍備よりも「国民の一致協力」のほうが強力であり、占領軍に国民が非協力で立ち向かったら、占領は実効性を失うという考えを示している。たとえば、マッカーサーのもとで占領政策が行なわれているが、日本国民が協力しようとしているから円滑に機能しているのであって、国民が協力しないとなったら、どうなるかという問いを発し、「占領軍としては、不協力者を捕えて、占領政策違反として、これを殺すことが出来る。しかし8千万人という人間を全部殺すことは、何としたって出来ない。数が物を言う。事実上不可能である。だから国民各自が、一つの信念、自分は正しいという気持で進むならば、徒手空拳でも恐れることはないのだ[21]」と述べている。これは「軍備全廃の決意」の理由として述べられていることであり、政策論として展開されているわけではないが、国民の全面的非協力による防衛のほうが軍事力による防衛より安全だということを示唆しており、非暴力防衛構想の萌芽的な現れだと見ることができる。

マッカーサーの役割

　日本国憲法の制定は1946年2月3日に書かれたマッカーサー・ノートに発していることには言を俟たない。占領軍の意図としては、日本政府の独自の努力によって憲法改正がなされることを期待していたのだが、2月1日に毎日新聞にスクープされた、憲法問題調査委員会の改正案である松本烝治案が天皇の統治権を残そうとした旧態依然のものだったため、マッカーサー（Douglas

MacArthur, 1880-1964）は GHQ の民政局長ホイットニーに新憲法の原則を示し、民政局員に草案作りに着手させたのである。

　日本国憲法の制定に当たってマッカーサーはどのような役割を果たしたのだろうか。憲法制定は、大日本帝国憲法の改正手続に従って、改正は政府提出の政府案の審議を経てなされていったのであり、当初「マッカーサー草案」とも呼ばれる GHQ の案が元になっていることは知らされないでいた。しかも、仮に日本政府が独自に草案を完成させていたら、このように革新的な内容にはなっていなかったであろう。もっとも、高野岩三郎案や共産党の案には共和制の構想も見られたが、少なくとも憲法9条に関する条項が内発的に生まれたとは考えにくい。マッカーサーは、表面には出てこないが、背後から公共的意志を働かせたのであり、その意味でルソーのいう「立法者」のような存在であったと言える。

　ルソーの説明では、立法者とは「施政者でも主権者でもなく、その職責は国家を組織することであり、国家の構成のなかには位置をしめない[22]」存在である。「リュクルゴスが祖国スパルタに法を与えたとき、まず王位を捨てた。法の制定を外国人に依頼するのは、大部分のギリシア都市の習慣であった。近代イタリアの共和国は、しばしばこの習慣を模倣し、ジュネーヴ共和国も同じようにやり、順調であった。ローマはその最盛期になると、国内に専制のあらゆる罪悪がふたたび起こり、同じ人物（十人官）が立法権と主権とを兼ねたため、滅亡に瀕したのである[23]」。法律を起草する者は立法権をもつべきでない、立法には、人力を超えた計画、それを遂行するための無に等しい権威が必要だというのが、ルソーの洞察である。したがって、立法者とは決して独裁者ではなく、公共的意志を働かせて、全体のためによりよい法を制定する存在である。

　マッカーサー＝ルソーの「立法者」説を最初に唱えたのは、政治学者の升味準之輔である。升味は、「2月13日、松本私案を拒絶して提示されたモデル憲法案をみて、幣原内閣は、愕然とした。そして、抵抗したが、周囲の状勢からみれば、これ以外に天皇および天皇制を猛火から救出する道はないことを悟ったであろう。モデル憲法案にもとづく政府の〈憲法改正草案要綱〉は、3月6日発表され、マッカーサーは、これに全幅の賛意を表明した。こうして、彼は、〈日本国民の自由に表明する意思〉を先取りし決定し強制した。彼によっ

て結果が原因にされた。その意味で、彼は、ルソーの〈立法者〉である」と述べている。しかし、むしろマッカーサーが新たに国家を組織すべく公共的意志を働かせたという意味で、ルソーのいう「立法者」に当たるのだと思われる。これは、もちろんマッカーサーだけの仕事ではなく、GHQ民政局員の仕事でもあった。彼らは日本国民のためにすばらしい憲法を起草しようと、不眠不休の努力をしたのである。

マッカーサーは、解任後、たびたび戦争廃絶の考えを説いた。「賢い老首相、幣原が私の所へ来て、人々の命を救うために国際的手段としての戦争を廃止すべきだ、と主張しました。私がそれに賛成すると、彼は私に向かってこう言いました。〈世界は私たちを非実際的な夢想家だと笑い嘲ることでしょうが、しかし今から100年後には、私たちは予言者と呼ばれることでしょう〉と。……我々は今こそ、世界の諸大国と協力して戦争廃棄の用意があることを宣言すべきです。その効力は魔力となることでしょう」(1951年1月26日、ロスアンゼルス、在郷軍人会の夕食会)。マッカーサーは、日本が提唱していることを世界のあらゆる国民が実行するよう「一歩を進め」ることを強調し、「そのような戦争放棄は同時的かつ普遍的でなければならない。それは、す・べ・て・か・、然・ら・ず・ん・ば・無・で・あ・る (It must be all or non)」(1946年4月5日、対日理事会声明)と述べ、世界平和組織〔世界政府〕の樹立による戦争放棄の実効化を想定していた。

4 戦争放棄から戦争廃絶へ

このような観点から、憲法9条の草案を読みなおしてみたらどうなるであろうか。そこには、戦争廃絶 (abolition of war) と戦争放棄 (renunciation of war) という二つの概念が現れており、相互に関連していることがわかる。つまり、戦争の廃絶を目標として、日本はそのために率先して戦争の放棄を行なうという意味でのつながりが確認できるのである。

草案作成過程における関係

マッカーサー・ノート (1946年2月3日) では、「国権の発動たる戦争は廃止・する。日本は、紛争解決のための手段としての戦争、さらに自己の安全を保持

するための戦争をも、放棄する。日本はその防衛と保護を、今や世界を動かしつつある崇高な理想に委ねる。／日本が陸海空軍をもつ機能は、将来も与えられることはなく、交戦権が日本軍に与えられることもない」となっている。「国権の発動としての戦争」を「廃止する」となっているのは、一般的命題を日本に当てはめたものと読める。日本は、そのことを確かなものとするために、自衛戦争を含むすべての戦争を放棄するという論理構成である。では、安全はどのように確保するのかというと、「今や世界を動かしつつある崇高な理想」、すなわち国連による集団的安全保障体制の確立に委ねるという考え方である。

マッカーサー・ノートをもとに民政局での「密室の9日間」と言われる集中的な作業によって作られたGHQ草案（1946年2月10日）では、「国権の発動たる戦争は、廃止する。いかなる国であれ他の国との間の紛争解決の手段としては、武力による威嚇または武力の行使は、永久に放棄する。陸軍、海軍、空軍その他の戦力をもつ機能は、将来も与えられることはなく、交戦権が国に与えられることもない」と、「戦争の廃止」という表現は残っている。ここでの変更では「放棄する」の前に「武力による威嚇または武力の行使は、永久に」を付け、戦争のみならず武力行使を放棄したことを明確化し、かつ強調している。もっとも、「自己の安全を保持するための戦争」、すなわち自衛戦争の放棄という表現がなくなっているが、これは「重複を避ける」ための法律家的修正であったと考えられる。「陸軍、海軍、空軍」に「その他の戦力」が付け加えられ、一切の軍事力の不保持を明確にしたことにも、そのことは現れている。

2月13日にGHQ草案を示されたとき、日本政府は受け入れるかどうか躊躇したが、結局は2月22日に閣議で受け入れることを決めた。当時の日本政府の最大の関心事は「天皇の安泰」であり、天皇制自体は変質しているものの、象徴天皇制として残ることになるので、受け入れることになったのである。そのため、戦争放棄は天皇制と取引されたという理解が出てくるわけだが、GHQ草案には国民主権や基本的人権の規定も入っているので、たとえば、GHQ草案にあった外国人の人権規定が日本政府との折衝の過程で除去されていったように、戦争放棄よりもむしろ徹底した人権規定への抵抗のほうが強かったというのが実情である。もっとも、日本政府はこの案をもとにして自らの案を提示

政府と制憲議会による修正

　日本政府は、3月2日にはGHQ草案をもとにして早急に政府案を作り、それを日本側も参加してGHQで検討を加え、作成された案が3月5日の閣議で「憲法改正草案要綱」として決定され、3月6日に公表された。3月2日の案で、戦争放棄の条項は9条になり、修辞上の変更も加えられている。GHQとのあいだの検討によって「国際紛争を解決する手段として」が戦争と武力の行使との双方にかかるようになった。また、「国の交戦権」という表現が用いられるようになったのも、この段階であり、3月2日の案文に用いられていたことを反映した修正とも見られる[30]。

　議会での審議での変更で重要なのは、第1項においては「日本国民は、正義と秩序を基調とする国際平和を誠実に希求し」、第2項においては「前項の目的を達するため」という文言が付け加えられたことである。とくに第2項の修正は、憲法改正案特別委員会の委員長芦田均によってなされたもので、「芦田修正」と呼ばれ、憲法9条の解釈上の論議を引き起こすことになったが、この修正が自衛のための措置を講ずることを可能にするものだとは、当時衆議院も、政府もまったく言明していなかった[31]。むしろ、芦田自身が当時、この修正の意図として言明していたのは、「戦争放棄、軍備撤廃を決意するにいたった動機が、専ら人類の和協、世界平和の念願に出発する趣旨をあきらかにせんとしたのであります」[32]ということである。憲法制定時の立法者意思としては、「前項の目的を達するため」というのは、戦争放棄という目的を実効的なものとするために、戦争手段である軍備を一切保持しないという意味であった。

　日本政府および議会での変更において「国権の発動たる戦争の廃止」という文言が消え、「国権の発動たる戦争と、武力による威嚇又は武力の行使の放棄」に置き換わっている。また、マッカーサー・ノートにあった「自己の安全を保持するための戦争」の放棄という表現がなくなっている。しかし、これらのことによって戦争廃絶という理念は後退したのではなく背後に隠れたと見るべきである。というのも、自衛戦争の放棄は制憲議会における政府答弁で再三確認されていることであり、一国の憲法としては戦争廃絶よりも、戦争放棄のほう

が実効的で実現可能な事柄だからである。
　したがって、憲法9条制定の思想は、次のように意味づけることができる。戦争を廃絶するためには、各国が国内的に戦争を非合法化し、そのことを宣言する必要があるが、日本は戦争の非合法化をいち早く行ない、世界各国がその道を進むように精神的リーダーシップをとる決意をしたのである。言い換えれば、憲法9条をもつ日本は、自衛戦争も含むすべての戦争を放棄することによって、世界の先駆けになり、戦争廃絶のための道徳的なリーダーシップをとる責務がある、ということである。

5　日本国憲法と戦争廃絶への道

　無理からぬことではあるが、憲法制定時には自衛戦争に代わる防衛手段についての政策論が詰められていたわけではない。とはいえ、制憲議会ではその点についてまったく議論がなかったわけでもない。自衛権に関する議論はかなり行なわれていて、侵略があった場合にどのように対処するかという防衛論議もなされていた。政府の答弁としては、平素から武力は保持しないが、「極く切羽詰った場合に、此の規定の精神を破って、急に間に合せの武力を何らかの方法で手に入れて、事を始めることがあるとは申しませんけれども、懸念をすれば有り得るのであります」とする一方、国際連合が日本を防衛する義務があるかについても、日本国憲法と国連憲章のあいだに連繋が不十分な点があることを認めているが、だからといって非暴力的な自衛権行使の議論を展開していたわけではない。

非暴力防衛との接合
　しかし、問題はむしろ、憲法制定後、非暴力抵抗が果たした役割や欧米における市民的防衛の研究の蓄積に対して一貫して関心が低かったことである。防衛論議は盛んであり、侵略を受けたらという仮定は頻繁になされるのに、観念的な議論に終始してきたのが実態であった。戦争廃絶を可能にするには、戦争のオルタナティヴを示す必要があり、とくに自衛戦争に代わる防衛手段を説得的に提示することが不可欠であるにもかかわらず、憲法9条を現実的な政策に

リンクさせる努力が欠けていた。

　10章で述べたように、欧米では、1960年代以降、市民的防衛という概念を用いて、軍事的防衛に代わる現実的な政策として非暴力手段による防衛についての研究が積み重ねられてきた。欧米では、市民的防衛は、現実的な政策として関心を集めているのであり、決して平和主義者のあいだだけで論じられているわけではない。これは憲法で軍隊の保持と交戦権を否定しておきながら、軍事力をもち、非武装を理想として棚上げしてしまっている日本の状況とは対照的である。もちろん、欧米でも市民的防衛論は懐疑的に見られることが多く、概して非正統的なアプローチとみなされているが、軍人や軍事専門家が関心を寄せているように、はるかに真剣な受け止め方をされているといってよい。日本においては憲法9条を防衛政策として現実化しようとせず、憲法解釈を変えることによって軍事力を整備させてきている。このような理念と現実との乖離を惹き起こしたのは、一つには国際情勢の変化であるが、もう一つには国民の側で非軍事的な防衛政策を構築する主体的努力が決定的に欠けていたためである。

　アダム・ロバーツやチャールズ・オーバービー（Charles M. Overby, 1926-）が憲法9条と市民的防衛の接合の必要性を主張している[36]ように、市民的防衛論こそ日本国憲法の平和主義を実現していくために検討されてしかるべきである。憲法9条が求めているのは、防衛の主体を軍事力から市民相互の連帯と協力の力に変えていくことである。その意味で、それは自衛の否定なのではなく、徹底した防衛戦略なのである。坂本義和が言うように、自衛隊というのは実際には他人に守ってもらう「他衛隊」であり、市民の利益以外のものを守るという疑念が捨てきれないのに対し、「市民の非暴力抵抗という場合は、抵抗をしたくない人間はしない、抵抗する意思のある人間がする。しかも相手は殺さない。それはもっとも純粋な意味で〈自衛〉なのです。ですから自衛権とか自衛力という場合に、その理想的な形というのは、市民の非暴力抵抗組織なのです。その意味で、自衛の論理を徹底していけば、非暴力抵抗にいきつかざるを得ないのではないか」[37]ということである。坂本は、戦後日本において問題なのは、非武装中立という社会党がかつて掲げた政策そのものではなく、非武装と無抵抗を実際上混同してきた点にあると批判している[38]。

　しかし日本では、市民的防衛論に関して、侵略を想定すること自体に冷戦的

発想が潜んでいる[39]という批判があり、むしろ隣国との友好・信頼関係を築くことが日本国憲法に合致していると考えられてきたようである。しかしながら、憲法9条を防衛政策として展開していくとしたら、軍事的防衛に対するオルタナティヴを示すことが必要であり、非暴力防衛と組み合わせていくことによって憲法9条はより説得力を増すであろう。さらに、非暴力防衛は、他国の侵略からだけでなく、クーデターや独裁から民主主義や市民社会を守るという積極的な意味も含んでおり、民主主義の底辺からの強化にも役立つであろう。

民際協力の網の目

　日本国憲法の前文に謳われている「平和を愛する諸国民の公正と信義に信頼して、われらの安全と生存を保持しようと決意した」という文言に込められた思想が示唆しているのは、民衆レベルでの相互理解・協力・信頼が平和構築にとってもつ重要性である。しかしながら、当然のこととして信頼とか協力というのは題目として唱えているだけでは意味はないであろう。世界的な連関をふまえ貧困・差別・抑圧の極小化に向けて、われわれが生きている場から民際協力の網の目を張りめぐらすことが求められている。

　市民間の国境を越えた信頼は、民際協力の網の目を張りめぐらしていくことにつれて高まっていくと思われる。人びとを結びつける媒体になるのは、さまざまな市民団体であり、共通の関心事である。市民としてなすべきことは、「人と人とが自由に出会い、協力し合う場」という意味での市民社会を、国境を越えて形成していく、すなわち戦争や暴力的な紛争が起こらないような相互依存の構造と相互理解の関係をつくっていくことである。

　このような立場に立つと、市民の平和戦略は、一つには戦争や暴力的紛争が起こらない構造をつくっていくことにある。日常的な努力を要することであるが、どんなに時間がかかっても、より平和な世界を構築していくには一人ひとりの小さな行為の積み重ねの上でしかないであろう。もう一つには、世界同時行動によって戦争を押し止めていくことが考えられる。これは、「世界市民」の影響力を高める戦略である。2003年のイラク戦争前の戦争阻止運動に見られたように、中心的な組織がなくても個人個人がインターネットやメールを通じて反戦運動に加わることが可能になっている。脱中心化した組織づくり、離合

集散を繰り返す運動という視点が重要である。また、それでも戦争が起こってしまったら、戦争の被害を世界中に知らせることによって国際世論を喚起し、市民の立場から戦争を終結に導いていくことである。戦争廃絶は、国際的な相互理解、非暴力的な社会の構築、経済的・社会的相互依存の推進とリンクさせて推し進めていくべき理念であり、戦争システムから人類を解放するためには、遠回りのように思えても、市民がトランスナショナル（民際的）な行為を積み重ね、戦争阻止を可能にする対抗的な権力の基盤を形成していくことが求められている。

憲法9条の人類史的意義

憲法9条は、戦争廃絶に向かう人類の歩みのなかに位置づけられるべきである。暴力や犯罪がまったくない社会というのは想定しづらいが、戦争が違法化され、正当化されない世界を実現することは可能である。戦争廃絶というのは空想ではなく、実現可能な目標なのである。

憲法9条が内包している理念は、戦争廃絶という人類普遍につながる公共的な理念であるが、戦争廃絶に至る道として、まず憲法9条と非暴力防衛を接合して、自衛戦争に対するオルタナティヴとして提示していくべきである。次に、民際協力がより平和な世界をつくっていくためにもつ意味を明らかにしていく必要がある。民際協力とは、国境を越えて人びとの間に協力関係を築いていくこと、国家主導ではなく、民衆同士の交流や友好を増進させていくことであり、その担い手は、市民団体、自治体、個人などである。多元的な権力の基盤が形成され、非暴力的な紛争解決が実現していく過程を経たのちに、戦争を非合法化する制度的な枠組みを形成していくのが正しい道筋だと思われる。

戦争廃絶は遠い将来の目標にしてはならない。19世紀のアメリカの奴隷制廃止論者が奴隷制の即時廃止を要求したように、現に起ころうとする戦争を阻止し、代替策を提示していかねばならない。それを可能にするのが、市民の力、民衆の力（ピープル・パワー）である。その意味で大切なのは、市民自身が対抗権力を形成し、現状を打開し、世界を変えていくことができるという確信をもつことである。さらには、「非暴力の力」による変革の可能性を認識する必要がある。そのためには、非暴力の思想と運動の知識を深め、生活の場での抵抗

と参加をとおして民主的自治の実践を積み重ねていかねばならない。

すでに明らかにしたように、憲法9条が制定された世界史的文脈を考慮するなら、そこに込められた歴史的な経験や人類の叡智に気づくはずである。憲法9条の理念は、戦争廃絶への道として継承し、発展させていくべきものである。

1) 1972、3年頃外務官僚の柳井俊二が小和田恒と話し合った際に「日本は国連に大口のカネを出しているのに、PKOには人を出さない。もっと積極的平和主義があってもいいのに、歯がゆくてならない」と語ったというように、「積極的平和主義」は、国連の平和維持活動への参加という意味で用いられていた(「PKO積極参加は外務省の悲願」、「朝日新聞」1990年12月26日朝刊参照)。
2) 積極的平和主義は、公益財団法人「日本国際フォーラム」が2009年に政策提言として作成した『積極的平和主義と日米同盟関係のあり方』("Positive Pacifism and the Future of the Japan-U.S. Alliance," (October 2009))では、positive pacifismと英訳されていたが、それでは国外では誤解されると考えて"proactive contribution to peace"を使ったのだと思われる。
3) 「積極的平和主義」を「積極的軍事主義」と理解するのは、豊下楢彦、古関彰一『集団的自衛権と安全保障』〔岩波新書〕(岩波書店、2014年)167-198頁である。
4) 参議院事務局編『帝国憲法改正審議録』(新日本法規出版、1952年)118頁参照。
5) 同上、427頁参照。
6) 同上、424-425頁参照。
7) 久野収『憲法の論理』(みすず書房、1969年)49-58頁参照。
8) 同上、52頁(強調は久野)。
9) 深瀬忠一『戦争放棄と平和的生存権』(岩波書店、1987年)74頁参照。
10) 同上、74頁。
11) 横田喜三郎『自衛権』(有斐閣、1951年)71頁参照。
12) 同上、10頁。
13) 幣原喜重郎『幣原喜重郎——外交五十年』〔人間の記録64〕(日本図書センター、1998年)(『外交五十年』読売新聞社、1951年の再版)238-240頁参照。
14) 同上、240頁。
15) 歴史協議会編『日本国憲法を国民はどう迎えたか』(高文研、1997年)26頁参照。
16) マイロ・ラウエル、フランク・リゾーらの証言から日本国憲法の「戦争放棄」が幣原の提案だということは明らかだという(高柳賢三、大友一郎、田中英夫編『日本国憲法制定の過程——連合国総司令部側の記録による——Ⅱ 解説』(有斐閣、1972年)45頁参照)。
17) 同上、45頁。
18) Klaus Schlichtmann, "The Ethics of Peace: Shidehara Kijūrō and Article 9 of the

Ⅲ部　戦争をなくすための思想と構想

Constitution," *Japan Forum*, vol. 7, no. 1 (April 1995), p. 50 参照。
19)　『幣原喜重郎——外交五十年』224-229頁参照。
20)　平野三郎「制憲の真実と思想——幣原首相と憲法第九条」（1964年）、深瀬忠一編『戦争の放棄』〔文献選集日本国憲法第3巻〕（三省堂、1977年）所収、51-52頁。
21)　『幣原喜重郎——外交五十年』241-242頁。
22)　ジャン＝ジャック・ルソー「社会契約論」（1762年）井上幸治訳、『ルソー』〔世界の名著30〕（中央公論社、1966年）所収、263頁。
23)　同上、263頁。
24)　升味準之輔『戦後政治——1945-55年』（上）（東京大学出版会、1983年）27頁。
25)　伊藤成彦『物語　日本国憲法第九条——戦争と軍隊のない世界へ』（影書房、2001年）64-65頁。
26)　『戦争放棄と平和的生存権』126頁（強調は深瀬）。
27)　高柳賢三、大友一郎、田中英夫編『日本国憲法制定の過程——連合国総司令部側の記録による——Ⅰ　原文と翻訳』（有斐閣、1972年）99頁（強調は寺島）。
28)　同上、243頁（強調は寺島）。
29)　GHQ草案の第13条には「すべて自然人は、法の前に平等である。人種、信条、性別、社会的身分、カーストまたは出身国により、政治的関係、経済的関係または社会的関係において差別がなされることを、授権または容認してはならない」とあり、また第16条には「外国人は、法の平等な保護を受ける」と規定されている（同上、274-275頁参照）。
30)　『日本国憲法制定の過程——連合国総司令部側の記録による——Ⅱ　解説』139頁参照。
31)　同上、140頁参照。
32)　時事通信社編『日本国憲法　解説と資料』（時事通信社、1946年）60-61頁。
33)　『帝国憲法改正審議録』118頁参照。
34)　同上、131頁参照。
35)　非暴力による防衛構想には、宮田光雄『非武装国民抵抗の思想』〔岩波新書〕（岩波書店、1971年）第3章「非武装国民抵抗の構想」71-122頁、小林直樹『憲法第九条』〔岩波新書〕（岩波書店、1971年）第8章「平和のための積極的構想」181-212頁など優れた研究があるが、広く注目されたとは言えない。
36)　アダム・ロバーツ「市民抵抗のすすめ——日本の安全保障を再考する」『世界』第441号（1982年8月号）79-86頁、チャールズ・オーバービー「チャールズ・オーバービー」（下村満子との対談）、『朝日ジャーナル』（1992年3月20日号）所収、53頁、チャールズ・オーバービー『地球憲法第九条』〔対訳〕國弘正雄訳（講談社インターナショナル、1997年）168-173頁参照。
37)　坂本義和『新版　軍縮の政治学』〔岩波新書〕（岩波書店、1988年）165頁。
38)　同上、159-160頁参照。
39)　『非武装国民抵抗の思想』120頁参照。

【文献案内】

深瀬忠一『戦争放棄と平和的生存権』(岩波書店、1987年)は、戦争放棄の思想的背景と憲法平和主義の理論と実践を詳述している。幣原喜重郎『幣原喜重郎――外交五十年』〔人間の記録64〕(日本図書センター、1998年)、平野三郎「制憲の真実と思想――幣原首相と憲法第九条」、深瀬忠一編『戦争の放棄』〔文献選集日本国憲法第3巻〕(三省堂、1977年)所収、久野収『憲法の論理』(みすず書房、1969年)は、憲法9条の理念を知るうえで重要である。歴史協議会編『日本国憲法を国民はどう迎えたか』(高文研、1997年)は、日本国憲法制定当時の国民世論を伝えている。清水伸編『逐条日本国憲法審議録 第二巻(戦争の放棄・国民の権利及び義務)』(有斐閣、1962年)、高柳賢三、大友一郎、田中英夫編『日本国憲法制定の過程――連合国総司令部側の記録による―― I 原文と翻訳』(有斐閣、1972年)は、憲法制定過程についての詳細な資料である。河上暁弘『日本国憲法第9条成立の思想的淵源の研究――「戦争非合法化」論と日本国憲法の平和主義』(専修大学出版局、2006年)は、憲法9条制定の思想的源流を丹念に解明している。深瀬忠一ほか編『恒久世界平和のために』(勁草書房、1998年)は、憲法学からの取り組みの集大成である。

憲法政策論のアプローチとしては、和田英夫ほか編『平和憲法の創造的展開』(学陽書房、1987年)がある。チャールズ・オーバービー『地球憲法第九条』國弘正雄訳(講談社インターナショナル、1997年)は、憲法9条の人類史的意義を訴えている。小林直樹『憲法第九条』〔岩波新書〕(岩波書店、1971年)は、憲法政策論の立場から非暴力抵抗による防衛を提唱している。坂本義和『新版 軍縮の政治学』〔岩波新書〕(岩波書店、1988年)は、国際政治の動向のなかで軍事化に代わる道を模索している。

横田喜三郎『自衛権』(有斐閣、1951年)は不戦条約における自衛権挿入の経緯について明らかにしている。田岡良一『国際法上の自衛権』〔新装版〕(勁草書房、2014年)は、自衛権行使の国際的事例の検討をもとに、正当防衛権との類推で捉えられることが多かった自衛権を緊急避難の問題として捉えなおしている。山内敏弘『平和憲法の理論』(日本評論社、1992年)は、憲法学の立場から自衛権概念を検討している。奥平康弘『いかそう日本国憲法――第九条を中心に』〔岩波ジュニア新書〕(岩波書店、1994年)は、日本国憲法をめぐる状況を概説し、9条の意義を捉えなおしている。C. ダグラス・ラミス『憲法と戦争』(晶文社、2000年)は、憲法の理念から日本の政治的現実を批判的に捉えている。伊藤成彦『物語 日本国憲法第九条――戦争と軍隊のない世界へ』(影書房、2001年)は、憲法9条を歴史的・思想的に意味づけている。

12章 地球市民社会と平和構築

1　地球市民社会への注目

　戦争をなくすためには、戦争が、人類が文明を築いていく過程でつくり出したものであり、文明の進展のなかで必ずなくすことができると考えておく必要がある。次に、道具の発達、言語の発達、権力の組織化という人間社会の基本的特性が、戦争や暴力の基盤にあり、これらはそれぞれ二面性をもつものだから、ポジティヴな側面は残し発展させ、ネガティヴな側面は克服し消滅させていかない限り、戦争の廃絶には至らないであろう。それは、どれだけ時間がかかるかはわからないが、決して不可能ではないと認識する必要がある。

　そのうえで、グローバル化（地球社会化）という現代世界の動態に注目していく必要があるだろう。グローバル化とは、運輸・通信手段の発達によって経済や文化が全世界的に融合し、距離感が縮まっていることである。それは、19世紀後半から始まった過程と捉えられるが[1]、グローバル化（globalization）という用語で認識されるようになったのは、1960年代以降のことである。大気圏外に出ることができ、宇宙から地球を見ることができるようになったり、自由貿易が促進されてきたりしたことが背景にあるが、一方、その当時、世界は冷戦下にあり、資本主義と社会主義が相互にブロック化しており、自由主義と共産主義というイデオロギーの対立もあり、一つの世界という認識はもちづらかっ

た。

　しかし、冷戦終結後の1990年代からグローバル化ということばが頻繁に使われ始め、社会科学の用語の一つとなるだけでなく、日常用語としても使われ、流行語にもなり、現実のものとなっていった。インターネットなど情報手段の発達が、グローバル化を加速させている側面もある。瞬時に世界とつながるという実感をもてるようになったからである。一方で、共産主義という対抗原理が消失したことにより、世界が資本主義化している状況がある。このような上からのグローバル化のなかで、1990年代以降、旧社会主義国でナショナリズムが再燃し、民族紛争や内戦を惹き起こし、21世紀になると、経済的・社会的格差が広がり、不満のはけ口として排外主義の思想や運動が先進産業諸国でも起こっている。このようにグローバル化とナショナリズムのあいだにあって、地球市民社会の形成が戦争を抑制する一つの力として注目されることになる。[2]

地球市民社会の概念

　地球市民社会とは、国境を越えて交流し、協力するための場が形成されていく動態を表す概念である。それは、対等で非暴力的な関係を人と人とのあいだに構築していくことを含み、平和、環境、人権に関する諸問題に人類的な視点から取り組み、解決を目指す基盤となっている。

　地球市民社会は、市民社会の一形態だが、市民社会が歴史的には国家のなかで文明化した領域となりえたのは、「法の支配」が貫徹し、国家によって人権を保障されるシステムをつくっていったからである。近世までは社会のなかで暴力が見え隠れしていたが、国家が暴力手段を独占することによって、都市社会は非暴力化していき、市民的自由も享受できるようになったが、国民国家システムとは違って、地球市民社会の場合、世界国家が存在しないことが大きな違いである。しかし、世界人権宣言、国際人道法、国際人権規約などさまざまな憲章や条約が制定され、国際刑事裁判所が設立され、次第に戦争の勃発を抑制し、戦争が起こっても停戦に導いたり、終結へと進めたりする枠組みが形成されつつある。世界政府は存在しないが、だからといって国際社会はアナーキーであるわけではなく、国連を中心にさまざまなグローバル・ガバナンスが機能していると言える。また、政府レベルでの国際間の取り組みだけでなく、

III部　戦争をなくすための思想と構想

自治体や市民団体や個人間のネットワークも、さまざまなかたちで張りめぐらされていく途上にあり、そういったネットワークのなかでは市民的礼節（civility）が保証され、非暴力的な問題解決が志向されている。

地球市民社会の形成

　地球市民社会の形成も、国家主導でない市民間の国境を越えた協力関係（民際協力）を樹立することを基盤に置かねばならない。つまり、国境を越えて市民社会を広げていき、最終的には地球市民社会を形成していくことが必要だが、その前に近隣諸国との友好関係を市民レベルで確固としたものにしていくことも求められている。そういった公共圏が重層的に構成する場として、地球市民社会は形成されていくであろう。現代世界において進む急速なグローバル化に対抗して反グローバリズムの台頭やナショナリズムが再燃している状況があるが、市民レベルでのつながりの強化が平和構築にとって最も大切であり、その道を切り拓いていく必要がある。

　石田徹は、グローバル化とナショナリズムという動きの中間にある「第三の道」として市民社会のグローバル化に注目して、「今日の市民社会論においては、国民であることが人間のアイデンティティを独占できなくなっていることを前提にし、宗教、言語、エスニシティ、ジェンダー等において多様性をもつ存在として市民がとらえられているのである。加えて市民は国民国家の枠を乗り越えてグローバルなレベルでの連帯を図ろうとする指向性をもつものとして描かれている。今や市場は国家を越えてグローバル化しつつあるがゆえに、市民社会もまた国民国家内部に閉じこもるわけにはいかず、国家を越えて連帯する必要があることから、〈地球的市民社会〉の形成が求められるとされるのである。そのようにネイションを内と外に向かって開いていくことによって偏狭なナショナリズム、エスノセントリズムの発生を防ぎうると考えられているのである[3]」と述べているように、国民国家を超えるこのような動態に注目する必要がある。

2　地球市民社会の形成基盤

　国民国家のなかに人間を閉じ込めておくことができないことは自明のことであり、グローバル化によって経済、情報、文化の融合が進み、世界経済、地球文化が加速されているのは前述したとおりだが、古代から都市国家を超える思想は存在した。経済や情報の分野では画一化、規格化が進んでいるが、文化や文明の多元性や違いは依然として根強いものがある。グローバル化に向かう方向性がある一方で、1990年代以降、ナショナリズムの再燃が起こり、紛争や戦争が起こってきたので、簡単に国民国家システムが乗り越えられないことも、明らかである。歴史の発展はらせん状の歩みをせざるをえず、地球市民社会の形成が直線的に進むとは思われないが、方向性としては脱国民国家的な意識が形成されていくことは確かであろう。戦争を防止するだけでなく、人権問題や環境問題を人類的課題として取り組んでいくためにも地球市民社会の形成が不可欠だと思われるので、その形成基盤を思想面と実態面で考えておく必要がある。

地球政治の胎動

　現代において国際政治が地球政治という様相を帯びてきているのは、次のような条件変化によるとされる。①コミュニケーション、運輸、および科学技術の発展で世界は縮小し、人間の生活圏は国境を越えて拡大し、重層化しつつある。②超国家的、脱国家的国際主体によって経済的、社会的交流がグローバルに展開されている。③こうして、地球社会という一つの全世界的なシステムが成立し、各国際主体間には相互依存が増大している。④国家は、その閉鎖性、排他性のゆえにこのようなグローバルな社会的、経済的状況にあって相対的に機能低下を示しつつある。[4]

　1990年代以降、すなわち冷戦終結後、アメリカ中心の一極中心的世界の動きが軍事面・経済面で出ている。世界的な規模で経済や文化が融合し、その一体性が増大する現象であるグローバル化が進んでいる。グローバル化に反発してナショナリズムが新たな装いで台頭するという現象も見られるが、政治が地球

的に連繋しているという状況は不可逆的なのだから、地球的諸問題の解決のために民衆が国境を越えて協力し合う地球市民社会の形成に向けて努力していく道がとるべき方向である。国境を越えた交流の増大によって国家や国民的感情・意識やナショナリズムを相対化していくこと、「今日の世界を一つの人間社会システムとして捉え、その基本的単位である人間の平等性に立脚して基本的なヒューマン・ニーズ（BHN）の充足、たとえば、〈平和、経済的福祉、社会的正義および環境との均衡〉などの諸価値の実現を目標とする新世界秩序が未来指向的に追求されねばならない[5]」という意識を定着させていくことが重要である。

ナショナリズムの克服

ナショナリズムが強烈な牽引力をもつのは、人びとの情念に訴えかける力をもち、愛国心と結びついた思想だからである。それに対し国家を超える思想は、世界市民主義（コスモポリタニズム）が最もよく知られているが、いまのところ、ナショナリズムのような吸引力をもっているとは言えない。国家を超える思想は、何も世界市民主義だけに限られるものではない。ナショナリズムの対抗軸は、国際主義、民際主義、グローバリズムなど、さまざまな概念で捉えられてきた。それぞれ意味内容や重点の置き方が違うし、歴史的発現形態も異なっている。それぞれ弱点もあり、ナショナリズムを乗り越えているとは言い難いのは、イデオロギーとして形成されたわけではないのと、ナショナリズムの場合の国民国家のような権力基盤をもたない、という理由による。

〔1〕世界市民主義（cosmopolitanism）——古代ローマのキケロやストア派から存在したが、当時の世界は地球大に及ぶものではなかった。自然法が前提となって、世界市民としての権利・義務の感覚が生じると考えられた。現実の世界はたとえヨーロッパに限定されるとしても、意識的には、人間が住む全地表を想定していたと言える。こういった状態は近代まで続き、カントがいう世界市民法も観念的に世界を想定し、すべての人間に及ぶものとして考えられていた。

今日では、全世界を対象にして世界市民、あるいは地球市民ということばが使われるが、直接、権利・義務の主体となりえない問題にまで世界市民として

責任を感じなければならないとしたら、ハンナ・アレントが示唆しているように、責任の重さで押しつぶされてしまうであろう[6]。世界の出来事の注視者、あるいは観客としての側面も重要であり、アレントも行為者としてよりも世界観客としての世界市民の役割は認めている。世界の出来事が世界中の人びとの見守るなかで展開していったら、無言の圧力であっても影響を受けざるをえないからである。しかし、行為者としても、自分が関心をもっている問題を通じて世界の問題に関わっていくことも可能である。単一争点運動であっても市民的連帯が形成されていくことになる。

世界市民の同時行動によって戦争を阻止することも可能であり、そのためには日常的に連携している必要がある。国民や民族が集合体であるのに対し、世界市民は個人として行動できる点が特徴的である。国民意識が為政者によって形成されていくのに対し、世界市民意識はなんらかの共通関心を介して形成され、自発的な性格をもつ。民族や国民が敵をつくることによってまとまるのに対し、世界市民は仲間とつながり、仲間を増やすことによって影響力を及ぼすのである。ナショナリズムに支えられた国民的連帯に比べ、市民的連帯は個人個人の確固とした意思に支えられており、対等な意識による水平的な権力を形成できる。

〔2〕国際主義(internationalism)——19世紀後半から20世紀前半にかけて、国民国家を超えた民衆の連帯を表すことばとして使われた。「万国の労働者よ、団結せよ！」というスローガンで知られる[7]ように、国際的連帯を求める文脈で使われた用語だが、この場合は、階級的な連帯である。あるいは、国家間の協力を重視する国際協調主義という意味もあるが、その場合は国家を主体にしている。日本では、グローバル化ということばが定着する以前の1980年代には、国際化ということばが使われ、いまでも使われているが、このことばは、国民的アイデンティティを強調する意味合いで使われるが、その場合は、必ずしもナショナリズムに対立する概念ではない。

〔3〕民際主義(transnationalism)——個人個人が民族や国家を超えて連携・協力することを意味し、個人個人が国境という壁に穴をあけていく行為に喩えられる。一人ひとりが主体になっている点で、国際主義とは違う。また、近隣諸国の民衆とのつながりを重視する点で、世界市民主義とも違っている。民際

主義とは、民衆レベル、市民レベルでの交流や協力を深めていくことによって、民族や国家を超えた相互理解を深めていくことを意味している。

〔4〕グローバリズム（globalism）——グローバル化のもとでの資本主義化、市場化、画一化を表すとともに、逆の意味で、対等な関係に基づく世界秩序を指向する意識を表すことばでもある。つまり、この用語は、上からのグローバル化と下からのグローバル化の双方に対応している。長期的に見れば、グローバル化は世界の生活水準の均質化をもたらすと思われるが、軍事や金融経済におけるアメリカ中心の世界秩序やグローバル化のもたらす貧富の格差の拡大に対する反発などが世界的に存在し、環境NGOが中心になって、資本主義的な上からのグローバリズムに反発する運動を起こしている。これは反グローバリズムとも呼ばれるが、実際には「もう一つのグローバリズム」であり、下からのグローバリズムと言うこともできる。

これらの概念は、主義主張というよりもむしろ現実政治の動態を表す用語という意味合いが強い。それゆえ、ナショナリズムのような強い吸引力をもっていないが、逆にこのような動態に注目することによってナショナリズムの歴史性を明らかにし、相対化していくことができるのではないかと思われる。

国際から民際へ

国際政治の主たるアクター（行為主体）は依然として国家だが、国家は国益によって動かされる存在であり、環境問題のように国境を越えて取り組まねばならならない問題は人類益の観点が必要になってくる。公共の観念も、たんに国益に還元されるべきものではなく、世界システムのなかでいかに公正な配分原理を打ち建て、不平等な構造をいかに変革していくかという問題との関連で提起しなおされねばならない。そのためには、市民同士の国境を越えたつながり、協力関係が模索されねばならないし、国家間を意味する「国際」ではなく民衆としての下からの協力を意味する「民際」が重要になってくるわけである。つまり、人びとのトランスナショナル（民際的）な行為の積み重ねで、国境を越えて市民が協力し合う地球市民社会を形成していくことが21世紀の課題となっている。

しかし、人びとの意識は国家や民族の桎梏を完全には抜け出していない。ま

た、日本では、個人が企業のしがらみになってしまう現象（会社主義）が現れている。私たちの豊かさ自体そのかなりの部分が世界の不公平な構造によってもたらされていること、いま生きている世界だけでなく次の世代が生きる世界をも配慮しなければならないこと、国際協力を政府だけに任せておけないことを認識し、環境問題や南北問題に対処していくことが求められている。今日では、外交の主体が、政府だけにあるのではなく、自治体や市民団体にあることも認識され始めている。国家の政策決定における自国中心主義を突き崩していく契機も、民際的経験に裏打ちされた市民の連帯による政治勢力形成にあると思われる。現代の国民国家はグローバル化と地域化に挟撃されており、その枠組み自体が変容を迫られている。このような状況のなかで、私たちは地域や生活世界を基盤にして世界につながっていく回路をもたねばならないし、自分なりの情報ネットワークを作っていくことが望まれる。

3　地球市民社会の基本理念

　地球市民社会は、国境を越える市民活動によって形作られていくのであり、戦争を起こせなくするソフトパワーである。自由貿易による経済的相互依存体制の構築も戦争を非現実的にしているが、市民レベルでの平和構築の仕方を考えていかねばならない。一人ひとりの人間が「戦争のない世界」に向けて何ができるかを明らかにしておきたい。

「戦争のない世界」を目指して

　市民は、市民社会のなかで市民運動や市民活動を介して政治に関わっている。市民運動が特定の目標の達成に力点を置いているのに対し、市民活動は協力して行為する過程に重点を置いている。市民運動のなかにも活動の側面はあるし、市民活動のなかにも運動の側面はある。市民運動が特定の目標を立てるのに対し、市民活動は抽象的な目標を追求する。市民活動に目標がないわけではないが、その過程で共感、友情、対等な関係性など人間的諸価値を充足することが重視される。平和運動ともいうが平和活動ともいうのは、平和が世代を超えて追求する価値理念だからである。市民が、平和や環境を介して地球的な

諸問題に関わっていくためには、持続する意志と活動が不可欠である。

　市民活動とは、普遍的な理念を意識して持続的・継続的に関わる行為形態であり、市民として公的問題に恒常的に関わっていくためには、家庭生活、職業生活だけでなく、市民生活の側面も生活の一部として重視していく必要がある。市民活動が人間生活の枢要な一部であるという観点からは、平和構築が市民活動に最も適合的な理念だと言えよう。というのは、市民活動は、世界につながっていく理念を抱きながら持続的によりよき世界を求めて活動していくことを表しており、平和構築も環境問題と同じように、人類が続く限り追求していくべき課題だからである。市民活動が世界につながっていく、すなわち普遍的な次元をもちうるには、平和、環境、人権といった理念を媒介にする必要があり、そういった理念をもった市民によって地球市民社会が形成される途上にある。

　「戦争のない世界」をつくるには、国連などの国際機関、国家間の協力も必要だが、市民が市民団体をとおして徐々にでも戦争の起こらない相互依存の構造や戦争を防止する平和文化を創造していかなければならない。戦争は一人の指導者によってでも起こせるが、平和は多くの人びとの協力なしには実現しえない。市民は平和構築に日常的に関わっていくことが求められている。市民社会は、国境を越えていく特性があり、市民社会が国境を越えて協力し合うことによって少しずつでも戦争を起こしえない状態をつくっていくことができる。もちろん市民社会のなかにも排外的な要素が入り込むことはありうるが、戦争の実相を知らせ、交流を深めることによって差別感情を克服していくことも市民に課せられた責務である。

市民による平和構築

　平和構築（peacebuilding）ということばは、ガルトゥングによって1975年に平和創造（peacemaking）、平和維持（peacekeeping）とともに造られたことばであり、消極的平和と積極的平和との概念的区別に関わっていた。ガルトゥングの理解では、平和維持は消極的平和に対応する概念であり、物理的暴力をなくすことを目指しているのに対し、平和創造と平和構築は積極的平和に関わる概念である。平和創造は、紛争当事者のあいだの緊張を取り除くことを目指すの

に対し、平和構築は公正さ、衡平、協力に基づく、平和の構造と制度をつくり出すことを目指している[8]。

　平和構築ということばが広く使われ始めたのは、国連によって使われるようになってからである。1992年にブトロス＝ガーリ国連事務総長（当時）が、国連の課題として発表した「平和への課題」のなかで「紛争後の平和構築」を「紛争後の地域において統治機構の再建を支援し、紛争の再発を防ぎ、平和を定着化させる活動」と定義し、国連の主要活動として位置づけた[9]。予防外交が紛争前の活動を指すとしたら、平和創造と平和維持は紛争中または紛争停止後の活動であり、平和構築は当初、紛争後の活動と理解され、「紛争後」という語が付けられたという[10]。「紛争後の平和構築」活動に含まれるのは、「かつての紛争当事者の武装解除と秩序の回復、兵器の管理と可能な限りの破壊、難民の帰還、治安維持要員への助言・訓練などの支援、選挙の監視、人権擁護努力の推進、政府組織の改革と強化、そして政治参加の公式・非公式過程の促進であった[11]」。実際に、PKO部隊が紛争地に派遣され、平和維持活動だけでなく、紛争の再発を防ぐために平和構築活動にも従事した。

　また、平和構築の過程において平和的な手段だけが用いられるのではなく、軍事要員や警察要員などの強制力をもった要因が重要な役割を果たすし、人道的目的で軍事介入から平和構築が始まる場合もある[12]。統治能力が脆弱化した国家や地域では秩序回復が第一義的に求められるからであり、強制措置が必要とされるからである。治安の維持が平和構築の前提をなすことは確かである。だからといって、政治秩序を回復すればよいというだけのことではなく、圧政や抑圧にならないように、民主的で立憲的な秩序を打ち建てていかねならない。

　もちろん、これは平和構築の中核にある概念だが、平和構築はより広い意味で使われていくようになる。国連の安全保障理事会は1993年4月の議長声明で平和構築を「平和の基礎をつくり出す」ための活動として規定し、同年9月の決議においては「紛争再発を止める新しい環境の創造」を目指す活動として発展的に定義している[13]。1995年には、ブトロス＝ガーリによって「平和の制度化のための構造」（structures of the institutionalization of peace）の創出として意味を広げられて理解された[14]。とはいえ、平和構築には将来の紛争を予防するという意味が含まれるのだから、紛争予防、平和維持、平和構築という、時系列的

な捉え方が矛盾をはらんでいることは明らかであり、その後の平和構築概念の精緻化において時間軸で見ることは避けられるようになっていった。また、平和構築の主体は国連の諸機関だけではなく、当事者の役割も重視すべきだとされ、NGOなど市民団体も重視されるようになり、次第に包括的な活動として理解されるようになっていった。たとえば、紛争当事者間の和解のためには、「信頼醸成装置」と呼ばれるような、ふだんから交流をもつ仕組みが必要であり、地道な取り組みを行なっていく必要が認識されるようになった。

要するに、平和構築とは狭義では、①紛争後の秩序回復、当事者間の和解を意味し、広義では、②戦争の予防、戦争が起こらないような相互依存・相互理解の構造を、国境を越えて構築していくことを意味する。①の意味では、専門的・技術的な取り組みが必要だが、②の意味では、むしろ非国家的なアクターによって、持続的に国境を越えた取り組みのほうが重要になってくるのであり、市民活動が深く関わっているのは、まさしく②の意味での「平和構築」である。

②の意味での戦争予防のための相互依存・相互理解のための活動は、戦争終結後や紛争後に限らず、長期的な取り組みを必要とする。平和な時代が「次の戦争の準備をしていた期間」であったとしたら、戦争廃絶に向けて有効に機能する構造を創出するための活動は市民レベルでこそ推進できると考えられる。

自由貿易体制のもと、経済活動は国境を越えて展開しており、情報・運輸手段の発達によって相互依存の構造は自然に形成されつつあると言ってよい。したがって、市民活動が果たすべき役割は、相互理解の進展によって人類のなかに共通の文化的基盤を形成していくことにある。そのような実践をとおして国家によって規定された市民意識のあり方も変容していき、戦争に対する忌避感や「よりよき世界」や「より平和な世界」を求める心性は強くなっていくと考えられる。

言語民主主義と地球民主主義

未来の世界秩序は、多言語・多文化の地球社会を前提にして構想していかねばならない。民族ということばには、主観的要素も大きく、地球文化が形成されていくなかで相対化していくことが望ましい。国民は、国籍によって規定さ

れている側面と同時に、教育やメディアをとおして形成されていく側面がある。人種ということばは社会科学においては死語になったが、イデオロギーとしての人種主義は残っており、人種主義は否定されるべき対象となっている。反対に、言語や文化と多様性は維持されるべきものと考えられている。もっとも、多文化主義に比べて多言語主義が強調されないのは、一方で科学やビジネスの世界では共通語が必要とされてきたからである。グローバル化のなかで媒介言語としての英語支配の構造が強まっているのは、コミュニケーションの必要からであるが、これは望ましいことだろうか。

　もちろん、いずれの言語によってでもコミュニケーションできることは望ましいが、もし英語を世界共通語にしたら、多言語で形成されてきた人類社会の豊かさは決定的に損なわれるであろう。国連では英語、ロシア語、フランス語、中国語、スペイン語、アラビア語という6言語が公用語となっており、その他の言語でも通訳を付ければ使用可能であり、EUでも加盟国のすべての公用語がEUの公用語となっているので、言語的公正さを追求すれば、多言語主義になるはずである。では、なぜ現在、英語支配が進んでいるかと言えば、市場化というグローバル化に即した現象だと見られる。軍事、経済、科学技術の先進的な大国の言語が国際語となることは、これまでの歴史でも見られたことだが、グローバル化が資本主義化、市場社会化として進んできたので、最も汎用性のある英語が媒介言語として使われる傾向が強まり、英語学習自体も市場化しているのである。英語の公用語化や教育における英語発信能力の重点化が行なわれているのである。こうして、英語の事実上の共通語化が進行しているのである。

　しかし、深刻な問題なのは、もし英語のような特定の民族語を世界共通語にしたら、子どもの時からそれに慣れ親しんだ人を絶対的に有利にし、そうでない人はそのことばを自由に使えないということだけで決定的に不利になる[16]というように、言語的不平等が固定化されてしまうことである。もちろん、この場合の共通語というのは、媒介言語としての共通語であり、多言語環境は維持することが前提にあり、世界中の言語を一つに統一するということではない。事実上の国際語は、言語の使いよさによってではなく、軍事力、経済力、科学の先進性などによって変遷してきたのであり、グローバル化のなかで英語支配が

進んでいるにすぎないとも言える。イスラーム圏やスペイン語圏など、文化的なアイデンティティの主張もあり、世界の単一言語化は選択されないであろう。しかし、現実には、非英語国民であっても、英語圏に留学するなど、学習機会を多くもつ人は言語エリートになり、自由に使いこなせる人も多くなっているが、そうでない人たちとの言語格差が広がり、社会的地位にも影響する事態になり、エリート支配的な構造が形成されていくという状況が生じている。こういった現象はどのような言語でも生じうるが、逆に、そのことはたとえ通訳を用いてでも、あるいは機械翻訳に頼ってでも母語を使い続けることの正当性につながっていく。もちろん、どの言語ででもコミュニケーションできるなら、使うことは自由だが、地球市民社会のなかでは媒介言語のあり方を考えていく必要がある。

　というのも、媒介言語は、異なった言語を母語とする人びとの相互理解を深め、戦争を予防するだけでなく、貧困や環境問題について民衆が直接、討論するためにも必要だからである。もちろん、国際会議では通訳を付けてでも母語で発信する権利を保障すべきだが、民衆が対等な立場に立って交流する言語が必要だという立場から、計画言語（人工語）が考案されてきた。多くは言語案にとどまっていたが、ヴォラピュク、エスペラント、イド、インテルリングアなどは、書きことばとしてのみならず、話しことばとしても実用可能な言語であったが、そのうち持続的に発展したのは、エスペラントだけである。もちろん、エスペラント以外の可能性がないわけではないが、エスペラントがナチス体制下やスターリン体制下での迫害を乗り越え、現代世界での社会的無関心にもかかわらず存続してきたことは、言語としての使いやすさだけではなく、エスペラント運動がより平和な世界を求める人びととの平和活動と結びついていたからでもある。エスペラントによる、国境を越えた対等な交流が、平和文化の増進に寄与した側面もある。

　言語コミュニケーションの面からは、地球市民社会の公正な言語秩序とは多言語主義と計画言語を基底に置くべきだと思われる。市場原理に委ねずに、公正な国際言語秩序が国際機関や国際団体では追求されるべきであろう。英語のような大国の言語に特権的な地位を与えることは、言語的不平等や言語差別を生むので望ましくない。国際語は、論理的で学習が容易で、表現力が豊かでな

ければならない。中世におけるラテン語は、母語集団がないから、異なった言語集団のあいだでも最初の国際語として長期間存続したように、特定の母語集団をもたない言語が望ましいが、ラテン語のように、聖職者や外交官のようにエリートでなければ習得できない難しい言語ではなく、民衆にとっても習得可能な言語でなければならない。また、英語のように、慣用的な表現が多く、発音も不規則な言語では、母語話者優位になり、言語的平等には程遠いので、どの民族語でもない計画言語を国際語の一つとして公認していくことが望ましい。

　一方、多言語主義の支えとなるのは、言語権という新しい人権である。現在、多くの言語が死滅に瀕しているという状況のなかで多言語環境の維持に価値を認め、言語への権利を人権の一つと考えるのが言語権である。言語権は、①言語存続権と②言語選択権から構成され、①に関しては、少数言語の存続に使われる場合が多い。つまり言語権とは、少数言語集団が母語を使い続ける権利であるとともに、個人が使用言語を選択しうる権利でもある（強制的でないなら、母語から他の言語に「乗り換える」こともできる権利として捉えられる）。したがって、英語に乗り換えてしまうとしても、それは個人の選択だと言えなくもないが、逆に、学校教育においては少数言語での教育も受けられる権利を保障しなければならないということにもなる。いずれにしても、地球市民社会は単一言語社会ではなく、多言語社会として発展していくべきである。

　ところで、言語民主主義とは、国際コミュニケーションにおける民主性を追求する立場である。地球市民社会にとって言語民主主義が重要なのは、民主主義において言語の共有が必要だからである。地球民主主義が成立するとしたら、世界の民衆を代表する議会だけでなく、世界中の市民が情報交換、意見交換し、直接討論できることが必要である。つまり、言語民主主義の確立が地球民主主義の基盤になるのではないかということである。

　要するに、地球民主主義が成立するには、①民衆の交流言語、②市民レベルでの情報交換と意見交換、③世界公共圏の形成が必要だと思われる。というのも、環境、平和、人権など地球的諸問題について意見交換し、討議することによって、人類社会にとって創造的な解決が提起されていくものと思われるからである。

Ⅲ部　戦争をなくすための思想と構想

ことばを民衆のものに

たしかに、ことばには相互理解を深め、市民レベルでの平和構築を促進する側面もあるが、為政者が民衆を巧みに操作するための道具となる側面もある。社会言語学が明らかにしたのは、「国家がことばを造る」という権力現象としてのことばの側面である。ことばは造られたものであり、造り変えていくこともできるものである。「ノモンハン事件」や「朝鮮動乱」というように、戦争をしていても「事件」とか「動乱」と言ったりすれば、民衆をイメージ操作することができる。「満州事変」と呼ばれた侵略行為は、戦後、「十五年戦争」「アジア太平洋戦争」のはじまりと認識されたように、事実を隠蔽し、ごまかすためにことばが造られることに注意しなけれならない。現代でも、「人道的介入」と言えば、手段としての軍事力を覆い隠し、目的としての人道性を強調することによって、国民の支持を集めやすくしているというような言語機能に対して敏感であるべきである。「集団的自衛権」と言えば、それが「海外での武力行使」だという側面を隠すことができる。ことさら「邦人救出」の可能性に言及するのはそのためである。自衛権自体、緊急避難とほとんど同じ意味で用いられた概念だったが、戦争が違法化されていくなかで、武力行使や戦争を正当化するための用語として用いられてきた歴史があることを銘記しておく必要がある。

したがって、重要なのは政府が使うことばを点検し、事象の本質を衝くことばで再定義していくことである。たとえば、積極的平和主義は非暴力平和主義と、言いなおしたらどうだろうか。そうすると、日本政府のいう「積極的平和主義」は、積極的平和主義に当てはまらなくなるであろう。人道的介入は「人道的軍事介入」と正確に表現したらどうだろうか（もちろん、人道的介入には、非暴力による人道的介入も含むという見方もあるが、非暴力のほうはたんに「非暴力介入」として、武力を用いる場合は、その点を明記して使ったらどうだろうか、ということである）。こういう例は枚挙に暇ないが、政府の言語使用に敏感に反応し、批判的に再検討していくことが不可欠である。

もちろん、ことばには著作権はないので、人が自由にことばを使うことを妨げることはできないが、ことばによるごまかしを批判し、新しいことばを構築していくこともできるはずである。言い換えれば、民衆が権力者からことばを

取り戻し、ことばを民衆のものにし、自由に思考し、判断できるような言語構築の営みに参加していく必要があるということである。ことばは、他者を意図的に傷つけるために用いることもでき、言説によって人びとのあいだに恐怖を煽り、物理的暴力に導くこともできる。したがって、対等で自由なことばの文化を築いていくことも、市民による平和構築の重要な側面であるに違いない。

民主主義と平和主義の結合

　地球市民社会は、市民文化、すなわち民主的な政治文化に支えられた交流圏として形成されていくであろう。個人、市民団体、自治体を基底にして、市民自治が推進力になっていかねばならないが、この場合、国家が起こす戦争に対する抵抗の拠点として市民自治が想定されている。市民運動または市民活動として展開される平和運動や平和活動は、自発的結社や自発的グループによるものだが、民主主義は平和主義と密接に結びついている。

　他方で、国家は民主体制であっても、防衛や安全保障の名目で軍事力を保持している場合は、民主主義は戦時には停止されるだけでなく、緊張を煽ることによって民主主義を制限していると言える。というのも、軍隊は反民主的な原理で組織されているのであって、非公開の場で決定がなされ、上から下へと命令が下ろされてくる。多言語・多文化の地球市民社会とは反対に、一つの言語で統一され、人間の個性を押し潰し、命令に服従する主体（＝身体性）をつくり上げていく。根源的には、民主主義は反軍的であり、反軍事社会でないと成り立たないはずである。また、民主主義がシンボルとして用いられると、戦争を正当化するイデオロギーにもなりうる。さらには、ナショナリズムと結びつくと、国民をひとまとめにして戦争に動員し、批判者や反対者を非国民として抑圧することも可能である。ナショナリズムに結びついた民主主義は、むしろ開戦を煽ることもありうる。

　とはいえ、民主主義を根底的に捉えなおすとしたら、その本質は平等主義にあり、重要なのは集団意思の決定に至る過程に多数の人間がなんらかのかたちで参加することであり、民主体制を支える「言論の自由」や「個人の尊重」は、軍隊や戦争とは正反対の原理だということを強調しておかねばならない。地球市民社会は、下からのグローバル化としての民主化によって形成されてい

く、非暴力的で平等主義的な社会である[17]。1980年代以降、非暴力革命によって独裁体制から民主体制への移行がなされてきたが、非暴力が必ずしも勝利を収めるわけではないことは事実である。しかし、長期的に見たら、非暴力での闘いには希望があり、「戦争のない世界」の実現は、非暴力主義の進展抜きにはありえないであろう。民主主義の理念は、非暴力平和主義という意味での平和主義と確固として結びつき、たとえ目立たなくとも一人ひとりが日常において民主的で非暴力的な生き方を実践していくことを要請している。

戦後日本の民主主義思想は、丸山眞男、久野収をはじめとして多くの研究者、市民運動家によって展開されてきたが、民主主義と平和主義を結びつけた点で、独自の意義をもっている。それは、日本国憲法が平和主義を基本原理にしたから、成しえたことではあるが、民主主義を日本社会に根づかせるという思想的営為のなかで、民主主義を徹底的に捉えなおし、制度のレベルだけでなく、運動や理念の問題として捉えたから可能になったのである。彼らは、平和が確保されないと民主主義は成り立たないということ、つまり、戦争体制や緊急事態において人権が否定され、人間らしい生活はできなくなるということを自覚していたからこそ、民主主義と平和主義を不可分の原理と考えたのである。

すでに明らかにしたように、市民的抵抗や市民的不服従は、平和主義の実践と深く結びついていると言える。というのも、これらは非暴力手段によって社会正義を実現し、人間らしい生活を自らの力で獲得していく行為形態だからである。また、民際的な交流圏をさまざまなかたちで形成することによって戦争を抑制することができ、最終的には「戦争のない世界」をつくっていくことができると考えられる。ラディカルな民主主義をラディカルな平和主義と結びつけることによって、「戦争のない世界」を実現していくことができるのである。

1) Jan Aart Scholte, *Globalization: A Critical Introduction*, 2nd ed. (Palgrave Macmillan, 2005) pp. 85-120 参照。
2) メアリー・カルドー『グローバル市民社会論——戦争へのひとつの回答』山本武彦ほか訳(法政大学出版局、2007年) 220-226頁参照。
3) 石田徹「グローバリゼーションと国民国家のゆらぎ」、望田幸男、碓井敏正編『グローバリゼーションと市民社会——国民国家は超えられるか』(文理閣、2000年)所収、

12章　地球市民社会と平和構築

139-140頁。
4) 大畠英樹「国際政治の理論　Ⅳ　現状とその課題」、松本三郎、大畠英樹、中原喜一郎編『テキストブック　国際政治』〔新版〕（有斐閣、1990年）所収、64頁参照。
5) 同上、67頁（BHN は basic human needs の略）。
6) アレントによれば、市民の責任は限定された領域にのみ成り立つ概念であり、全地球的規模での責任は「耐え難い重荷」である（「カール・ヤスパース――世界国家の市民？」、ハンナ・アレント『暗い時代の人々』〔ちくま学芸文庫〕阿部齋訳（筑摩書房、2005年）所収、134頁参照）。
7) この標語のもとになっているのは、『共産党宣言』（1848年）のなかの「万国のプロレタリア団結せよ！」("Proletarier aller Länder vereinigt Euch!")ということばである（マルクス、エンゲルス『共産党宣言』〔改訳、岩波文庫〕大内兵衛、向坂逸郎訳（岩波書店、1971年）87頁参照、強調はマルクス、エンゲルス）。
8) Kjell Erling and Kristian Berg Harpviken, "Civil Society and the State," in Thania Paffenholz (ed.), *Civil Society & Peacebuilding: A Critical Assessment* (Lynne Rienner Publishers, 2010), p. 45 参照。
9) 東大作『平和構築――アフガン、東ティモールの現場から』〔岩波新書〕（岩波書店、2009年）28頁参照。
10) 篠田英朗『平和構築と法の支配――国際平和活動の理論的・機能的分析』（創文社、2003年）6 頁参照。
11) 同上、6 頁。
12) 篠田英朗『平和構築入門――その思想と方法を問いなおす』〔ちくま新書〕（筑摩書房、2013年）91-92頁参照。
13) 『平和構築と法の支配――国際平和活動の理論的・機能的分析』6 - 7 頁参照。
14) 同上、7 頁参照。
15) 同上、12頁参照。
16) 田中克彦『ことばとは何か――言語学という冒険』〔ちくま新書〕（筑摩書房、2004年）71頁参照。
17) 坂本義和は、世界市場化や権力政治状況に対抗して世界レベルでの民主化を達成するために非暴力が重要な役割を果たすことを示唆している（『権力政治を超える道』〔岩波現代文庫〕（岩波書店、2015年）342-343頁参照）。

【文献案内】

　グローバル化については、Jan Aart Scholte, *Globalization: A Critical Introduction*, 2nd ed. (Palgrave Macmillan, 2005) は、社会学の視点からグローバル化の歴史的動態を明確化している。石田徹「グローバリゼーションと国民国家のゆらぎ」、望田幸男、碓井敏正編『グローバリゼーションと市民社会――国民国家は超えられるか』（文理閣、2000年）は、グローバル化のなかでのトランスナショナルな動きに注目している。

地球市民社会と平和構築の関連については、メアリー・カルドー『グローバル市民社会論——戦争へのひとつの回答』山本武彦ほか訳（法政大学出版局、2007年）を参照。April Carter, *The Political Theory of Global Citizenship* (Routledge, 2001) は、市民活動を基盤にして下から国境を越えた民主主義を構築していくべきだとしている。Thania Paffenholz (ed.), *Civil Society & Peacebuilding: A Critical Assessment* (Lynne Rienner Publishers, 2010) は、市民社会の平和活動が平和構築に対して果たす役割を考察している。篠田英朗『平和構築と法の支配——国際平和活動の理論的・機能的分析』（創文社、2003年）は、平和構築についての包括的で緻密な研究である。紛争終結後の平和構築について、法の支配との関連で理論的・機能的分析を行なっている。篠田英朗『平和構築入門——その思想と方法を問いなおす』〔ちくま新書〕（筑摩書房、2013年）は、紛争後の平和構築の思想と方法について実例をあげて、検討している。東大作『平和構築——アフガン、東ティモールの現場から』〔岩波新書〕（岩波書店、2009年）は、紛争後の平和構築の課題を明らかにしている。

　津田幸男『英語支配の構造——日本人と異文化コミュニケーション』（第三書館、1990年）は、英語支配に警鐘を鳴らした書。津田幸男『英語支配とことばの平等——英語が世界標準語でいいのか？』（慶應義塾大学出版会、2006年）は、英語支配による言語能力によるエリート、非エリートという階層分化を批判的に考察している。エスペラントの言語学的な位置づけについては、田中克彦『エスペラント　異端の言語』〔岩波新書〕（岩波新書、2007年）、二木紘三『国際共通語の夢』〔ちくまプリマーブックス〕（筑摩書房、1994年）、木村護郎クリストフ、渡辺克義編『媒介言語論を学ぶ人のために』（世界思想社、2009年）、ザメンホフ『国際共通語の思想——エスペラントの創始者ザメンホフ論説集』水野義明編・訳（新泉社、1887年）参照。言語権については、言語権研究会編『ことばへの権利——言語権とはなにか』（三元社、1999年）が日本における先駆的な著作である。タニヒロユキ『エスペラントとグローバル化——民際語とは何か』〔モバード新書〕（日本エスペラント図書刊行会、2003年）、かどや・ひでのり「言語権から計画言語へ」、ましこ・ひでのり編『ことば、権力、差別』（三元社、2006年）所収が、言語権について独自の議論を展開している。寺島俊穂『エスペラントと平和の条件——相互理解と言語民主主義』（日本エスペラント図書刊行会、2011年）は、グローバル化のなかでのエスペラントの可能性について論じている。

　民主主義と平和の関係については、ブルース・ラセット『パクス・デモクラティア——冷戦後世界への原理』鴨武彦訳（東京大学出版会、1996年）が、民主的国家のあいだでは戦争は起こりづらいという「民主的平和論」(democratic peace) を提起している。三浦瑠麗『シビリアンの戦争——デモクラシーが攻撃的になるとき』（岩波書店、2012年）は、デモクラシーが後押しした戦争も数多くあることを実証している。

戦後日本の民主主義思想と平和主義の関連について、丸山眞男『現代政治の思想と行動』〔新装版〕（未來社、2006年）；『後衛の位置から――「現代政治の思想と行動」追補』（未來社、1982年）は、民主主義の理念から現実政治を批判的に考察するとともに、骨太の平和論を展開している。久野収『平和の論理と戦争の論理』（岩波書店、1972年）は、戦争と平和の問題を徹底的に考え抜いた市民哲学者の平和論である。

あ と が き

　戦争と平和の問題について数多くの本が書かれてきたように、戦争の問題は、私たち一人ひとりにとって無関心ではいられない問題である。しかし、その多くが国際政治の視点からのアプローチであるのに対し、本書では戦争や暴力の問題を思想的・歴史的に捉えようとした。もちろん、平和学が取り扱う問題は戦争に限らないこと、思想的・歴史的にと言っても、平和運動や平和思想については限定的にしか取り上げていないことも承知している。どのようなテーマを取り上げるにしても、問題を絞らざるをえず、全体の流れのなかで章立てを行なっていかねばならないことは避けられないからである。

　本書は、平和学の教科書として使うことを意図して編んだものであり、各章をほぼ同じページ数にして、わかりやすい叙述を心がけたつもりである。読者の便宜を考え、章ごとに簡単な「文献案内」を付けた。また、各章では、それぞれ明確な主張を展開するよう努めた。というのも、平和学とは価値や実践と密接に結びついた学問であり、一人の研究者としての私自身の立場も明らかにすべきだと考えたからである。

　実際に私は、数年来、大学で平和学も担当してきたが、最近は「戦争はなくならない」とか「核兵器はなくならない」と主張する学生に出会うことが多くなってきた。戦争体験が風化し、マス・メディアやインターネットでの言説に煽られているからであろうが、逆に、「戦争のない世界」、「核兵器のない世界」をつくることは可能であり、望ましいとするところから考え始める必要があるのではないか、という思いを強めてきた。もちろん理想主義がゼロになることはありえないし、実際に若い人たちが新しい発想で地球時代の諸問題に取り組み、新しい地平を切り拓いていくと思われるが、戦後世代の一人として私が「戦争をなくす」という問題をどのように考えてきたのかを記しておきたい。

　戦争をなくしたいという思いは、中学生の頃に抱いた思いであった。ふだん殺人は犯罪とされるのに、なぜ戦争で人を殺してもよいのかという素朴な疑問をもったのが、そもそもの発端であり、私が政治学に向かう最初のきっかけで

もあった。戦争の余韻が残る時代に生まれ、両親からも軍隊内や戦時下の話を聞き、原爆被爆者の写真にショックを受け、1962年のキューバ危機のときには核戦争の現実的脅威を感じ、1960年代のベトナム戦争にはどうしようもない焦燥感を感じていたので、私は今の若い世代よりも戦争をリアルに感じ、悲惨な現実に想像力を駆り立てられたのかもしれない。戦争だけが地獄ではないが、戦争は地獄をつくり出し、人間同士を平気で殺し合うようにするシステムだから、文明の進展のなかで克服していなければならないと考えるようになったのも、当然のことだったのかもしれない。

　もっとも、そういう思いは多くの人が抱くことかもしれないが、多くの場合、現に戦争が起こっているという事実の重みや正当防衛との類推で考えることによって次第に消え去っていくようである。しかし、私の場合、その思いは決して消えることはなく、次第に大きくなっていった。大学闘争の盛んな1969年に大学に入学したすぐあとに、世界連邦研究会というサークルに入り、世界情勢を分析するだけでなく、世界連邦運動にもいくらか関わったのも、そのためである。学部時代に政治思想のゼミに入ったのは、政治と人間を根源的に捉えなおしたかったからであるが、戦争の問題はつねに私の心から離れることはなかった。研究会では、ヨーロッパ統合や米ソの平和共存が進んでいた当時の情勢を分析し討論することをとおして、理想を実現する現実的方法に思いをめぐらしたが、当時は、実際には政治・経済体制の違いが大きかったので、その基盤となる経済的・社会的基盤が形成されなければ、世界連邦は実現できないと考えるようになった。また、たとえ世界連邦が実現できても、内戦の可能性は残るので、暴力の問題を根底的に考えなおす必要に迫られたのである。

　こうして次第に、私の関心は非暴力のほうに移っていった。とくにジーン・シャープに代表される戦略的非暴力の思想に関心を抱き、戦争に代わる道としての非暴力防衛について研究を進め、1980年代から30年ほど、市民的不服従や非暴力防衛について研究し、非暴力闘争が有効に機能する条件について考察してきた。また、重要なのは、不正に抵抗する確固たる意思をもち、実践を積み重ねていくことだと考えてきた。というのも、非暴力抵抗というのは、日常的に鍛えられていなければ、いざというときに実践しえないものだからである。

　非暴力と並行して私が関わってきたのは、民際交流ということである。つま

あとがき

り、戦争をなくすには、国境を越えて相互依存・相互理解の構造をつくっていく必要があり、市民としてできることは、人類にとって共通で対等な交流基盤をつくっていくことだと考え、実践してきた。私が19歳のときに地域のエスペラント会に所属してから45年以上にわたりエスペラント活動をとおして考えてきたことは、人間としての共通性を信頼し、民族や国家を超えて相互理解し、地球文化を形成していくことである。遠回りのように見えても、それが平和構築のための確かな道だと確信している。

　もちろん、戦争は簡単になくすことはできないし、平和を脅かすものが戦争だけでないことは確かである。しかし、戦争の本質は集団殺人にあり、戦争の合法化・正当化は人類社会の最大の矛盾なのだから、戦争のメカニズムを解明し、戦争廃絶の可能性を示す必要があるという思いをずっと持ち続けてきた。戦争は人間がつくり出したものだとしたら、人間は戦争をなくすこともできるはずである。本書で述べたことは、その端緒にすぎず、多様なアプローチがあるはずである。多くの人びとの知恵を合わせない限り、「戦争のない世界」を実現することはできないのだから、関心をもったテーマを掘り下げて考え、新しい視点を打ち出していただけたら、と願う次第である。

　本書は、私がこれまで平和学に関連して考えてきたこと、書いてきたことを概説書としてまとめなおしたものであり、とくに以下の章は、既発表の論文をもとにしている。

　2章「平和概念の歴史的展開」は、古賀敬太編『政治概念の歴史的展開　第三巻』（晃洋書房、2009年）所収の論文「平和」を短縮したもの。
　4章「非暴力抵抗の進展」の3「市民的抵抗の展開」は、憲法研究所・上田勝美編『日本国憲法のすすめ──視角と争点』（法律文化社、2003年）所収の論説「抵抗権行使のあり方」に加筆したもの。
　10章「非暴力防衛の可能性」は、君島東彦編『平和学を学ぶ人のために』（世界思想社、2009年）所収の論文「攻められたらどうするか」を改訂したもの。
　11章「日本国憲法の平和主義」は、千葉眞・小林正弥編『平和憲法と公共哲学』（晃洋書房、2007年）所収の論文「憲法第九条と戦争廃絶への道」を改訂したもの。

私がこれまで非暴力を中心として平和学について研究してくることができたのは、多くの方の力添えがあったからである。日本平和学会の非暴力分科会では、異なった分野の研究者や活動家の方々と交流の機会をもつことができ、協力して研究会を企画運営した松本　学(まこと)氏にはとくに感謝している。2006年のイギリスでの在外研究の際に、ブラッドフォード大学で知り合ったマイケル・ランドル氏、ピーター・ヴァン・デン・ドゥンゲン氏、2007年にオックスフォード大学で開かれた「権力政治と市民的抵抗」の国際会議に招待してくださったアダム・ロバーツ氏、そこで出会ったジーン・シャープ氏とエイプリル・カーター氏からも多くの示唆を受けた。京都で50年以上にわたって開催されている憲法・政治学研究会にも15年ほど出席させていただき、憲法学の上田勝美氏や澤野義一氏からも多くのことを学んだ。京都で政治思想読書会を主宰してきた中谷猛氏からは、30年以上にわたって大きな励ましをいただき、感謝している。西洋政治思想史の研究仲間である千葉眞氏や古賀敬太氏からも学ぶことは多かった。ほかにも多くの方の協力や励ましがあって、これまで研究を続けられてきたことに感謝したい。

　また、平和学の本を数多く出版してきた法律文化社から本書を出版することは、私にとって大きな喜びである。本書の出版に当たって、編集部の小西英央氏には、企画から原稿のチェックに至るまでたいへんお世話になり、ありがたく思っている。戦争の問題に絞って単著にまとめることにしたのも、小西氏の助言によるところが大きい。平和学は専門家でなくとも探究できる学問なので、市民の創造的な取り組みによって平和学が持続的に発展していくことを期待し、本書がそのための一助になれば、幸いである。

　　　2015年5月

　　　　　　　　　　　　　　　　　　　　　　　　　　寺島俊穂

索　引

【あ 行】

アウグスティヌス、アウレリウス　26
アクィナス、トマス　26
「新しい戦争」　149, 150
アヒンサー　82, 86, 93
アファーマティヴ・アクション　110
アレント、ハンナ　219, 231
イエス　24, 26, 42-44, 47, 82
石田徹　216
EU（欧州連合）　i, 169-171
イリッチ、イバン　34, 38
ウェーバー、マックス　113, 115
ウェント、アレクサンダー　172
『永遠平和のために』　30-32, 179
エスペラント　226
エーベルト、テオドール　125
欧州連合→EU
オーバービー、チャールズ　208

【か 行】

改憲論　192, 193
『外交五十年』　202
学生非暴力調整委員会（SNCC）　108
核戦争の回避　ii, 3, 164
梶原寿　113
加藤俊作　167
カール、アダム　13
ガルトゥング、ヨハン　6, 7, 10, 34, 63, 222
カルドー、メアリー　149, 150
カレルギー、リヒアルト・クーデンホーフ　169
ガンディー、マハトマ　54, 71, 76, 79-97, 103, 119, 179
カント、イマヌエル　30-32, 164
ギボン、エドワード　25
キング＝ホール、スティーヴン　126
キング、マーティン・ルーサー　54, 98-116
クエーカー　43, 49, 99

久野収　189, 198, 230
グレッグ、リチャード　180
グロティウス、フーゴー　28, 29
グローバリズム　220
グローバル化　129, 150, 158, 214-217, 225
言語権　227
言語民主主義　227
「建設的プログラム」　90, 91, 95
原爆投下　2
憲法9条　40, 196-199, 210, 211
憲法平和主義　195
原理的非暴力　66, 118
攻撃的市民的不服従　75, 76, 113
交戦権　44, 165, 196, 197, 205, 206
構造的暴力　11, 22, 33-35, 63-65, 114
公民権　100
公民権運動　61, 100, 101, 109-112
国際主義（インターナショナリズム）　219
国際平和研究学会（IPRA）　2
国民会議派　88, 91, 92, 95
国連（国際連合）　159, 166-168
個人的市民的不服従　75, 76
混合戦略　131

【さ 行】

坂本義和　34, 208, 231
サティヤーグラハ　84, 85, 87-89, 179
サブシステンス　34, 38
山上の垂訓　24, 82
自衛権　40, 199
自衛戦争　66, 196, 199, 206, 207
GHQ（連合国軍最高司令官総司令部）　206
GHQ草案　205, 206, 212
「塩の行進」　91, 94
幣原喜重郎　200-202
市民運動　221
市民科学　4
市民活動　190, 221, 222, 224
市民的抵抗　68-72

239

市民的不服従　74-76
市民的防衛　125-130, 178, 183, 184, 208
社会的防衛　178
シャープ、ジーン　117-134, 184
シャローム　23, 24
集団的安全保障体制　166, 167
集団的自衛権　193, 194, 228
自由貿易　46, 158
主権論　29
受動的抵抗　69-71
シュミット、カール　67
消極的抵抗　180
消極的平和　6-8, 25, 35, 64
人種隔離制度　98, 102, 104, 107, 113, 114
人種平等会議（CORE）　101, 108
身体的暴力　62
人道的介入　228
心理的暴力　62, 64, 65, 125
ズットナー、ベルタ・フォン　45, 46
座り込み（シット・イン）　70, 74, 107, 108
正戦論　26, 27, 36, 151
生命権　56, 189, 191
世界市民主義（コスモポリタニズム）　218, 219
世界政府　157-159, 161-164, 171-173
世界統合　153, 157, 173
世界連邦　164-173
積極的平和　6-8, 35, 36, 41, 53, 64
積極的平和主義　41, 55, 194, 211, 228
絶対的平和主義　48-50
全国黒人向上協会（NAACP）　101, 103
戦争システム　51, 159, 162, 172
戦争抵抗者インターナショナル（WRI）　54
『戦争と平和』　32, 44
『戦争と平和の法』　28
戦争の起源　138, 139
『戦争の研究』　5, 6
戦争の定義　137
戦争廃絶　46, 204-207, 210, 224
戦争非合法化（違法化）　161, 198
戦争放棄　196, 204-207
戦争文化　152
選択的平和主義　52, 53

全面的市民的不服従　75, 76
全面的非協力　90, 123, 184, 186
戦略的非暴力　66, 67, 117-119, 127, 130
相互理解　17, 18, 37, 46, 187, 209, 210, 220
相対的平和主義　50-52
総力戦　143, 197
ソフトパワー　18, 221
ソロー、ヘンリー・デイヴィッド　57, 70, 74

【た 行】
大衆的市民的不服従　75, 76
ダスグプタ、スガタ　34
「戦いの思考」　139-142
脱武装　127, 128, 131, 132
谷川徹三　165
地域紛争　145, 148, 149
地球市民社会　158, 215-217
地球政治　217
地球民主主義　227
チェコ事件　182
徴兵忌避　200
直接的暴力　8
抵抗権　68, 69, 74
徹底的平和主義　53, 54
デューイ、ジョン　51, 160-162, 198
東京大空襲　142
ドゥンゲン、ピーター・ヴァン・デン　16
トクヴィル、アレクシ・ド　111
トルストイ、レフ　32, 44, 45, 70, 179

【な 行】
南部キリスト教指導者会議（SCLC）　107
ニーバー、ラインホールド　102, 163, 164
日本平和学会　2
ノーベル、アルフレッド　45

【は 行】
パークス、ローザ　104, 113
パックス・ロマーナ（ローマの平和）　25
バーミンガム闘争　109
反クーデター防衛　183, 185
「汎ヨーロッパ連合」　169, 174
非武装化　153

非武装原理　195
非報復主義　82
非暴力概念　65-68
非暴力革命　131, 132
非暴力原理　195
非暴力行動　119-125
『非暴力行動の政治学』　119, 120, 122
非暴力主義　9, 47, 67, 74, 76, 83, 92-95, 98, 105, 112-115, 230
非暴力手段　12, 33, 36, 47, 123, 187
非暴力調整委員会（SNCC）　108
非暴力直接行動　74-76
非暴力抵抗　60-78, 181, 208
非暴力闘争　71-73, 113, 117, 123
『非暴力の力』　180
非暴力文化　153
非暴力平和主義　62, 228, 230
非暴力防衛　95, 178-190, 207-209
ピープル・パワー（民衆の力）　74, 118, 210
ヒューガン、ジェシー・ウォレス　54
『ヒンドゥ・スワラージ』
フィッシャー、ルイス　80, 81
フェーデ　27, 141
『武器を捨てよ！』　45
不戦条約　198, 199
物理的暴力　62-64, 120, 222
ブトロス＝ガーリ、ブトロス　223
ブラウン判決　101, 103
ブラッドフォード大学平和学部　14, 15
「フリーダム・ライド」　108
武力紛争　137, 148
文化的暴力　65
紛争解決　47, 65, 66, 84, 95
紛争圏　145, 177
ベイ、クリスチャン　52
平和維持　222, 223
平和概念　21-39
平和圏　145, 153, 177
平和構築　37, 222-224
平和主義　40-43, 46-48, 54-56, 60, 61, 192-194, 202
平和創造　16, 222
平和的生存権　195

平和博物館　15, 16
平和文化　152
ヘルド、デイヴィッド　171
防衛主義　51
防御的市民的不服従　75, 76
暴力概念　62-65
「暴力なき戦争」　71, 77
「暴力についてのセビリア声明」　155
ボエシ、エティエンヌ・ド・ラ　120
ホッブズ、トマス　29, 150
ボーラ、W.E.　198

【ま 行】

マスティ、A.J.　55, 118
マッカーサー、ダグラス　202-204
マッカーサー・ノート　204-206
松木武彦　139, 152
マーティン、ブライアン　188
マルクス、カール　7, 102
マルコムX　111
丸山眞男　230
民間防衛　178
民際協力　209
民際主義（トランスナショナリズム）　219, 220
民衆の力→ピープル・パワー
民主的自治　189
無抵抗主義　179
森本達雄　93
モンゴメリーのバス・ボイコット運動　105, 106

【や 行】

抑止力　128, 129
ヨーロッパ統合　170

【ら 行】

ライト、クインシー　5, 6
ラッセル、バートランド　52, 160, 179, 180
ランドル、マイケル　70, 79
リーヴス、エメリー　160, 161
リデル＝ハート、B.H.　127
良心的兵役拒否　49, 60, 75, 114, 200

リンカーン、エイブラハム　99, 100
ルソー、ジャン=ジャック　203
ルール闘争　180, 181

ロック、ジョン　68
ロバーツ、アダム　125, 183, 184, 208
ローラット法　89

■著者紹介

寺島俊穂（てらじま・としお）

1950年　東京都生まれ
1973年　慶應義塾大学法学部政治学科卒業
1978年　慶應義塾大学大学院法学研究科政治学専攻博士課程単位取得退学
現　在　関西大学法学部教授、法学博士

［主な著書］
『政治哲学概説』（法律文化社、2019年）
『現代政治とシティズンシップ』（晃洋書房、2013年）
『ハンナ・アレントの政治理論――人間的な政治を求めて』（ミネルヴァ書房、2006年）
『市民的不服従』（風行社、2004年）
『政治哲学の復権――アレントからロールズまで』（ミネルヴァ書房、1998年）

Horitsu Bunka Sha

戦争をなくすための平和学

2015年11月3日　初版第1刷発行
2020年5月20日　初版第2刷発行

著　者　寺島俊穂
発行者　田靡純子
発行所　株式会社法律文化社

〒603-8053
京都市北区上賀茂岩ヶ垣内町71
電話 075(791)7131　FAX 075(721)8400
https://www.hou-bun.com/

＊乱丁など不良本がありましたら、ご連絡ください。
　お取り替えいたします。

印刷：中村印刷㈱／製本：㈱藤沢製本
装幀：白沢　正
ISBN 978-4-589-03707-7
Ⓒ2015 Toshio Terajima Printed in Japan

JCOPY 〈㈳出版者著作権管理機構　委託出版物〉
本書の無断複写は著作権法上での例外を除き禁じられています。複写される場合は、そのつど事前に、㈳出版者著作権管理機構（電話 03-3513-6969、FAX 03-3513-6979、e-mail: info@jcopy.or.jp）の許諾を得てください。

日本平和学会編
平和を考えるための100冊＋α
A 5 判・298頁・2000円

平和について考えるために読むべき書物を解説した書評集。古典から新刊まで名著や定番の書物を厳選。要点を整理・概観したうえ、考えるきっかけを提示する。平和でない実態を知り、多面的な平和に出会うことができる。

君島東彦・名和又介・横山治生編
戦争と平和を問いなおす
——平和学のフロンティア——
A 5 判・204頁・1800円

暴力の原因と平和の条件を探究するための平和学入門書。暴力・戦争と平和について、これまで未開拓であった心理・建築・芸術・倫理・協同組合等の学問領域からの考察と問題提起も所収し、平和創造のための新たな視座と方法を提示する。

小田博志・関 雄二編
平 和 の 人 類 学
A 5 判・230頁・2400円

平和を人類学から捉え直す作業を通じて、平和のつくり方や伝え方におけるオルタナティブな手法を考察。フィールドと人に密着して分析する人類学アプローチによって、平和創造への新たな視座を提示する。

ヨハン・ガルトゥング著／
藤田明史・奥本京子監訳，トランセンド研究会訳
ガルトゥング紛争解決学入門
——コンフリクト・ワークへの招待——
A 5 判・268頁・3000円

平和学のパイオニアである著者による平和的紛争転換論の実践的入門書。日常生活（ミクロ）からグローバルな領域（マクロ）にわたる様々な紛争の平和的転換方法（＝トランセンド法）を具体的な事例に即して丁寧に概説。

藤本 博著
ヴェトナム戦争研究
——「アメリカの戦争」の実相と戦争の克服——
A 5 判・364頁・6800円

ヴェトナム戦争によって多くの民衆が犠牲となった。米国による「戦争犯罪」であると告発され、裁かれた経緯を克明に分析し、ヴェトナム戦争の加害と被害の実相に迫る。戦争の記憶と向き合い、戦争の克服への方途を探る。

寺島俊穂著
政 治 哲 学 概 説
A 5 判・232頁・2800円

政治的事象の原理的考察を踏まえ、政治哲学的な思考様式を明示。古代から現代へ、ミクロからマクロへ西洋と日本の比較という視点を念頭に置き、公正な社会の追求という政治哲学の課題に応える。

——法律文化社——